英语教学与文化研究

黄燕平 ◎ 著

吉林出版集团股份有限公司

图书在版编目（CIP）数据

英语教学与文化研究 / 黄燕平著．— 长春 ：吉林出版集团股份有限公司，2023.8

ISBN 978-7-5731-4229-0

Ⅰ．①英… Ⅱ．①黄… Ⅲ．①英语－教学研究 Ⅳ．①H319.3

中国国家版本馆 CIP 数据核字（2023）第 176540 号

英语教学与文化研究

YINGYU JIAOXUE YU WENHUA YANJIU

著　　者　黄燕平
出版策划　崔文辉
责任编辑　刘　洋
助理编辑　邓晓溪
封面设计　文　一
出　　版　吉林出版集团股份有限公司
　　　　　（长春市福祉大路 5788 号，邮政编码：130118）
发　　行　吉林出版集团译文图书经营有限公司
　　　　　（http：//shop34896900.taobao.com）
电　　话　总编办：0431-81629909　营销部：0431-81629880/81629900
印　　刷　廊坊市广阳区九洲印刷厂
开　　本　710mm×1000mm　1/16
字　　数　220 千字
印　　张　13
版　　次　2023 年 8 月第 1 版
印　　次　2023 年 8 月第 1 次印刷
书　　号　ISBN 978-7-5731-4229-0
定　　价　78.00 元

前　言

随着经济全球化的深入发展，我国综合国力显著增强，与世界各国的经济交流、文化互动、贸易往来越来越频繁。尤其是当今时代，我国与世界各国之间的跨文化交际也越来越密切，跨文化交际呈现出常态化的发展趋势。英语作为世界通用语言，在国际经济交流、文化互动中起着不可替代的作用。

大学英语作为大学外语教育的最主要内容，是大多数学生在本科教育阶段必修的公共基础课程，在人才培养方面具有不可替代的重要作用。大学英语的教学目标是培养学生的英语应用能力，增强跨文化交际意识和交际能力，同时发展自主学习能力，提高综合文化素养，使他们在学习、生活、社会交往和未来工作中能够有效地使用英语，满足国家、社会、学校和个人发展的需要。

高校英语教学本身和跨文化交际存在着密不可分的关系。只有将跨文化交际与高校英语教学有效融合，才能使学习者意识到英语在跨文化交际中的价值和意义，也才能使学习者更深入地理解语言背后的文化知识，掌握从文化视角思考语言应用的方法，从而全面提高学习者的跨文化交际能力。

本书主要研究英语教学与文化方面的问题，涉及丰富的英语教学知识。主要内容包括现代英语教学的基础知识、语言和文化的基本概念、国内外文化教学的发展、跨文化英语教学的相关研究等。本书是作者长期从事英语教学和实践的结晶，在内容选取上既考虑到知识的系统性，又考虑到可接受性，同时强调跨文化英语教学的重要性。本书涉及面广，实用性强，使读者能理论结合实际，获得知识的同时掌握技能，理论与实践并重，兼具理论与实际应用价值，可供相关教育工作者参考和借鉴。

由于笔者水平有限，本书难免存在不妥甚至谬误之处，敬请广大学界同人与读者朋友批评指正。

目　录

第一章　现代英语教学概论

在英语教学中先后出现的教学法与教学范式都曾受到过当时特定的教学理念的指导，这些理念涉及语言教学和学习，都是学者们研究和实践的结晶。以理论为基础的方法可以在很大程度上减少教学的随意性、盲从性和无序性，促进教学水平的提高，这也是多种多样的教学法应运而生的主要原因。本章通过对英语教学的基本概念进行解析，分析英语教学的因素、过程原理及现代英语教学的原则。

第一节　英语教学的基本概念

一、教育与教学的概念

（一）教育的概念

教育对人类的存在与发展起着重要的作用，这是因为教育既传承了人类的既有经验，又把单独的个体培养作为社会的组成部分。“教育”一词在汉语中可以分为两个部分:“教”和“育”,它们分别有“上施下效”“使之为善”之义。然而，英语中的 education（教育）则是指“导出”这一含义，教育的学术性定义正是基于这一语义而形成的。

学术界对教育的定义与分类有很多：①教育是纲领性的定义、规定性的定义和描述性的定义，不同的定义都在各执一词；②教育可以分为作为机构的教育、作为内容的教育、作为活动的教育和作为结果的教育；③教育是培养新生代准备从事社会生活的整个过程，也是人类社会的生产经验得以继承和发扬的关键环节，主要指学校对适龄儿童、少年、青年进行培养的过程；④教育是传递社会生活经验并培养人才的社会活动，学校教育则是根据一定的社会要求和受教育者的发展需要，有目的、有计划、有组织地对受教育者施加影响，以培养一定社会所需要的人才所进行的活动。

此外，我国还有不少学者试图为教育下一个准确的定义：①教育的真义就是价值引导与自主建构的统一。奠定于价值引导与自主建构相统一的教育，从学生的成长过程来说，是精神的唤醒、潜能的显发、内心的敞亮、主体性的弘扬和独特性的彰显；从师生共同活动的角度来说，是经验的共享、视界的融合和心灵的感召；②教育是有意识的、以影响人的身心发展为直接目标的社会活动。

综合以上观点可知，教育是一种可以引导人类发展的活动。因此，教育的内涵必然涉及两个要素：引导与发展。引导说明教育是有目的的活动，“使之向善”是最根本的目的。引导还说明教育不是强制性的活动，也不可能强制，如不可能强制学生掌握知识、技能和树立价值观。发展是指学生的发展，教育能否最终实现，主要在于学生是否能得到与所设定目标一致的发展。

（二）教学的概念

教学是教育中的一个重要因素，既是一种基本因素，又是一种复杂因素。研究教育必然要对教学的相关概念有所了解。

对界定教学与教育之间的关系，最基本的说法就是，教学是教育活动的一种，是发生在师生之间的一种学习活动。对学生来说，教学是借助教师的引导而发生的活动；对教师来说，教学是引导学生进行自主学习的活动。这些活动必须要有目的，要以严密的计划组织、引导学生学习。而判断教学是否成功的一个重要指标就是学生的身心能否得到全面发展。

师生之间的关系是教学活动中最重要的关系。教师传授自己的知识，学生进行学习并获得身心的全面发展。教师需要引导学生去主动学习知识技能，实现自身能力的提升，促进审美价值的实现，形成正确的人生观及价值观。这个过程需要教师和学生共同完成。师生是教学活动的双主体，如果没有教师的讲授，或者没有学生积极、主动地参与学习，那么就不存在教学活动。教与学必须统一在一起，才能实现教学活动。

从师生关系来说，教师起引导作用，学生起主导作用，两者相互作用共同完成教学任务。在学校教育的诸多任务中，教学始终是最核心的任务。它目标明确，即使每一门学科具有相同的教学目的，但各自的教学目标也是不同的。而不同学段、不同学年、不同学期、甚至不同星期都会有教学目标的变化，且教材、活动、课文的变化也会引起教学目标的改变。

教学的目的就是传授人类的知识技能，也要把人类关于生存的各种经验向后代传递下去。因此，教学的内容一定要具体，把生存经验和知识技能都以具体的教学内容呈现出来。教学内容要有一定的层次性，这是因为教学是一种计划性、系统性教育活动，如教学计划、课程计划等，以这些形式来分层次呈现教学内容。这些计划的制订并不是随机的，而是教育机构、学校和教师经过长期科学的研究而得出的。

在当今社会中，教学的实施形式不再单一，而是会借助有效的教育技术或方法。教学的演变历史悠久，在实践的积累中形成了多种行之有效的方法。信息技术的快速发展，使得教学可以借助形式多样的技术实现。因而，教学必须有计划地教授系统内容，依照既定目标，依托有效的技术与方法，使教师能够引导学生学会知识、掌握技能、拓宽眼界，促进学生身心的全面健康发展。

二、英语教学的实质

一般认为英语教学只是语言教学，只要让学生能够自如地使用这门语言就可以了。但其实英语教学更是一种文化教学，还要让学生通过学习英语来研究英语文化，而不仅仅是会说英语。学习英语也是为了能够借助英语来研究相关知识，如学习古埃及语、古希腊语等，虽然这些语言已经没人再使用，但依旧会有学者进行学习和研究。

要想研究英语，首先要学会英语。对中国的学生来说，中文是其母语，而英语是外语。回首各国外语教学的发展历程，如果学生已经初步形成了运用母语的能力，则在他们学习外语时一定要传授其外语知识，只有这样才能更好地使学生掌握和运用外语。所以，在英语的语言教学中，一定要把提高学生使用英语的能力放在首位。

英语作为语言的一种，也是承载文化的重要载体。因此，英语的教学本质上也是文化的教学。

第二节 英语教学的因素分析

教学设计不仅要确定语言内容的组织和安排，还要依据国家的政策、教育目的、教育目标，并在各种不同的环境因素和条件下，尽可能成功、有效地实施教学计划，其中包括语言学习的规律、语言知识、学生特点、教学环境、管理模式等各方面的因素。其中很重要的一步，就是对国家政策、教育目标和环境及学生的需求进行分析。

一个国家是否要开设外语课、何时开设外语课、开设何种外语课、每种外语课在何时开设等许多问题实际上都是由该国的外语教学政策决定的。20 世纪五六十年代，我国开设的外语课主要是俄语，而现在主要是英语，这其实涉及国家的外语教学政策。外语课程的设计脱离不了国家的整体外语教学政策。国家在制定外语教学政策时应该从国防、外交与国际交往、对外经济贸易、对外司法和国内社会公共安全五个层面进行考虑。课程设计者要从国家整体外语教育政策来考虑课程的目标和内容。

显然，英语课程设计者或明确或含糊地对以上问题持有自己的构想，比如，如何看待英语的影响与作用。世界上的语言有很多种，而英语是其中使用范围最广的一种语言，出现在教育、科技和经济的各个领域里。目前有接近 85% 的国际组织把英语当作沟通语言，90% 的学术类文章使用英语。

我国的发展速度日益加快，社会经济也在向前发展，因此，各行各业都需要使用英语。宽泛地来说，英语已经成为日常生活中必不可少的一种沟通语言。在这个过程中，西方文化也伴随着英语的演变，改变着人们的思想和理念，这种改变不是英语所能控制的。因此，能够熟练掌握英语，已经成为经济贸易、教育、科技、国际贸易等行业的硬性要求。众所周知，基础教育要能满足每一个人的发展需要。所以英语应该在未来一段时间内，在基础教育中居于主课地位。

但是，仅仅从工具性的角度考虑英语教学，视野未免过于狭窄，还需要课程设计者和评价决策者从更高的层面审视英语教学、测试等对国家文化、经济和学生的影响。在评价课程的实效、评价教师的教学成果时，还需要从宏观政策层面、从教育规划可能对课程设置所产生的影响和限制方面来讨论。

外语学习需要接触足够的语言输入，因此，其频度会直接影响教学的效率和产出。有些人认为小学英语教学效果不好、费时较多，不如将课时让给语文课，但是很少有人研究英语每周最少要开设多少课时，才能达到理想的程度。例如，在我国这种缺乏英语语言环境的情况下学习英语，需要多少时间才可以达到某种水平，还缺乏科学的依据。一周开设 1 ～ 2 节英语课和开设 5 节英语课之间有什么区别，也没有科学的实证研究。其实国外有大量研究表明，如果每周只有 2 ～ 3 课时，即使学生从很小就开始学，也难以真正学到什么东西。由于课时太少而效果不好，可能使人们批评英语教学的效率与教师的能力，进而对是否值得开设英语课提出质疑。

因此，国家外语语言政策与外语教育规划的制定者需要做大量的理论研究、实证研究和调查，还需要英语教学研究者及教师的参与。正如张连仲所指出的，重要的是决策部门在研究和出台政策方案时体现出的科学民主素养，……调研、探讨、对专业团队的咨询、广泛的社会意见征集、与各方面有意义的交流和沟通、对有价值意见的反馈与对话。学生、教师、教学内容、教材、教学环境和教学设计是英语教学中不可或缺的组成部分，以下将对这些构成因素进行阐述。

一、学生方面

（一）学生角色

全体学生都应该成为英语教学的对象。英语教学要关注学生的学习方式，努力提高学生学习英语的兴趣，培养良好的学习习惯，提升学习英语的能力。除此之外，还要关注学生自评、鼓励、反馈和纠正等行为，帮助学生促进身心的健康发展。学生的角色有了新的阐释，具体有以下四个方面：

（1）学生的主体地位。在任何学习中，学生都是学习的主体，没有学生对知识的积极探索、理解消化等行为，便不存在英语教学行为。以学生为主体，可以极大地促进学生学习知识、搭建知识体系，推动学生三观（世界观、人生观、价值观）的形成。

（2）学生是参与者。在教学活动中，学生不是被动地接受，而应该是积极、主动地做课堂的参与者。因此，教师要注重激发学生的积极性和主动性，让他们积极参与教学活动，享受学习的乐趣，积极动脑，有自己独特的观点与想法，并勇于表达出来，使自己的才能得到发挥。

（3）学生是合作者。在英语学习的过程中，教与学是统一的，是在师生、生生之间进行的。因此，学生要学会和教师、同学合作。在合作中，学生可提高互助协作的能力，共同提升各方面的能力。

（4）学生是反馈者。学生是学习的主体。他们能够根据自己学习的情况，及时向教师反馈教学意见，发现教学问题，让教师能够积极调整教学内容和教学方式，提高英语教学的效率。

（二）学生个体差异

每个学生都是独立的个体，他们在性格、态度、学习动机、语言能力、认知方式上不尽相同，这就使得他们在学习知识时的接受能力也很不一样。因此，在英语教学上，教师要按照学生的差异进行针对性的调整，尽量以合适的教学方法来提高学生的英语水平。学生的具体差异表现在认知风格、语言潜能和情感因素三方面。

1. 不同的认知风格

在面对各类信息时，人们会在分析信息后对其进行组织运用。在这个过程中，人们所表现出来的认识能力和认知功能的风格便是认知风格。

不同的认知风格体现在两个方面：一是认知过程（思维、记忆和个体知觉）方面的差异；二是人格和认知能力与认知功能之间的差异，如动机、态度等。因此，每一个独立的学习主体，其认知风格也不尽相同。每一种认知风格都有其优势和劣势，但是这并不代表学习效果有差异。每个人加工信息的方式不同，消化知识所用的时间也有长有短。假如学生的认知风格和教师的教学风格、周边环境的影响相适应，那么学习效果就会更好。同时，学生不同的认知风格也会影响他们对学习策略的制订。

在英语教学中，教师应该了解每一个学生的认知风格，并能够根据学习任务的不同、教学环境的变化对学生进行有效的引导，扬长避短，把自己的教学风格与学生的求知需求相结合，从而促进学生身心的全面发展，提高英语教学的学习效果。

2. 语言潜能的差异

学生学习外语，不仅要提高外语素质，也要提高综合运用语言的能力。而语言潜能就是学习外语的一种潜在能力，这种潜能就是学生的认知能力对学习外语的潜在能力所做出的预估。

每个学生的语言潜能不尽相同。教师要在教学的过程中，对每一个学生的语言潜能进行了解，能够根据学习任务、场合的不同，发挥每一个学生的优势，使学生的学习效果得到提高。教师要考虑到学生语言潜能的不同特点，摒弃统一的教学方法，以不同的要求来发掘学生的语言潜能，努力提高学生学习英语的积极性和主动性，提高学习效率。

3. 情感因素的影响

个人情绪情感因素也会影响学生的英语学习效果。这里说的情感因素涵盖了学习动机、性格和态度等元素。

（1）学习动机。学习动机是为了激励个体能够积极进行学习活动，使自己的行为朝着学习目标努力的一种心理状态或心理过程。学生是独立的个体，他们的家庭状况、教育程度、生活经验、学习计划都不一样，所以也会有不同的学习动机。

学习动机分为内部和外部两种动机。内部动机是指学习动力来自学习者的内部，他们自愿学习知识，有旺盛的求知欲和兴趣爱好等，有时也想要表现自我。外部动机则受外部因素驱动。为了更好地适应环境而被迫学习英语，这种要求不是学习者自发形成的。他们努力学习英语并不是因为真心对英语感兴趣，而是因为能够通过学习英语获得来自外在的奖励。

这两种学习动机中，内部动机显然能够让学习持续的时间更长，更可以推动学习者积极学习外语知识。因此，教师要积极挖掘学生的内部动机，从内在因素入手，让学生真正爱上学习英语，这样才能从根本上提高其学习效率。

（2）性格。在英语学习中，学生的性格也是影响学习效果的重要因素之一。有的人是内向型性格，有的人是外向型性格。内向型的学生喜欢安静，更擅长写作和阅读，有利于认知性学术语言的发展；而外向型的学生开朗活泼，充满热情，不怕失误，更适合交际性学习。因此，教师应该了解学生不同的性格特点，使不同性格的学生都能发挥出自己独特的学习优势。对于内向型性格的学生，要给他们创造一种宽松、愉悦的氛围，让他们大胆学习；对于外向型性格的学生，教师要努力提高他们语言的准确程度。

（3）态度。认知、情感和意动三种成分构成了态度。态度是每个人对人或者事物的评价性反应。每个人对待事物时所表现出来的理念是认知成分，对事物的喜爱或讨厌程度是情感成分，对事物的倾向或行动方向是意动成分。

在外语学习过程中，学习者的态度起着很重要的作用。如果学生喜欢其他民族的文化，那么便想要了解这个民族的风土人情、人文历史等，也会愿意学习该民族的语言，从而使学习语言的效果加倍；反之，如果学生讨厌这个民族的文化，不愿意积极主动地了解该民族的风俗文化，那么便不会认真学习该民族的语言。除了这些因素之外，学生对教师的喜爱程度，教学活动的组织方式、学习材料等都会影响学习效果。因此，教师一定要在英语教学过程中培养学生正确的学习态度。

二、教师方面

在英语教学过程中，教师的作用非常重要，是教学环节中不可或缺的部分。教师应该发挥主动的引导作用，认清角色定位，提高基本职业素质。

（一）教师角色的转变

随着教学改革的逐渐深入，教师角色涵盖的范围越来越广，而不仅仅是单纯地传授知识。在当代社会，教师角色有了新的内涵，具体阐述如下：

（1）传授知识者。教师最根本的任务就是传授知识。教师要在教学活动中将知识和信息传递给学生。教师除了在教书之外还要育人，要让学生懂得做人的道理。

（2）领导课堂者。教师在课堂教学中应该发挥主动的领导作用。教师要把控学生的学习进度，还要注意课堂执行情况和教学时间。同时，教师要避免教学的随意性，才能提高学习效果。

（3）评价行为者。在教学过程中，教师要注意每一个学生在学习上的问题和不足，能够及时对学生做出反馈评价。同时，一定要掌握反馈评价的方式、方法，既能有效纠正学生的错误，又能让学生心服口服地接受，措辞委婉，不伤害学生自尊心。

（4）组织活动者。在课堂活动中，教师是组织者，而学生是参与者。因此，教师要充分考虑学生的各种情况，把课堂任务、目标、学习方式、学习流程等向学生做出交代，让学生能够清楚地知道自己应该担负的责任，理解各个环节，让自己的行为更有针对性和目的性，从而使整个活动顺利完成。

（5）促进活动者。学生在学习过程中或多或少会遇到困难，这时，教师应该积极地为学生提供相应的帮助，引导学生联系已经学到的知识，并和当前的知识点进行关联，从而构建新的知识脉络。

（6）参与活动者。教师要参与到活动中来，这样既可以使课堂氛围更加轻松愉悦，和学生形成亲密关系，还能深入了解学生的心理动态，及时发现学生的学习问题，更好地提高学生的学习效率。

（7）提供资源者。教师拥有丰富的资源，因此，在教学活动中，教师可以给学生提供丰富的内容、答案、案例和背景知识等，这些都会更好地提高学生学习的效率。

（8）研究教学者。教师不仅是知识的传授者，也是教学的研究者。他们有自己的研究课题的方法，能够在教学过程中不断地拓展问题，通过课题研究，及时解决问题，将课堂实践和课程研究结合起来，使教学过程更加流畅有效。

（9）激励学生者。教师在学生学习上的激励作用非常大。教师要让学生掌握课程的主动权，以学生的需求为出发点，积极鼓励学生努力学习。因此，教师不仅要储备丰富的知识和经验，还要不断提升鼓励学生的能力。

综上所述，教师拥有多种角色定位，对这些角色的期待来自学生、家长、学校，乃至社会。教师要能根据现实情况自由地进行角色转换，发挥自己的能力。

（二）教师的素质要求

作为一名教师，对其素质的要求是第一位的。因为教师不仅传递文化科学知识，还担负着育人的重任。而作为一名英语学科教师，不仅要具备扎实的英语专业素养，还要具备良好的师德素养和健全的人格素养。

1. 英语语言学专业素养

一名合格的英语教师的专业素养分为以下三个方面：

（1）扎实的英语语言学基础。具备扎实的英语语言学基础是英语教师进行教学的前提和基础，它包括英语语音、语法及丰富的词汇量，同时还要具备外语四项基本技能，即熟练的听、说、读、写能力。平时教师还要经常阅读英语作家原著，以了解英语国家的风土人情、地域特色，熟悉英语语言的使用环境。只有具备良好的语言水平，教师才能了解英语课文背景，从而全面把握教材，顺利传授语言知识，提高学生的英语学习能力。

（2）全面的教学能力。教师的教学能力包括教授英语知识能力、教学组织能力和综合教学能力。教授英语知识能力是指教师通过讲解示范、启发引导学生学习英语的基本知识，同时注重英语技能的训练，对学生在学习过程中提出的疑问及时进行解答等。综合教学能力是指英语语言之外的教学能力，包括美术、舞蹈、音乐、表演等。教学组织能力是教师组织课堂教学，实现高效课堂的能力。

（3）较强的科研能力。强化教师科研意识，在具备良好的语言基础与教学水平的基础上，借助现代科学技术手段深入研究教学理念和教学方法，全面提高英语教学水平。

除具备上述三项基本能力之外，教师还要掌握包括心理学、教育学及外语教学理论知识在内的多种系统教学理论知识。

2. 师德素养

师德是教师素质中最核心的因素，近年来发生教师因道德沦丧而被开除的事件比比皆是，因此，加强教师道德素质建设极其重要。从某种意义上说，师德决定着一个学生的未来走向。因此，一名高素质教师必须热爱自己从事的职业，并有坚定的信念，正确的人生观、价值观，必须忠于教育事业。

3. 人格素养

人格素养是教师素质的灵魂。学生对教师的人格素养有着很高的期待，教师的人格对学生的发展有重要的影响。教师的职业特点决定了教师必须具备良好的人格素养。教师的人格素养首先来自正确的自我认知，热情开朗、温和宽厚、精神饱满、心地善良是具有良好性格的体现；其次，教师的人格素养来自渊博的学识和教书育人的能力。教师人格和学生人格是平等的，教师应理解并尊重学生的人格。

三、教学设计方面

在漫长的外语教学过程中诞生过很多语言教学设计，不同的教学设计在不同的时期都发挥着重要作用，不断推动着英语教学的变革与发展，这些教学设计包括翻译法、直接法、自觉对比法、听说法、视听法、认知法、功能法，以及由此派生出来的口语法、全身反应法、自然法、暗示法、沉默法、交际法等。

综合发现，没有哪一种教学设计能达到完美的效果，因人而异、因材施教，每个地区、每个民族，甚至每个学生都有其独特的语言规律。只有适合的才是最好的，研究并总结适合的教学设计才能达到理想的效果。在外语教学实践中，教师要根据不同的语言知识和技能灵活地制订相应的教学设计，这样才能达到较理想的教学效果，从而提高学生的英语水平，促进学生健康、全面发展。教师不能片面地追求某一种教学法，这样必然会适得其反。

四、教学内容方面

教学内容是教师的教和学生的学之间互动传递的信息，一般来说，平时上课的教学内容就是讲授教材，但是教学内容不仅仅局限于教材，教材只是教学内容的载体。教师传递给学生的知识、技能、思想、观点及行为习惯等都属于教学内容的范畴，具体论述如下：

（一）教学内容的特点

英语教学内容应具备五个特点：①英语教学内容科学规范。课堂教材必须语法准确，语言标准符合英语国家的语言习惯。英语教学要做到与其他相关学科加强互动，共同提高教学质量；②教学内容以人为本。尊重学生的个性发展，促进共性的形成。深入了解学生，结合学生的实际需求，改进教学方法，提高学生的学习效果；③发挥学生主动性。教学内容要从实际出发，培养学生发现问题的能力、独立思考的能力及积极探索解决问题的能力；④教学内容体现共性。教学内容不能针对少数学生，而应以绝大多数学生为基础，培养他们具备社会所需要的基本知识与技能，成为一名素质较高的公民；⑤教学内容体现人文情怀。不仅要培养学生的学习能力，更要注重学生的道德素养、人文素养，促进学生良好个性的形成，使之具有正确的社会观、人生观、价值观及强烈的社会责任感。

（二）教学内容的范围

从英语语言学的发展规律和教学设计上看，教学内容包含语言知识、语言技能、学习策略、文化意识及情感态度。

1. 语言知识的组成

语音、语法、词汇、功能和话题是英语语言知识的五个组成部分，它们之间不是孤立存在的，而是相互影响、互为依存的。要在掌握语音语法的基础上掌握词汇量，在具备一定词汇量的基础上学会用什么样的方式应用到话题中。只有具备了这些语言基础知识，才能在生活实践中灵活运用。因此，英语语言知识是能够驾驭语言能力的基础，是学习语言、运用语言的基本保障，是学生综合英语水平提升的关键。

2. 语言技能的形成

英语语言技能是形成语言交际能力的重要组成部分，它包括听、说、读、写、译五个方面。听和读是理解的技能，说、写和译是表达的技能，这五种技能在语言学习与交流中相辅相成、互为促进。“听”能识别不同句式，并根据语调变化判断句子的含义，这是理解能力的体现；“说”能够针对不同话题进行交流，能够描述发生的事件，是表达能力的体现；“读”要发音标准、规范流利，是辨认和理解能力的体现；“写”是按照英语语言规则使用语言，是书面表达能力的体现；“译”是综合运用英语能力的体现。提升英语综合应用能力，平时必须进行大量的五项基本技能训练，然后积累经验，真正将其运用到实际交流中。语言学习是一个缓慢的过程，需要耐心细致地走好每一步，在不同的学习阶段不同的学生所要达到的语言水平是不一样的。

3. 学习策略的制订

英语学习策略是指为了提高英语学习效率而制订的步骤和采取的手段，其中比较主要的策略有认知策略、调控策略、交际策略和资源策略等。

恰当的学习策略能够对英语学习起到非常关键的作用，不但帮助提高学习效率，更能让学生养成自主学习和终身学习的习惯，利于其长期发展。这就需要教师在英语教学过程中鼓励学生探索尝试不同的学习策略，对比分析，最终找到符合自己特点的策略；然后对自己的学习过程进行反思，在实践中对自己选择的学习策略进行调整和改进；并且可以加强与同学的交流互动，分析每个人所拥有不同的策略，相互分享更有效的学习策略等，相互学习，共同进步。

4. 文化意识的培养

文化意识的培养在英语教学中也是不可缺少的一部分。英语国家的文化涉及历史传统、自然环境、风土人情、生活方式、思维方式、价值观念等各个方面，而语言作为文化的载体，这些文化特征都在英语语言中得到了充分反映。因此，了解英语国家的文化背景有助于理解英语中的一些表达和用法。

教师在教学过程中要有意识地融入文化知识的介绍。根据学生的理解能力和认知程度，适当地渗透英语国家的相关文化知识，有助于学生形成完整的认知体系，形成文化意识，并且形成文化自豪感，热爱本民族的优秀文化，并应在传承和发扬传统文化的同时，培养学生的创造意识和创造能力。

5. 情感态度的影响

情感态度是指学生的兴趣、意愿、意志力、价值观、学习动机等影响学习过程和效果这样的主观因素，也是英语学习的重要部分。这些因素不仅与学生个人有关，而且受到了周围同学的情感态度，以及教师的态度、教学方式、个人魅力、情感投入程度等因素的影响。教师要关注日常教学过程中学生的情感态度变化，并注重引导鼓励；激发学生的学习兴趣，帮助学生形成稳定的学习态度；及时帮助学生排解遇到问题和困难时的消沉情绪，以积极的态度引导学生克服困难；鼓励学生与身边的同学相互合作，共同进步，形成团队意识；增强学生自信心，形成正确积极的人生观、价值观。

五、教材选择方面

教材是学生学习英语的知识载体，也是教师教学的依据和工具。教师需要根据学生学习的实际情况，根据课堂气氛和学生的情感因素，灵活利用教材，调整教学进度和教学方式，从而达到最优的教学效果。

六、教学环境方面

教学环境是指教学相关的外部环境，是英语教学的构成要素，也对英语教学起到很大的影响。

（一）教学环境的组成

教学环境包括社会环境、学校环境及个人环境三个部分，对这三个部分分析如下：

（1）社会环境是决定英语学习的指导方向也是最重要的影响因素，包括社会发展对英语的需求，国家的教育方针、政策、经济发展水平、科技水平及人文因素等。

（2）学校环境是英语学习的主要教学环境，直接影响学生的英语学习时间、学习积极性、学习方式、学习成果等。它主要包括课程设置、教学设施、教师水平、周围同学的学习氛围、是否有应用英语的环境和机会等。

（3）个人环境也是影响学生英语学习的重要因素，主要包括个人对英语的兴趣、与周围同学的关系、家庭成员的文化程度、学习辅助工具和设备等。

（二）教学环境对学生学习情况的影响

由于英语是语言学科，需要在生活中应用，与外部环境的联系非常紧密。因此，良好的英语教学环境对学生的英语学习非常重要，主要体现在以下几个方面：

（1）教学环境中的社会和学校因素能否起到引导和鼓励的作用，影响英语教学能否将理论与实践相结合，从而引进先进的教育理念，改进教学方法。

（2）教学环境中的社会因素是否具有英语应用的场景，影响学生能否在日常生活中应用实践学到的知识、激发学习兴趣及巩固对知识的理解。

（3）教学环境中学校、教师等因素影响学生学习英语的气氛和心理状态，教师恰当的引导和轻松、愉快的氛围能够培养学生主动学习、善于表达的能力。

（4）教学环境中的个人因素会影响学生能否以正确的学习态度、适合自己的学习方法，来消除学习过程中产生的负面因素影响。

（5）教学环境中的学校能否提供良好的教学设施和学习资源，影响学生的视野和知识面。

（6）教学环境中的教师和学生个人因素，影响学生学习习惯的养成和终身学习的实现。

第三节　英语教学的过程原理

一、英语教学过程原理的依据

教师在设计或开展教学活动的过程中，要考虑到教育目标、知识内在逻辑和语言技能发展的适切性，以及学生学习英语规律的适切性。只有在兼顾这三个方面的情况下，才能保证英语教学过程的整体适切性，促进学生学习能力的成长。当然，大学英语教学在这三个方面都有相关的内涵。

（一）教育价值依据

教育价值依据回答的是“这个时代需要培养什么样的人”的问题。从时代所要求育人的标准而言，英语教学改革的育人观与其他各学科教育或教育活动的育人观有共通性，也有其独特的理解。当前教育形成的教学共通价值观的核心理念：我国当代教育中课堂教学的价值，需要从单一传递教科书上呈现的现成知识，转为培养能在当代社会中实现向上、健康发展的一代新人。这里之所以将教学三个层面的价值观作为教学过程设计及展开的基础，以及教师所要秉持的思维支点之一，是因为要为教学过程找到一个最根本的灵魂价值，将教学过程的目的与整个英语教学改革保持理念上的共通，同时又兼顾学科个性。

（二）学习机制与心理逻辑

学习机制回答的是“英语作为外语学习的发生机制及其规律是什么”的问题，主要包括英语学习的本质和英语学习的运作两个方面。科学的英语学习机制的建立是英语学习高效和成功的重要保证；反之，英语学习效率不高，甚至最后失败，往往与学习机制存在问题有关。例如，有的教师简单地把英语学习等同于母语学习进行教学，或把英语学习与母语学习截然分开；或片面地把英语学习归结为记忆，而忽视交际实践，或只重视交际实践而忽视记忆；或只求质量，不求数量，或只求数量，不求质量；或只重口头，不重书面，或只重书面，不重口头；或强调熟练性，而不注意灵活性，或注意灵活性，而不重视熟练性；或一味苦学，而无巧学，或只想巧学，而无苦学基础……凡此种种，可以说都是学习机制的问题。如果学习机制出现问题，学习就会失衡，英语学习时间和物力消耗不少，但学习效果却不好。这种情况在英语学习中相当普遍，说明英语学习实践同其他任何人类实践一样，必须要有一定的理论指导。对任何一个想学好英语的人来说，学习一定的英语学习理论是必要的。

我国英语教学研究对学生英语学习的本质及其机制有着自己的理解，具体如下：

1. 英语学习时的大脑活动

当代中国人批评英语教学的不足时，并未从深层次揭示英语学习的本质。以致学习英语就可能变成简单的记忆活动，即使英语比较流利，也是鹦鹉学舌，有口无心，属于会说什么就说什么，而不是想说什么就说什么。前者无内容，后者有内容，二者之间有着本质的差别，差别就在于是否动脑学习和使用。只有动脑学习，才有真正的效果和效率。

大脑功能的理论，以及英语学习的科学实验与实践都表明，一般的英语学习效率可以成倍地提高，甚至可以提高几倍、几十倍，关键在于英语学习要按大脑活动的规律进行。举例来说，大脑的基本功能是兴奋和抑制，而单调的刺激时间一长，不仅不能引起兴奋，而且会导致抑制。因此，在英语学习中只采用一种形式、一种方法，不如采用多种形式、多种方法，并交替使用，使大脑所接受的刺激经常改变，使大脑总是受到挑战，处于兴奋状态，学习才有高效率可言。从这个意义上说，英语学习中的各种方法都是可以使用的，关键取决于这种方法能否刺激学生的思维，是否用得适度。对于翻译法、直接法、听说法、阅读法、交际法、认知法及语法学习、结构学习、功能学习、话语学习等，都要持科学态度，或综合使用，或变换使用，使之各司其职，各得其所。

2. 英语学习时的心理活动

英语学习一方面同感觉、知觉、表象、记忆、思维、联想等因素密不可分，另一方面又时时受到动机、信心、兴趣、情感、意志、注意等的约束，同时学习者的个性对学习也有重要影响。正如在生理方面，英语学习是大脑左右半球的协调活动那样，在心理方面，英语学习也应该是智力和非智力因素的协调活动。在学习中，各种因素充分发挥积极作用，学习效率就会提高；一个因素出现问题，学习效率就会降低。

作为完整心理活动的英语学习，还包括知识、技能和熟练技巧。三者的统一转化，一方面要通过内在的理解、意会和领悟，另一方面要靠外在的操练、练习和实践。理解、意会、领悟、操练、练习和实践是同步发展和提高的，如果脱节，就会影响学习效果。提高英语学习效率的重要途径之一，就是保持外部动作和内部心智的统一，使英语学习心理活动的完整性体现于各个方面。

3. 英语学习时运用的规律

要学习好英语，就要对英语规律进行认真的探究，从而在本质上、深层次地把握英语学习，把英语学习由技能训练提升为规律性认识。掌握了规律，就能更透彻地了解事物，就有了更多的自由，学习也就能够举一反三、闻一知十。所以，学习不能简单的归结为刺激反应行为的形成，或纯模仿，或纯记忆。

语言统计学表明，幼儿如果只凭记忆、模仿、刺激反应联结，是不可能学会母语的。因为一种语言能生成的句子数量可以说是无限的，如果一句一句地去学习，一个人一生中也只能学极小的一部分。人能学会母语和多种外语，最终还是要靠理性、智力和认知，靠本能地或自觉地对所学语言进行归纳与总结。学习英语，就更应该如此，思考得越深，发现得越多，英语学习的效果就越好。

英语学习是研究活动，不仅指探索语言规律，也包括探索文化和科学，当然是通过英语进行探索。因为通过英语解决问题，使用英语解决问题，比使用英语做事，更能促进学习者对英语的掌握。在前一种活动中，学习者动脑的强度要比在后一种活动中大得多。因此，只一般性地提倡用英语交流，用英语做事，对学好英语是远远不够的，还应该强调用英语研究和探索，用英语解决问题，这样才能抓住英语学习的实质，取得英语学习的成功。

4. 英语学习时的审美活动

英语学习除了是用脑、动脑的认知性活动外，还是一种审美活动，这源于语言的本质。语言不只是艺术创造的重要形式和手段，其本身就是重要的审美对象，是人类普遍创造的艺术品。这表现在英语的语音、语法和词汇都具有和谐美。在语音方面，不但有单音节的对称，如长、短元音和清、浊辅音，而且有语流的轻重、高低和节拍。在语法方面，进行时态与完成时态的对仗极为工整，给人一种独特的美感；比较级和最高级也是如此。在词汇方面，write—writer，read—reader，listen—listener 和 speak—speaker 等，同样给人和谐的美感。学习时，只要用心体验，就能受到感染。

为了提高英语学习效率，需要加强对英语的整体审美。在听时，首先要听语句的节奏、节拍、升降等，受到整体的语音语调感染，形成完整语句的声音形象，达到“余音绕梁，三日不绝”的程度。同时，把音感和意感密切结合，把意义感和形象感、情景感密切结合，以求进入立体化听、理解、感受和储存的境地。这样听，有的可过耳不忘，甚至可永远不忘。

朗读和说与听一样，在练习时也应该首先抓住语流的整体节奏、旋律，表现英语特有的和谐美感。同时，对所读和所说的内容要有个人的独特体验，有思想和感情的流露。这样练习，既会给他人深刻印象，更会使自身受到自我感染，学习效率自然会有所提高。

从英语教学的角度而言，如果要引导学生在审美体验中学习英语，在教学中就要运用各种手段和形式，如英语诗歌、歌曲、戏剧、小说、电影等。当然，在这里对学习起助推作用的不只是艺术形式，还有艺术内容。学唱英语歌曲，朗读、背诵英文诗歌，表演英语短剧，阅读英语小说等，其内容都应该与学习者的思想、感情、气质、修养等合拍，能引起共鸣。这样，学习者就会很快进入艺术再创造的角度，在不知不觉中掌握英语，而且熟练牢固。因此，从心理学角度看，审美学习的实质就是潜意识学习。而潜意识学习如今又被证明是学习能量最大、最值得和最迫切需要开发的一个领域。如果在英语教学中注意加强这方面的努力与研究，那么学生英语学习的效果也会出乎意料。

（三）语言的内在结构与逻辑

这一点很容易理解，以往在语法大纲理念的指导下，英语教学过程的逻辑基本都是遵循从简单到复杂、从具体到抽象的顺序进行。在今天，英语教学过程是在批判只强调语法程序思路的基础上，进行扬弃式地吸取，仍然强调英语教学要遵循知识的内在结构与逻辑。例如，阅读学习的基本程序是字母认读、音节拼读、单词拼读、词组认读、句子认读、句组认读。读的单位逐渐加大，读的速度逐渐加快，阅读理解逐渐加深，阅读目标逐渐提高。又如，单词拼读学习的基本程序是元音、辅音单独读，再一起读，整体拼读，快速整体拼读，自动化闪电式整体拼读。拼读的能力一步比一步熟练，拼读的目标一个个实现。从以上两例可以看出，随着学习顺序的明确，学习目标自然也更加明确和具体，学习者对英语学习活动的驾驭也因此变得更加容易。

二、英语课堂教学的结构系统

英语课堂教学是语言教与学活动展开的复杂过程，是在教师、学生的双边交往互动中，以语言知识为内容、以语言技能为师生间交往的语言载体、以学生语言理解能力的形成为目的的多系统交互推进的过程。由此可以看出，英语课堂教学由语言知识系统、语言技能系统、教学过程系统和学生认识系统构成的复杂的结构系统，四个结构系统间相互交织、彼此依存，而又具有内在的逻辑结构。具体而言，可将课堂教学分为以下四个结构系统。

（一）知识结构系统

英语语言知识的内在结构是成系统的，其知识结构的解剖特征如下：

（1）从简单到复杂。例如，就语言知识的词汇、句型与文化看，词汇从名词、动词到形容词等，句型从基本句型到变式句型等，时态从现在时到过去时，再到将来时等，语态从主动到被动等，文化知识从小到大等，从语言知识学习的顺序与转化关系看，从词到句、从单句到句组、从句组到语段、从语段到语篇。语言知识系统的形成在多个层面之间既是各自不断复杂化，又相互交织的关系，但语言知识系统整体上是有序的。这种知识的有序排列，便是教学内容顺序展开的知识依据。

（2）从少到多。例如，写作技能从写字母、写单词、写句子、写语段到写语篇，再到写各类文体性的语篇，量与篇幅都是逐步增加的。

（3）由具体到抽象。例如，词汇学习是从名词、动词、形容词、副词到介词，由实到虚。这些知识系统的层次性特点，都是教学顺序和层次的内在依据。

（二）语言技能系统与认识结构系统

1. 语言技能系统

语言技能系统是指听、说、读、写自成系统，又相互交织。从一堂课的各环节看，语言技能中的听、说、读、写也是随着教学过程的推进而变化的。一般而言，教学导入环节和教学教授环节是以听、说为主，其中渗透部分语言点的读或写的要求；在教学综合性输出环节，读写比例开始加强。只有这样，课堂教学的语言技能要求才可能在不同层面上得到落实。一些教师常常在教学的各个环节只是运用听与说，这是不妥的，不利于学生对语言形式的掌握。有些课堂教学，虽然学生的发言质量很高，但一接触到读写要求，便出现明显下降的现象，与这种情况不无关系。

2. 认识结构系统

认识结构系统是指学生的语言学习是一个有序的发展过程。儿童起初每句话只有一个整词，被称为单词句（one-word sentence），以后才有了词和句子的概念。在其后的阶段，一个词的句子拓展为包含第二个成分。与此同时，语法的第一次区分开始出现，一方面是词和词的结构，另一方面是主要的词和附属词。许多学者在这里就想到了述谓结构，但是把这种结构解释成单个的、语境决定的谓语，只是很肤浅地拓展了谓语一词的含义。短语 little ball（小球）与 the ball is little（球很小）相去甚远。形容词主要的、无标记的功能绝不是做表语，而明显的是做定语。只是到了语言习得的后一阶段，即第三阶段，“主语 + 谓语”的简单句子才得以出现。

有一个有趣的例子可以说明这些时间顺序上的关系。英语中有三个同音异义的后缀，都有 / s / 的发音，这些音会在某些固定的条件下经历一些较固定的变化。这一后缀形式有三个不同的意义：第一，表示名词的复数（cooks，复数）；第二，表达所有关系（cook’s hat，厨师的帽子）；第三，动词第三人称单数的变化形式（mummy cooks，妈妈做饭）。首先是利用这一后缀表示复数词尾，而后用它表示所有格，最后用它表示第三人称单数的变位形式。道理很明显：在区分复数和单数的时候，只是涉及词；在使用所有格形式的时候，涉及一个完整的短语；当涉及动词人称形式的时候，问题就涉及谓语与主语的关系，因而整个句子都受到影响。

语言的这一发生系统说明，在英语教学过程中要基于这一特征开展教学工作。

（三）过程结构系统

中国有句古语“行成于思，毁于随”，说的是行动要成功，必须经过周密的思考，随随便便行动一定会失败。对于英语教学而言，也应注重用科学的方法加以组织。每一个步骤都要对上一个步骤的反馈，同时又激起下一个步骤的反应，如此步步相连，一步接一步，直到达到某一环节的目的，而每一个环节也同样与上一个环节和下一个环节有反馈和反应关系，环环相扣，直到达到某一阶段的目的。

和以往的教学结构一样，英语课堂教学的基本过程结构也由三部分构成：导入、教学中和教学后。但由于价值理念、教学思想过程的理解不同，英语课堂教学结构在每一个环节都呈现出独特性来。

1. 开放式导入的过程结构

开放式导入在英语课堂教学的展开过程中有着重要的意义，它犹如乐曲中的“引子”，戏剧的“序幕”，起着酝酿情绪、集中注意力、渗透主题和带入情境的作用，不同于准备活动（warming-up）。准备活动的功能在于引起学生的学习动机和注意，使学生进入准备学习的状态。但开放式导入的功能并不止于此，精心设计的导入能抓住学生的心弦，立疑激趣，能促成学生的情绪高涨和进入智力振奋的状态，有助于学生获得良好的学习效果。

2. 新语言输入的环节

话题展开与理解性语言输入环节，即新语言输入的环节。这个环节不是机械的语言输入，而是师生互动生成的过程。它与教学过程开放度的大小密切相关。

英语教学是促进学生整体生命成长的过程，是学生从无知走向有知，从知之不多向知之较多，从知道不全面向知道较全面逐渐过渡的过程。因此，英语教学要求学生主动参与，尤其是学生思维的主动介入，并形成创造性的思维。当然，由于每节英语课的教学目标及具体的课型都不一样，因此，如何处理每堂课的教学过程也不一样。

教师经常会形成自己课程的习惯性结构框架，尤其是有经验的教师，一般都有自己的教学风格和课堂常规，能够面对不同的课型灵活采用不同的教学策略。事实也表明，结构相对类化的教学课有利于学生学习，一旦学生熟悉不同课型的教学过程结构，就可以随着课程的推进较熟练地与教师配合，知道应当做什么和将要做什么。当然，将一节课划分为许多次级教学活动的话，教师还需要考虑到两种次级教学活动之间的转换关系。在许多外语课堂上，特别是在开展小组交流和两两结对交际的课堂上，根据不同活动重组的活动频率更高，因此，如何处理好环节间的转换，其意义更为重大。

技能熟练型的教师往往能够轻松自如地进行教学环节间的转换，尽量减少因环节转换而带来的教学的生硬性；而技能不熟练的教师恰恰相反，其往往会将前后环节的顺序搅乱，不能关注到环节间的转换问题，或是过度运用转换而致使课程的紧凑性不够。因而，有效的教学环节转换有助于维持学生的注意力和加强活动联系的紧凑性。教师处理教学转换的方式有多种，相互协商、调整教学重点或开始一个新的片段等都不失为良策，具体要采取何种措施，主要依赖于转换的性质。例如，让学生从个体学习转换为小组学习要比讨论两个话题的转换容易些。教师必须考虑许多决策方式：①当由个体学习转换为小组学习时，如何保持课堂教学的连续性；②不同活动间学生将做什么；③什么时候该告诉学生某项教学活动的目标。

在课堂教学推进的中心环节，有四点需要加以注意，并应当始终坚持：

第一，教学活动的目的性，即在英语课堂教学中，要有目的地运用变化技能。教师掌握变化技能的各种要素，灵活地运用变化技能的各种形式，都是为了更好地实现和完成英语课堂教学的目标和任务。脱离课堂教学的目标或与教学内容关系不大的任何变化只能使学生更加糊涂，分散学生的注意力，达不到促进学习的作用。

第二，教学活动的意义，即教师在课堂教学中无论采用何种教学方法，都应尽量根据学生的能力、兴趣、背景知识、学校情景、英语学科、所教课的题目及任务的要求来精心设计，使教学活动在有意义的情境中开展。

第三，教学活动的连贯、有层次、有递进，即在教学环节的推进过程中，教师要注意环节转换的自然、连贯、递进，逐步提升学生的思维水平，并保证学生的注意力和学习不因教学环节的变化而受到反向干扰。

第四，教学活动的生成性，即教学新语言点的出现不是教师空降给学生、学生简单接受并不断操练与应用的过程，而是在学生的原有经验上逐步生长出新知识的过程，是学生在运用、发现和体悟中不断丰富和深化的过程。

这样设计的教学过程不仅有利于提高英语教学效率，也有利于提高学习者的整个个体生命质量。人对自身生命的思考，第一层次是想长寿，第二层次是想高效。因此，效率思维在人的整个生活中的价值是极高的，生命价值等于生活效率，生活效率等于效率思维。英语教学效率思维应该一方面着重外在的学习活动，另一方面不忽视内在的心理活动，内外结合，不断进行应变调整。

外在学习活动的思维基本上有两个方面的内容：①关于首次学习材料的智能性和学习者个人性的加工；②关于练习和复习目标的到位与升位的连接与转换的

契机。在英语学习中，不管是词、句、文的学习，还是语音、语法、语义规律等的学习，在首次学习时，学习者都不能是被动地接受，而要主动地对所要接受的语言进行智能加工。这种加工可以是进行新的概括，对词和句重新分类，也可以是进行新的推导，如大胆试用构词规律构造新词，或试用句子模式造句，以及活灵活用课文结构作文。只要在首次学习中开动脑筋、进行思索，在接受中有所创造，学习效率就会提高，记得活，用得活，将死记变为活记，将模仿提高为创造。

在英语学习中，练习和复习的时间与精力占的比例很大，是英语学习中的主要活动。练习和复习效率高，意味着学习效率也高。因此，英语学习的效率思维必须把练习和复习作为重点。在这方面，效率的提高既同练习和复习的到位有关，也和练习与复习的升位有关。所谓“到位”有两重解释：①练习和复习要抓住重点和紧扣关键；②练习和复习要达到巩固、熟练和活练的目的。例如，口语对话练习的难点不只是提出问题，还要听懂问题，因此，一方面要把提问作为重点来练习，另一方面也要把听问题作为关键来练习。再如词汇复习，在句子和课文中复习频率低的词比较容易忘，要作为复习的重点，而典型词的结构和转义的用法能起举一反三的作用。在关键处下足功夫，可以保证学习之路畅通无阻。

英语练习和复习要有效，就必须达标，技能要达到熟练且灵活，知识要达到巩固且系统。熟练的标准是快速流畅，灵活的标准是结构变化与层次意义的深化，巩固的标准则是知识联网与快速重现。由不熟到熟，不活到活，不牢到牢，属于练习和复习的到位。但效率思维如果只考虑到位问题，那么思维依旧是片面的、不够系统。以到位为内容的效率思维，需要以升位为内容的效率思维来补充。练习和复习的升位，指的是每一类、每一种、每一项的练习和复习在其临近到位之前，在综合度、复杂度、难度上的适当提升。例如，以句子为单位的句型练习达到一定程度时，就要提升到以句组或话语为单位的练习；或同一水平的话语听力练习达到一定程度时，就要提升到有听有说，或听一段后说，或全部听完后说的练习。

练习和复习若只求到位，则属于静态性的练习和复习；而也求升位，则属于动态性的练习和复习。静态性的为单一目标，动态性的为综合目标，前者为一举一得，后者为一举两得，甚至多得，效率自然会提高。因此，英语学习的效率思维既要把练习和复习到位加以实施周密计划，也要将其升位予以细致安排，达到这一点，就可以说效率思维到了位和升了位。

3. 语言能力形成与语言综合的使用环节

话题拓展与开放式语言综合输出环节是语言能力形成与语言综合使用环节。这个环节不是巩固新语言的简单、线性操练，而是对学生已有所有语言存储状态的开放式、综合灵活运用的环节，同时也是进一步形成新的语言认识的环节。

与传统上将课堂教学结束环节用来做练习巩固知识，或是教师简单地就一节课做总结、整理教学要点的做法不同，目前英语课堂教学结束环节是开放式的，目的是让学生在经过核心教学过程的推进环节之后，进一步经过 2 ~ 3 个小步骤，由小开放到大开放地设置一些教学情境，让学生在小开放性的教学情境环节能够基本上将本课所学习的内容做进一步的综合与巩固；而在大开放性教学环节中，超越本节课的所学内容，灵活地根据语言情境自如地运用英语知识与技能解决问题或交流思想。因此，这个环节与前面的教学环节是密不可分、环环相扣的，对前一环节所掌握的语言点起到综合、提升与巩固的作用。

第四节　现代英语教学的原则

一、以学生为中心的教学原则

该原则要求教师从以下三个方面着手：教材分析，教学方法和手段的选择，教学活动的设计与组织。

（1）教材分析要以学生为中心。教师在分析教材时，应在理解和掌握教学内容的基础上，针对学生不同阶段的学习能力和实际情况，将此作为教学任务和教学目标的依据。同时，教师应合理有效地利用教材，使教材内容转化成问题的衔接和师生之间的交流，根据学生对教材内容的理解，对教材内容和教学活动进行心理化和最优化的加工处理，将学生对教材的经验和体验相结合。

（2）教学方法和手段的选择要以学生为中心。在教学过程中，教师应以学生为中心，适应学生的直觉思维特点，通过灵活多样的教学手段，直观的运用教学方法即视、听、说等来激发学生的参与，提高学生学习的积极性，还可利用形象化的教学方法如投影、模型、录音、图片、视频等，使学生能够真正理解感受和理解语言，积极主动地参与课堂学习，强化记忆，同时达到最优的学习效果。

（3）教学活动的设计与组织要以学生为中心。教师在准备与设计教学活动时，应充分了解学生的情况、知识结构层面、学习动机及学习兴趣的状态，以确保教学活动有目标地、形式多样地、内容全面地进行，在提高学生学习积极性的基础上，使教学目标得以顺利实现。

二、交际性的教学原则

英语是一种交际工具，在学习英语时要力求学以致用。

第一，教师在教学活动中应运用灵活多样的方式来进行实践练习，如机械性操练、意义性操练和交际性操练等。机械性操练是对课文中的情景通过模仿和问答的形式来进行练习，这属于句型操练。意义性操练是在机械性操练的基础上，学生独立运用语言材料进行有意义的交际活动，主要包括替换练习、角色表演、自由会话、小组讨论、情景表演等。交际性操练就是利用文中的语句来表达自己的思想情感。这三种方法是循序渐进地接近语言交际的过程。因此，教师在教授新的课程时，也应该遵循机械性操练—意义性操练—交际性操练的顺序，最终使学生理解和掌握新知识。

第二，不管是在课堂教学过程中还是在课外活动中，教师都要有意识地为学生创造讲英语、用英语的机会。例如，在讲解词语、语法，组织教学，考核，布置作业或者学生请教问题时都可以用英语，把英语运用到生活中来，养成良好的用语习惯。

第三，在英语教学活动中，应当处理好语言实践和语言知识之间的关系。语言实践在英语课中占主导地位，课上大部分的时间都是在进行语言实践的练习；对语言知识的讲解则处于次要地位，教师应参考语言实践和教学目标的需要来对语言知识的范围、深度、方法进行讲解。

第四，在英语教学活动中，语言操练和语言交际是两种教学形式，因此教师应清楚并处理好二者的关系。语言操练的重点在于让学生掌握语言的形式，是培养学生语言交际的必经之路；而语言交际是为了使交际双方相互了解，重点在于语言形式。在英语学习过程中，语言操练和语言交际都非常重要，前者是后者的基础，二者没有分界线。

第五，在英语教学活动中，教师应帮助学生树立“英语是交际工具”这一思想，并用这一思想来引导学生学习英语，把交际带到课堂教学过程中。同时，在上课时，教师要培养学生用英语交际的能力，鼓励学生反复练习，教师也要根据不同的时机来实时地创造交际情景，给学生提供真实的英语交际机会。

三、真实性的教学原则

教师在英语教学中，要做到语用真实，应了解并做到以下四个方面：

（1）把握真实语言运用的目的。培养学生的语言能力是英语教学的最终目的，实际上就是指语用能力。培养语用能力方面的教学目的就是语用目的，主要表现在三个方面：①语句的语用功能目的；②对话语篇的语用功能目的；③短文语篇的语用功能目的。

（2）采用语用真实的教学内容。教师应从语用的角度开始教学英语，对英语课文进行剖析，详细地研读，保证语用教学的教学目标，准确把握文中的语句内涵，选用真实的例句让学生进行练习，让学生真正获得英语运用能力。

（3）设计组织语用真实的教学活动。教师应把培养学生的语用能力作为设计教学活动的出发点，运用讲解、释例、训练等，将培养学生语用能力与课堂教学活动紧密结合起来，贯穿整个英语教学过程。

（4）设计语用真实的教学检测评估方案。语用真实在教学中具有十分重要的作用，不仅能够让学生掌握真实的语用内涵，还能使学生在运用英语方面的能力得到提升。所以，教师需要定期对教学成果做出评估和检测，以此来反馈学生的学习情况，从而对教学活动和教学目标做出及时的调整和改进，进一步检查学生在英语学习方面存在的不足之处。因此，在教学过程中，教学检测起着重要的作用。

四、输入优先的教学原则

输入是指学生通过听和读的形式来学习英语语言材料，输出是指学生通过说和写的形式来进行语言表达。据权威心理学的研究资料表明，输入是第一性的，输出则居第二性，由此可以得出输入是输出的根本基础的结论。

语言输入在英语教学过程中起着尤为重要的作用，英语教学要以输入优先的教学原则来进行。

第一，教师在英语课堂上要充分利用形象直观的教具，如图片、文字、声音等媒介，为学生提供形式多样、内容丰富的语言材料，使学生尽可能多地接触英语。

第二，教师应注重学生的理解力，对理解性强的资料的输入，可以鼓励学生听和读，而不要求他们说和写。因为听和读是掌握语言的基础，所以理解材料才是最重要的。

第三，教师在对语言进行输入的同时，应该对输出进行检验，以输出巩固输入，促进语言的输入。

第四，教师在组织教学活动中应鼓励学生模仿，模仿有助于人们对语言的掌握。教师应积极地引导学生来模拟现实生活中的场景，并将其表达出来。

五、发挥母语作用的教学原则

英语对我国的学生来说属于第二语言，虽然强调让教师在课堂教学过程中尽可能多地使用英语，但是这并不意味着放弃使用母语。为了使学生能够更好地掌握英语，在英语教学活动中，教师要利用母语的优势，排除母语的不利影响。因此，在教学过程中，教师应做到以下两点：

1. 充分利用母语的优势

在熟练掌握母语的基础上进行英语语言的学习活动。英语和汉语在语法结构和使用方法上既有相同的部分，也有不同的部分，然而学生在学习英语之前对母语中的时间、空间及地点等意识已经在脑海中形成，已经掌握了母语的主要语言手段，因此学生学习英语的障碍往往来自这些不同点。这个时候就需要教师充分发挥母语的优势，运用母语来对这些不同点进行解释，帮助学生了解英语的一些学习规则和语法结构特点，同时更加方便学生和教师之间的沟通交流。

2. 减少母语的干扰

对母语的适应和使用习惯往往会给英语的学习带来影响。在英语教学过程中，教师适当地使用母语，让学生明确母语和英语在某一特定结构上，或者是某一语法结构上是有差异的，这样有助于让学生明确母语和英语在使用上应该注意哪些问题，避免把母语的使用规则和英语的使用规则相混淆，减轻母语的干扰。因此，外语的学习是一个复杂的过程。

六、提高学生学习兴趣性的教学原则

“兴趣是最好的教师”。为获得更好的教学效果和学习效果，在英语教学活动中，教师应充分调动学生学习英语的积极性，让学生对英语产生兴趣。因为一个人的兴趣能激发其潜在的动力，使他们喜欢学习、乐于学习。在英语教学中，教师应从以下几个方面着手：

首先，教师在教学活动中应该了解学生的特点，发挥学生的主体性。每一位教师都明白，学生才是英语教学活动的主体。教师在英语教学的过程中应遵循语言学习的规律，采用灵活多样的教学方法，使学生在学习英语的过程中形成语感，提高英语的实际交流能力。要根据学生的个性差异特点，培养学生的英语学习兴趣，让学生参与实践和体验，主动尝试和创造，从而获得对语言的认知和语言能力的掌握能力。

其次，语言的学习基础是通过死记硬背和机械操练来形成的。但是，这种传统的英语学习方式一旦过度，就会适得其反，让学生对英语语言的学习失去兴趣。因此，教师在英语教学活动中，应注意观察学生，对学生进行学习评价，帮助学生找到感兴趣的学习方法。教师应以提高学生的综合素质为前提，鼓励学生的课堂参与，激发学生的学习积极性，提高学生的语言交流能力。因此，死记硬背、机械的教学方法和传统的英语测试方式已经不再适应英语的教学。

最后，深度挖掘教材。教师在进行教学活动前，应对教材有一个整体上的把握，认真研读教材，挖掘教材，用教材中学生感兴趣的内容来调动学生的积极性，使每节课都在轻松愉悦的课堂氛围中进行。

第二章　语言、文化与文化习俗

第一节　语言的整体概述

语言（language）是人类最重要的交际工具。语言的主要功能为社会功能和思维功能，其中社会功能包括信息传承功能和人际互动功能。语言是思维的载体。人们借助语言保存和传递人类文明的成果。语言是人类的创造，只有人类有真正的语言。许多动物也能够发出声音来表达感情或者在群体中传递信息，但只是一些固定的程式，不能随机变化。只有人类才会把无意义的语音按照各种方式组合起来，成为有意义的语素，再把语素按照各种方式组合成话语，用无穷变化的形式来表示各种意义。人类创造了语言之后又创造了语言的视觉形式，即文字。文字突破了口语空间和时间的限制，能够发挥语言更大的作用。

语言学是一门大学问。有人说语言是大海，这个比喻非常准确。海纳百川，海所包容的东西实在太大、太多了。大海的变化是无穷无尽的。海里有多得难以数计的各种元素，还有不少我们无法说清的奥秘。因此，人们常常将容量很大、数量很多或者一时难以说清的事物比喻成大海。语言问题是当代人文科学最核心的问题。语言是人类最重要的文化形式，是人的生命存在的基本形式。语言是一种社会现象，是民族的重要特征之一。有教养的人必须能够正确、优雅地使用本国语言。都德的《最后一课》能使人感受到语言如同信仰，而不仅仅是一种工具。

语言经历了一个漫长的发展过程，在现代社会中仍然发挥着重要的作用。随着人们对语言的不断探究和发展，现在已经形成一门独立的学科——语言学。当今世界有 200 多个国家和地区，2500 多个民族，6000 多种语言。正是这些不同民族、不同肤色、不同历史文化背景的人们，共同创造了丰富多彩的世界。不同文明之间的对话、交流、融合，汇成了人类文明奔流不息的长河。当今社会，信息成为人类生存发展的基本条件，这个时代已经成为“语言的时代”。

一、语言的定义

“语言”与我们的生活是密切相关的。如果让我们对它下一个定义，很多人会说，语言就是我们所说的话。这样的解释通俗易懂，但是未免有些太过笼统。语言学涉及多方面的知识，虽然处在语言生活中的人们多少对其有一定的了解，但是没有学过语言学的人一旦遇到关于语言的专业问题，就会比较迷茫。所以，我们通过几个问题来引出对语言的探讨。例如：

第一，语言构成成分有哪些？它们之间可以构成哪些关系？

第二，既然人的思维能力与方式总体上没有什么区别，为什么世界上有这么多不同种类的语言及其结构形式？

第三，任何一个人都不可能掌握他所用语言的所有内容，但是即便对所掌握的对象没有经过双方或多方验证，交际者彼此仍能进行不同层次、不同风格的交流，为什么？

当然，这些都是我们列举出的一些基本问题，不同的人还会有很多不同的问题。针对这些问题，我们该如何作答呢？接下来，我们就对“语言”这一现象的具体定义做简要概述。语言是语言学的重要研究对象。通过语言学的学习，我们知道，语言是一种符号系统，是通过系统的且组合复杂的声音传达包罗万象的意义和情感等内容的交际工具。从不同角度看，语言所承载的内容及其带给人们的感受是不同的。

第一，语言通过声音表达出来，也就是听到的语音，这是我们首先能感知到的表达意义的途径。语音是由人类根据自己的发音器官发出的语音单位所组成的复杂系统，而且每个民族的语言都有自己独特的语音构成成分与构成特点。这是从形式上对语言进行分析。

第二，语音是语言表达的形式，但是通过语音呈现出来的语言要让人理解，必须表达出具体的意义，也就是所谓的语义。语义中所涵盖的意义，不仅包括客观世界本身的状态，也有相当程度的认识者的主观态度，甚至有些纯粹是人主观虚构出来的。语义是由很多具体单位表现出来的，包括词、词汇、句子等。

第三，从组织结构上看，语言除了语音、语义和词汇外，还需要一个将它们串联起来表达复杂内容和思想情感的手段，即语法。因为在英语等形态语言系统里，有效句子除了基本词语组成成分和意义外，还有格、时、数等语法范畴，而且必须通过相对应的语法形式来表达。

综上所述，“语言”并不是一个成分零乱且组合简单地使用工具，而是一个由语音、词汇、语义和语法四大部分构成的符号体系，其内部构成复杂，组织严密且功能强大。

人们对语言的研究，会随着语言自身的发展变化、人们对语言认识的不断深化，以及不同时期、不同学派看法的变化等，不断注入新的思想，产生新的变化。正是因为这样，人们至今没有对语言产生一个清晰而公认的定义。

古今中外，很多语言学家都对语言学进行了相关的研究。通过对这些研究成果进行综合分析，可以对语言从属性上进行大致定义：语言是一种特殊的社会现象，是人类特有的、最重要的交际工具、思维工具和文化载体，是一套音义结合的符号系统。这个定义可以从以下四个方面进行分析：

第一，语言是由词汇和语法构成的一个符号系统。在它的组成部分中，每个成分都是由声音和意义共同组成的。

第二，语言是人类独有的，其他动物没有语言，它们的交际方式与人类的语言有着本质的区别。

第三，语言不是社会现象，而是自然现象，有着自身的特殊性。

第四，语言是人类交际和思维活动离不开的重要工具与载体，同时，用于交际和思维活动也是语言的基本功能。

二、语言的功能

语言是人类最重要的交际工具。一般认为，动物没有语言。不过据报道，科学家发现，非洲的一种墨鼻猴会说话，而且是真正地说句子。这是人类第一次发现除人类之外会用句子式语言交流的动物。语言之所以能作为交际工具，是因为它负载着一定的信息。交际功能是语言的一项重要功能。谈到“交际功能”，我们往往想到的是“传达信息”的功能，那么，传达信息的功能包括哪些方面呢？它包括陈述、指令、询问、表情和美学功能等。语言学家从抽象的角度，而不是从语言实用功能方面讨论语言的功能，从而归纳了语言的基本功能。

第一，语言的信息功能。大多数人认为信息功能是语言的主导功能。语言是思维的工具，人们往往觉得有必要大声说出他们的想法。如当他们在解决一个数学问题时，能够用语言记录事实是社会发展的前提，这是语言的一项关键功能。在功能语法的框架里，这又被称作概念功能。语言学家韩礼德认为：“语言为表达‘内容’服务，内容就是指说话者在真实世界的经验，包括自我意识的内在世界。语言为了服务内容而把这些经验结构化，帮助我们形成看事物的方式。所以，如果试图不遵循语言的暗示从其他不同角度看待事物，是要费些脑筋的。”

第二，语言的人际功能。语言最重要的社会功能是人际功能，人们靠它建立并维持社会关系。在功能语法框架中，人际功能所关心的是语境中发话人与受话人的互动关系和发话人对他所说的话、所写的东西的态度。

语言建立维持社会规则，包括由语言本身造成的交际角色。例如提问者与回答者的角色通过提出或回答问题来实现。通过此功能，社会团体被划分，个人也得到了识别和强调，因为通过人们间的语言互动，自身人格得到表达和发展，与人际功能相关的就是身份表达的功能。比如在足球赛中人群的呼喊，集会上高呼口号，安排好的“亲友团”对己方的喝彩都是信号，表明我们是谁、我们在哪里。语言表明我们的身份：生理上的是年龄、性别和声线；心理上的是谈吐、个性和智力；地域上的是口音和方言；伦理和社会上的是社会阶层、角色等。

第三，语言的施为功能。施为的概念来自以奥斯汀和塞尔为代表的语言学家对语言的哲学研究，他们的理论现在成为语言学的支柱。施为功能主要是为了改变人的社会地位，如婚礼、宣判、为孩子祈福、下水仪式上对船的命名等行为。在这些言语行为中，语言通常是非常正式的，甚至是仪式化的，如公诉人宣读公诉书、发表公诉意见、法庭宣告判决裁定等。

第四，语言的感情功能。语言的感情功能是语言最有用的功能之一。因为它在改变听者对某人、某物的态度上的作用非常关键。俗话说“良言一句三冬暖，恶语伤人六月寒”，就是这个道理。还有人认为，人们在受到压力时，语言是一种摆脱紧张的方法。感情功能常在表达功能的范畴内进行讨论。表达功能能够完全个人化而不掺入任何与他人的交际，如受到惊吓发出的惊叫、看到精彩的比赛发出的叫好声。这些感叹词通常不具有跟他人交际的目的，但对于自我感受来说，却是很重要的反应。这样的表达感情的语言还可以是一群人的相互反应，他们想通过这样做来巩固相互的言语表达，以显示他们的团结。

第五，语言的寒暄交谈。术语“寒暄交谈”来自语言学家马林诺夫斯基对特洛布莱地岛上居民语言功能的研究，指语言的交互性。如日常生活中关于天气、健康等的谈话，如早晨好、今天天气不错……都是叙述显而易见的东西，但它预示一旦需要，交际渠道便会开启。不同文化在交感谈话中有不同的话题。如过去大部分中国人见面会问：“吃了吗？”在其他国家就可能问一些其他问题。这种功能是指有助于确立和维持人际关系的表述，如俚语、玩笑、行话、礼节性的问候、社会方言或地域方言的转用等。为了与他人的交际更愉快，人们都在学习这种用法。

第六，语言的娱乐功能。语言的娱乐功能常被忽略，因为其目的单一，用处有限。但没有人否认会为了纯粹娱乐而使用语言的情况，如对歌等。

第七，元语言功能。我们的语言可以用来讨论语言本身，如用“书”指代一本书，也可以用“书”来指代“书”这个词本身。为了把书面文本组织成一个连贯整体，作者用特定的表述使读者明白已经被文章带到了哪里，下步要去往何处。这就是元语言功能，与功能语法中语言的主位功能相契合。

三、语言表达的界限

通过以意识结构为根据的语言演绎，道出了语言形式。语言形式表明，语言的直接界限即其现实构造形式为遗迹化的符号，它不能闯入没有遗迹的形式。语言的形成界限是现实的意识存在，纯粹的语言符号即摆在那里的词典符号本身并没有语言的形成力量，简言之，仅仅搬弄词典，从语言符号出发不能形成有意义的语句。语言是构成性的，离不开内容的区别，只能表征一个内容的构成结构。所以，语言表达的界限是综合关系，那种不能做出区分和关联的单一内容的直接规定性就在语言表达的范围之外。单一内容的直接规定性也就是意识的本身，同于意识存在的呈现，因而语言表达的域外界限是呈现性。呈现本身不可说。语言只能把呈现保留给现实的意识感触。意识经验是语言的最终支持，基础语言作为符号与其所指本质上存在间距，即二者在存在上并非统一。因此，语言本质性地不能直接给出被言说的存在，相反，被言说的存在只能在依据语言所做出的正确的意识构建活动中显露。

第二节 文化概述及其相关理念阐述

一、文化的定义分析

文化（culture）是指一个国家（地区）或民族的历史、地理、风土人情、传统习俗、生活方式、文学艺术、行为规范、思维方式、价值观念等，是人类之间进行交流普遍认可的一种能够传承的意识形态。它有广义和狭义之分，广义的文化指人类在社会历史发展过程中所创造的物质财富和精神财富的总和，包括物质文化、制度文化和精神文化三个方面。狭义文化是指社会的意识形态以及与之相适应的制度和组织机构，如衣食住行、风俗习惯、生活方式、行为规范等。

文化是一个有着丰富内涵的概念，在我国有着悠久的历史。西汉刘向在《说苑·指武篇》指出："圣人之治天下也，先文德而后武力。凡武之兴，为不服也；文化不改，然后加诛。"这里的"文化"是指古代封建王朝所施的文治和教化。当今"文化"一词的含义已有所改变。我们现在所用的"文化"一词是19世纪末从日文中转译过来的。"文化"一词源于拉丁文cultus，是由colere演化而来，而英语中的culture和德语中的Kultur同由拉丁文的cultus转化而来。在拉丁语中，文化一词是"开发，开化"的意思。德语kultur本义指精神文化，实指宗教文化。英语culture的意义则与政治、法律、教育等社会生活有关。自19世纪下半叶，人类学、社会学、文化学等以文化为研究对象的学科兴起，世界各国的学者试图给"文化"下定义，但仍到至今尚未形成一致的看法。

（一）字典释义

《辞海》中文化的定义是：从广义来说，指人类社会历史实践过程中所创造的物质财富和精神财富的总和；从狭义来说，指社会的意识形态，以及与之相匹配的制度和组织机构。《牛津简明词典》中文化的定义是：艺术或其他人类共同的智慧结晶。这一定义主要从智力产物角度阐释文化内涵，即深层文化，如文学、艺术、政治等。《美国传统词典》中文化的定义是：人类文化是通过社会传导的行为方式、艺术、信仰、风俗以及人类工作和思想的所有产物的整体。这一定义涵盖的范围较为宽泛，既包括深层文化，又涵盖浅层文化，如风俗、传统、行为、习惯等。

（二）泰勒的定义

1871年，英国人类文化学家泰勒出版了《原始文化》一书，指出："文化和文明，就其广义人类学意义上看，是由知识信念、艺术、伦理、法律、习俗以及作为社会成员的人所需要的其他能力和习惯所构成的综合体。"一直以来，该定义的权威性最强，具有深远的影响力。不过，该定义似乎更侧重精神文化方面，而不包括物质文化。相比较而言，戴维·波普的文化定义更全面。他认为文化应由以下三个要素组成：

（1）符号意义和价值观。这能够用来解释现实和确定好坏、正误标准。

（2）规范准则。这是对在一个特定的社会中人们怎样思维、感觉和行动的解释。

（3）物质文化。实际的和人造的物体，反映了非物质的文化意义。

这一定义与我国《辞海》（1989年）中"文化"的概念是一致的。

（三）克罗伯与克拉克洪的定义

1952 年，美国学者克罗伯与克拉克洪在《文化：关于概念和定义的评述》中总结了 164 条文化定义。两位学者不但总结了角度各异、内容或抽象或具体的文化定义，而且还提出自己的文化定义：文化由外显和内隐的行为模式构成；这种行为模式通过象征符号而获得传播；文化代表了人类群体的显著成就，包括它们在人造器物中的体现；文化的核心部分是传统观念，尤其是它们带来的价值观念；文化体系一方面可以看作活动的产物，另一方面则是进一步活动的决定性因素。这一定义几乎涵盖人类生活的方方面面。文化指导人们对待事物的态度和行为。克拉克洪甚至认为文化是人们行为的蓝图。

从简练而抽象地涉及人类精神文化和物质文化的所有产物，到具体涉及人类知识、经验、信仰、宗教、价值观念、态度、行为、宇宙观、时间观等方方面面，文化的定义难以尽数。理解文化的概念对于外语教学意义重大，文化涵盖的内容可以作为教学内容渗透到语言教学之中，实现以培养语言应用技能为目的、以跨文化交际知识为内容的教学要求。

二、文化的特征

文化是人创造的，与人本身和人的活动有关，这就决定文化具有传承性、符号性、人为性、变化性等特征。

（一）文化的传承性特征

文化是一个群体所共享的信息集合，人们获得这些信息的方式不是通过遗传基因，而是通过后天习得。文化是人类在发展过程中为满足某种需要创造出来的，为人群所共享，并通过群体传播和继承。正因为文化可传承，所以可积累。人们在社会化过程中获得文化知识，学习对象可能是父母、其他家庭成员或任何人，获得文化知识的方式可以是正式途径，如接受学校教育，也可以是非正式途径，如日常生活中的观察、经验、阅读等。

（二）文化的符号性特征

语言、文字、图形、宗教仪式等都是通过符号来表示和表达，人们运用具体的符号表示具体事物或抽象概念。符号是任意的，从形态到意义在不同文化中差别很大。以语言为例，语言是文化的构成因素之一，语言的符号性特征最为明显。如汉语中的“猫”，在英语中是“cat”，法语中是“chat”，日语中是“neiko”，西班牙语中是“gato”，德语中是“katze”，俄语中是“koska”。图形符号在不同的文化中含义迥异，六角星在一种文化中可以代表神圣，在另一种文化中则可能代表异教和对神灵的亵渎。

（三）文化的人为性特征

与文化相对的词汇是自然。自然的造物不是文化，经过人类改造和创造的自然物，如园林、假山、盆景等，才是文化产物。就生理现象而言，如吃、喝、睡等，人类似与动物有相似性，但事实并非如此。文化影响了这些行为，例如吃（喝）什么、怎么吃（喝）、何时吃（喝）、睡在哪里、何时睡、怎样睡等。饮食文化一词体现了人们对“吃”这种行为的看法，即“吃”是一种文化。“吃”超出生理需要本身，引申为一种符号，满足人们的某种心理需求。例如在中国，春节要吃饺子，“饺子”是“交子”的谐音，意思是新旧更替；除夕吃鱼，取“余”的谐音，意思是年年有余，是一种祝福和愿望。

“喝”这种行为不仅是解渴，更具社会意义和文化意义。请喝酒的意义并不在于喝酒本身，而是某种交际为目的而组织的社交活动。随着饮食文化而产生的精美器具和烦琐礼节，更加体现了饮食的文化性。

睡眠是人体的重要生理需要之一，不同文化中，睡眠所用的器具和睡眠的习俗，使睡眠不仅仅是一种自然生理活动。在美国，婴儿要睡在自己的房间，而在中国婴儿要与父母同睡。这体现了中美不同的文化取向：美国是个体主义文化，强调独立、平等与隐私，儿童睡在自己的房间，有利于培养儿童独立自主的精神；中国是集体主义文化，强调家庭的和谐，婴儿与父母住在一起，既方便父母照顾婴儿，又有利于增强家庭成员之间的感情。

（四）文化的变化性特征

文化是人类满足自身需求的结果，有适应性调节的变化性特征。从历史角度看，文化是变化的，政治、经济的发展以及外来文化的冲击，使各时期的文化发生变化。“流行文化”一词是在某一时期、某种文化中的代表性行为、现象或思潮，体现了文化的变化性特征。从共时性角度来看，文化变化的原因可以是技术的发展和新发明的出现，如飞机和火车改变了人们的交通方式，使人口流动更加容易；电话、电视、电脑、互联网的出现，改变了人们的思维方式和行为方式。也可以是文化间相互融合的结果。全球化进程加快，为了便于交际，人们需要统一规则，如法律等，各民族文化在相互借鉴、学习的过程中改变了原有的文化模式。例如，英语在全球范围内的推广，影响了很多语言的话语结构。尤其在高校，人们打招呼不再使用“吃了吗？”“上哪儿？”等表达，而是说“嗨！”“哈喽”。

文化是人类活动的结果，为一个群体所共有。人类的共性使不同的文化模式具有共同的特征。共同特征的存在，使我们能够学习、研究、比较文化。

三、关于文化的研究理论

文化研究是跨学科或多学科的文化理论，它一开始就不是一个传统意义上的独立学科，既在现有学科之中，又并非受制于某一学科或理论，学科界限也不确定。它本身没有一个界定明确的方法论，也不局限于界限清晰的研究领域。文化研究借鉴了诸多人文与社会科学的理论和方法，如语言学、哲学心理学、人类学、政治学等。文化研究的对象十分宽广，如以东西方不断变化的历史和文化关系为背景的“东方学”及西方殖民主义批判，以萨义德、艾哈迈德、霍米·巴巴等人为代表的后殖民主义理论；以女性主义批评为主的性别研究理论，主要涉及女性批评话语的构建、性别诗学研究以及怪异理论；文化工业、消费文化以及影视传媒生产和消费；文化全球化理论及其反驳等。文化研究的对象是文化实践跟权力的关系，目的是暴露权力关系，以及研究这些关系如何影响文化实践。文化研究不仅仅是研究文化，其目的是从文化的复杂形态中理解文化，分析文化实践本身的社会和文化背景。

文化研究的特点是，注重讨论各种文化实践与权力之间的关系，即文化现象和文化实践中的权力运作对文化实践的影响与干涉作用。文化研究并非只是纯粹的、具体文化类别的理论探讨，它与社会关系、政治制度有着密切的联系，其使命就是分析在具体的社会关系和环境中文化是如何表现自身与受制于社会和政治制度的。文化研究致力于对当代社会文化的“道德评价”或批判，直至诉诸激进政治行动的努力。随着资本主义社会的发展与技术的进步，西方大众文化研究领域也发生了诸多变化，产生了不同的流派。一是，兴起于20世纪三四十年代的法兰克福学派，代表人物有霍克海默、阿多诺、马尔库塞等。该学派对大众文化的研究形成了西方大众文化理论史上的法兰克福模式，提出了分析大众文化概念比较完整的理论框架。二是，伯明翰学派，以威廉姆斯、霍尔等人为代表，对以往有关意识形态的经典论述进行批判和分析，借此对大众媒体与国家、个人的关系，消费与意识形态的关系等问题做了新的探讨和阐述，提出新的理论。伯明翰学派是指成立于1964年的伯明翰大学当代文化研究中心，以理查德·霍加特和斯图尔特·霍尔为代表人物，他们主要从社会存在和社会意识的关系方面展开研究，建议将传播活动同文化现象联系起来考察，强调文化与意识形态的相对独立性。该中心的宗旨是研究文化形式、文化实践和文化机构与社会和社会变迁的关系。文化主义的理论资源来自葛兰西的“常识说”与霸权理论。霍尔指出，葛兰西将大量“无意识”、特定“常识”的文化范畴同更主动、更有组织性的意识形态方式联系在一起，引导文化主义“很恰当地复原了文化范畴中的无意识与自觉的组织之间的辩证关系”，并对大众文化进行历史分析和意识形态分析。文化霸权理论则看到文化结构中的差异、矛盾、妥协、混杂，没有把意识形态看成固定僵化的实体是一种充满裂缝的动态组合。统治阶级为了换取其他阶级的支持与信任，必须与对立的社会集团、阶级以及他们的价值观念进行谈判、协商，并做出妥协与让步。这种调停的结果就是资产阶级文化已不再是一种“纯粹”的资产阶级文化，而是一种来自不同阶级的不同文化和意识形态的动态结合。

文化研究需要有理论，它能总结前人研究的经验，还能让人从不同的视角来透视文化。但我们需要的是理论中的活性因子，能用它来解释不同时空环境中的文化现象，具有转换生成的功能。然而，文化的阐释更离不开现实的、活的情景，需要一定的方法从生存的实际中撷取事实材料，也要不断创新方法。

（一）文化研究理论概述

西方关于文化理论和方法的研究，陆续出现过许多流派，这些学派在人类学和社会学研究领域中具有代表性。各个学派从不同的视角认识和阐释文化，创立了独特的研究方法，对后来的文化研究产生重要的影响。

1. 早期进化论及符号学研究

19 世纪后期进化论在欧洲盛行，人类研究学开始倾向于从进化论视角，探讨随着殖民主义扩张而引发的不同民族的生活方式变化及其发展问题。主要代表人物有德国的阿道夫 · 巴斯蒂安（1826—1905），瑞士的巴霍芬（1815—1887），英国的梅因（1822—1888）、泰勒（1832—1917）、麦克伦南（1827—1881）、弗雷泽（1854—1941），美国的摩根（1818—1881）等。

早期进化学派从进化论的角度探讨人类文化，主要特点：其一，注重野蛮民族与文明民族的不同文化现象，主要是婚姻家庭、宗教巫术和古代法律等。其二，注重研究民族的统一性和一贯性，他们认为，就体质进化和文化演进来说，人类从自然状态到文明状态经历了若干相同的历史阶段，社会发展和文化发展遵循一定的规律。其三，倾向于根据进化的尺度来整理和解释非西方民族的民族志资料。在文化学创建过程中，早期进化论思想的代表人物做出了奠基性的贡献。

学术界普遍认为早期进化学派的缺陷体现在三个方面：一是，过于注重文化发展的单一性、直线性，忽视各民族历史文化发展的差异性、多样性。现代文化学家把古典进化论称作“单线进化论”。二是，以西欧文化为参照系数，注重欧洲中心论思想，认为西欧文化是进化的顶点，忽略文化的复杂性，忽略历史发展的不平衡性和特殊性。三是，注重个人的心理本质推导社会制度和文化现象的发展规律，忽视文化要素的传播及其功用，忽视文化要素与文化整体之间的紧密关系。

2. 传播学与文化圈理论

传播学派于 19—20 世纪之交在欧洲出现，与进化论学派相对。传播学派认为，世界上的任何一种文化现象只能在某一特定地点产生，然后从这一起源中心向外传播，而不是被再造；新文化的产生，是几种文化综合体交融传播的结果。这种观点最早由德国人文地理学家弗里德里希 · 拉策尔（1844—1904）提出，后由德国的莱奥 · 弗罗贝纽斯（1873—1938）、弗里茨 · 格雷布内尔（1877—1934），奥地利的威廉 · 施密特（1868—1954）等人陆续发展起来。广义的传播学派包括德奥的历史学派（注重文化圈）、英国的传播学派（泛埃及学派）、美国的文化历史学派；狭义的则只指前两个学派。

传播学派的源头之一为德奥传播学派，以拉策尔为先驱，其主要追随者有弗罗贝纽斯、格雷布内尔和施密特。拉策尔著有《人类地理学》《人类史》《比较地理学》等书。他在《生存空间》一文中提出“生存空间”（lebensraum）的概念，强调地理环境对人类文化的决定作用，认为各民族文化的不同，是地理环境不同所致。

（二）文化研究的理论特色

1. 跨学科

文化研究最基本和最主要的特征就是跨学科，西方学者不断使用“跨学科方法”（transdisciplinary approach/interdisciplinary approach）来对文化研究进行描述，他们认为，所谓的跨学科，实际上就是“穿越学科边界”，即打破原来的学科界限，动用不同学科的理论资源，把问题放在学科的交叉处，从而进入问题的实质。实际上，文化研究最初的理想就是跨学科甚至是反学科的，而文化研究的旨趣或对象（如性别问题、民族性与民族认同、殖民主义与后殖民主义、种族问题、大众文化、身份政治学、文化机构与文化政策、学科政治学、后现代的全球文化等）也不允许它局限于某一专门的学科。然而，这一状况在 20 世纪 80 年代之后有所改变。默多克认为，当不少高校设立了文化研究系和文化研究专业之后，文化研究变得日益体制化和学术化。约翰逊也认为，当今的文化研究已成为“一门被广泛用于教学的学科”。

2. 政治性 / 批判性

文化研究从它诞生的那一天起，就是与传统的文学批评分道扬镳、积极介入社会政治运动的产物。文化研究的这一性质决定了它不可能在纯粹的审美层面对文本进行解读，所有的文本在它看来都富有政治意义。因此，政治性是文化研究的主要传统。约翰逊认为，文化研究有三个主要前提：第一，文化进程与社会关系密切相关，尤其是与阶级关系、阶级构成、种族建构、年龄压迫等密切相关；第二，文化涉及权力，它帮助着协调个人与社会团体能力的不平衡：第三，文化既不是自律的也不是外在被决定的领域，而是社会差异和社会斗争的场所。这些前提意味着文化研究不是一种纯粹的、学究式的学术话语，而是一种进行社会斗争、从事社会批判的武器。文化研究接受了阿尔都塞与葛兰西的理论之后，更加自觉地关注文化与权力、文化与意识形态霸权的关系，极力开发被统治的社会边缘群体的文化反抗资源。于是阶级、性别、种族、年龄等问题成为文化研究思考的核心问题，其政治性与批判性开始强化。因此，按照西方学者的看法，文化研究的伦理取向与价值立场是坚决地站在最少拥有此类资源的、被压迫的边缘群体这一边。“文化研究为被剥夺者辩护，代表那些屈从的、沉默的、被支配的、受压迫的和遭到歧视的个人与群体的声音。它的言说不只为了‘这里’的人们，也是为了‘那里’的人们，即为那些在统治性话语中没有声音的人们和在统治性政治与经济等级中没有地位的人们说话。”

然而，文化研究发展到今天，其政治性与批判性已显著减弱，西方一些学者已意识到这一问题的严重性。比如，如前所述的葛拉米·特纳等学者，就对当今的文化研究提出质疑。文化研究政治意识的淡化与批判锋芒的减弱有其复杂的原因，此处无法展开，但必须意识到，当今的文化研究已经在很大程度上偏离了英国文化传统的研究。

3. 当下性

一般的文学批评既可以面对当下说话也可以面向历史发言，但文化研究却是要直接面对当代的、处于变动中的社会现实和文化事实。因此，杜林特别强调，文化研究固然是对文化的研究，但更确切地说，它是对“当代文化”（contemporary culture）的研究。既然要研究当代文化，当代文化又不是固定不变的，所以文化研究就需要不断地直面现实问题，不断地对已经出现或即将来临的新情况做出迅捷的反应。比如，在 20 世纪五六十年代，阶级问题、青少年亚文化问题是当时英国突出的现实问题，文化研究就是在对这些问题的迅速应对中发展壮大的。80 年代以来，妇女问题、后殖民主义问题、同性恋问题、传媒问题、种族问题等又成了美国等国家的主要问题，文化研究又开始向这些问题倾斜。这就意味着文化研究需要不断调整自己的姿态，汲取新的理论资源，修正自己的观点。格罗斯伯格指出："文化研究总是在断裂和游走中向前推进的，不断地努力重新安排和重新界定工作平台本身的理论差异，以回应特定的历史和事件。"因此，它总是迈上自己行将放弃的平台，而被放弃了的平台将被它重新占领这种说法是有道理的。文化研究的"当下性"特点提醒我们，在进行中国文化研究时，必须面对中国本土的现实问题，而不是简单地回应西方学者在文化研究中所关注的问题。

4. 大众性

文化研究的"大众性"可以做出如下理解。首先，文化研究的对象比以往更具有"大众性"。斯道雷指出："虽然文化研究不能（也不应该）被缩减为大众文化研究，但可以肯定的是，大众文化研究的个案处于文化研究中心位置。"这就意味着，文化研究不是对高雅文化进行研究，而是对以大众文化为中心的文化现象进行研究，凡是以往被文学批评不屑一顾的大众文化现象，均可纳入文化研究的视野。文化研究的大众性转向，使在以经典高雅文学和主流文学为对象的传统批评中显得格格不入。

早期的英国文化研究之所以能从传统的文学批评传统中脱颖而出，就是因为与利维斯主义发生决裂。从文化研究的主体来看，也体现出一种"大众性"。格罗斯伯格指出："大众性是文化研究的一个必然焦点和追求。作为一种政治追求，它是反精英的；它要求我们不要把自己与群众完全分开。我们确实是人民的一部分，人民一直在全力影响他们自己的历史征程。"因此，从事文化研究，实际上是从原来的那种精英位置下调到一个民间的位置，唯有如此，才能站在老百姓的话语立场上，成为民众的代言人。早期文化研究者的工人阶级出身背景，决定了他们自身的"大众性"。葛兰西所谓的"有机知识分子"，其含义之一也是让知识分子走向大众，接近底层。所有这些，都使文化研究体现出"大众性"。

第三节 跨文化交际与文化习俗

一、跨文化交际

跨文化交际首先是一种交际，它具有交际的特征，如特定符号表述的意义，信息的传播与共享，也遵循着交际的模式。但是跨文化交际不是一种普通的交际，它是一种具有特殊性的交际方式，有着自己的特点和模式。

“跨文化交际”的概念最早产生在美国。它是根据英文“intercultural communication”翻译而来的，指的是具有不同文化背景的个人之间的交际。换句话说，跨文化交际是不同文化背景下人与人之间所发生的相互作用。从其本身来看，跨文化交际并不是什么新鲜事物，它是自古以来就存在的一种普遍现象，具有不同文化背景的人进行接触时肯定会产生跨文化交际。甚至，可以毫不夸张地说，跨文化交际的历史实际就是人类发展的历史。

20 世纪 70 年代初，狭义的跨文化交际被引入有关外语和交际培训的文献。跨文化交际意味着一种特定的交际情境：在面对面的交流情境中，来自不同文化背景的人用不同语言和话语策略进行交流。随着该术语的普遍使用，它被广泛地应用于翻译研究、对比语言学（语用学）、外国文学阅读以及文化意义的比较分析中。由于在没有采用新方法论的前提下开展了一些相似研究，这一术语没有揭示其相关领域的一些重要问题，因而狭义的跨文化交际遭受到一些批评。但是，狭义的跨文化交际研究和应用已经拓展为相对特定的兴趣领域，即对来自不同文化背景的人所进行面对面的交流而开展的话语分析。

人们把来自不同文化群体的人与人之间的交际称为跨文化交际。交际与文化是紧密相连的，跨文化交际的参与者都受各自文化的影响。在跨文化交际的过程中，这些影响会有意识或无意识地在不同程度上显现出来。

汀 - 图梅将跨文化交际定义为：“有至少两个来自不同文化群体的人参与的、在互动的情境中对共享的意义进行协商的、对具有象征意义的符号进行交流的过程。”他描述了跨文化交际的五个核心假设：

（1）跨文化交际包含不同程度的文化群体成员之间的差别。当这些成员的文化群体性因素有意或无意地对交际过程产生影响时，跨文化交际就发生了。

（2）跨文化交际包含交际过程中对言语和非言语信息的即时编码解码，跨文化交际的双方同时是信息的编码者和解码者。

（3）跨文化交际包含善意的冲突，因为来自不同文化的成员在各自的文化中学习到的交际模式不同。

（4）跨文化交际总是在特定语境下产生，在互动的场景或语境中，各种思维和行为模式总是在不断地被诠释。

（5）跨文化交际总是在既有系统中发生，这些既有系统由其内部因素组成相对独立的有机整体，同时又相互影响。

欧美的跨文化交际研究者大多将文化差异看作跨文化交际的重要特征，如马勒茨克指出："当归属于不同文化的人们走到一起，而他们相互清楚对方是'不一样的'，他们彼此感到'陌生'，那么，跨文化交际就开始了。"这些陌生感来源于在交际过程中，人们往往不能对认知、思维和行为模式进行共享，而是或多或少地发现对方认知思维和行为模式与自己所熟悉的不同。

迄今为止，跨文化交际学的研究对象与研究问题主要为：各种参与和影响跨文化交际的因素与变量以及他们之间的相互关系、文化比较与分析模式、文化之间的差异、跨文化交际的过程、模式与基本规律、跨文化交际行为、提高和改善跨文化交际的策略与方案等。

与跨文化交际学发展历史较长的欧美国家不同的是，我国的跨文化交际研究学者以外语教师，尤其是英语教师为主。虽然近几年，来自新闻传播学、经济管理学、国际关系学等学科的学者开始了跨文化交际的研究，但我国跨文化交际主要研究成果还是围绕语言和文化教学。这使得我国的跨文化交际研究无论在研究方法还是内容上都有一定的局限性。如李海峰所指出的："中国跨文化交际研究缺乏交叉学科的研究，或至少交叉学科的研究尚未形成，还处在各自为政的局面，不利于研究工作的深入开展，其广度也受到局限。"

高永晨将我国跨文化交际研究的问题总结为以下几点：

（1）对立而非交融的研究。

（2）求异而非求同的研究。

（3）局部而非系统的研究。

（4）静态而非动态的研究。

顾嘉祖也发现，我国的跨文化交际学界存在从整体上看公开的文化谈得多、隐蔽的文化谈得少的问题。他认为，由于研究上的难度，许多学者对"隐性文化"望而却步，使得多年来跨文化交际难以深入文化深层。他强调，没有对"隐性文化"的研究，跨文化交际研究只能是"治标"而不能"治本"，甚至会由于没有正确的理论指导而出现跨文化交际盲目实践的倾向。

二、习俗是文化的重要组成部分

（一）习俗与文化

其实，习俗本身就是一个国家文化的符号，人们往往通过习俗就能够判断这是哪个国家的文化。文化习俗意识在人们头脑中就是根深蒂固的，以巨大的力量促使人们按照本民族的习惯进行交际。

关于习俗，我们已经有所论述。文化是一个更加包容、更加复杂的概念，被誉为“文化之父”的英国人类学家泰勒认为:“文化是一个复合的整体，其中包括知识、信仰、艺术、道德、法律、风俗以及人们作为社会成员而获得的一切能力和习惯。”“文化是人类在历史长河中所创造的物质文明和精神文明的总和。”泰勒之后，对文化的界定出现了异说纷呈的局面。

文化可以体现为不同的形态。美国人类学家克拉克洪指出:“文化既包括显性又包括隐性样式，性型文化寓于文字和事实所构成的规律之中，它可以经过耳濡目染的证实直接总结出来，隐性文化却是一种二级抽象。语言是文化的显性形式，它是一个民族历代智慧的积累，是一个文化的结晶体，它包容着一个民族长期创造性活动的成果。”所以，习俗本身也是一种文化，这种文化在本土，当地人与之和谐共存。然而，习俗文化一旦受到外来人的破坏或者无意识的忽略，就会造成外来者的不适应，这就是跨文化交际中所产生的冲突。这样的冲突在习俗文化中更为明显。这就是习俗文化因素，它指的是一个民族在其人际交往中的风俗习惯。每个民族都是以自己的文化为中心，都把以自己文化对世界的看法看作人类常识，以为天经地义而又自然合理。所以，当我们到了一个陌生的环境，就不能用自己的习俗文化来判断别人的是非对错。相反，不仅要充分地理解异国的习俗文化，若想融入他们，还须做到入乡随俗。

（二）习俗文化的功用

作为人类文化现象之一的习俗文化，是在满足民众群体性、多方面、多层次要求下产生、发展起来的。广泛的社会基础以及时代的传承沿袭，使习俗文化至今依然以独特的魅力，发挥着认同、教化、规范、娱乐和交流等功用。

1. 文化认同

一个地区的风俗习惯会以约定俗成的力量约束每位社会成员的行为习惯和生活方式，习惯性地共同遵守，经过积淀在认知模式、价值取向、行为方式等方面构成某些共性。这些共性反映了生活在该地区人们对所处文化的共同依附和认可，可谓初步的、自然的文化认同。一方面，习俗文化的群体性使生活在同一文化圈中的人表现出同一的指向、愿望、仪式和心理特征，能够产生凝聚力，形成民众一定的文化自觉和自信；另一方面，习俗文化的共同遵从，反复践行，有利于本地区文化风尚的传播与辐射，使其产生更大的影响力，反过来会强化本地区人群对自身习俗文化的认同。

2. 感化教育

习俗文化几乎处处存在、事事存在。具体到个体身上，可以清晰地看出它的独特教化作用。诞生礼伴随着人来到世界，在民间游娱习俗中快乐成长；随着认知能力的提高，民间文学中的儿歌、故事会教导如何分辨是非，认识社会；交际习俗规范言行，良好地处理人际关系；成年礼、婚礼让其具有家庭和社会责任感；生产习俗和衣食住行习俗引导一个人如何面对生活，自食其力，参与社会实践；直到人生结束，由丧葬礼将其送离人间。习俗的教育感化作用贯穿人的一生，影响人一生不忘理性，提升自身素质和技能，进而促进社会的和谐与稳定。

3. 行为规范

习俗作为一种民族或地区统一体所共有的事项，规范制约着每位社会成员的日常行为。这种规范制约作用，虽然不像法律那样具有强制性，但也以软约束性支配着人们共同遵守同一准则。并且，这种自觉遵守靠内心信念和社会舆论来维护，由自律变为他律，调节着人与人、人与社会之间的关系。从人来到这个世界的诞生礼俗到丧葬礼俗，从社交礼仪到信仰习俗，每个人都在自觉不自觉地接受着习俗文化的制约和影响，从而产生一定的道德约束力量。

4. 娱乐审美

习俗文化以其参与性和简便易学性得到民众的普遍热爱，这就为习俗文化发挥娱乐审美作用提供了广泛的群众基础。游娱习俗中的民间歌舞、戏曲、竞技、游戏等对大众具有强烈的愉悦吸引力，其他像是节日习俗中的春节与中秋节、傣族的泼水节、苗族的吃新节，还有礼仪习俗中的婚礼、生日礼等，均带有娱乐性质。同时，习俗文化中的许多内容也带有审美的艺术思维，如民间手工艺、建筑习俗、服饰习俗等。人们在参与、欣赏活动过程中，可以享受民族传统文化的魅力，在赏心悦目中达到陶冶性情、培育情操的作用。

5. 传播交流

民俗的差异性决定了不同民族、地区文化的多样化存在。各民族、地区之间为了增进交往、加深感情，首先需要了解对方的性情禀赋、生活习俗和风土人情，重视和承认文化的差异性与多样性，这也是人类文化发展演变的根本动力所在。然而，地区文化的差异更多地体现在习俗文化方面。人们通过不同习俗的相互传播，达成一定的沟通和交流，才能使地区民族之间相互尊重，相互信任，共建人类社会和谐美好家园。

三、文化习俗的特性

（一）是一种文化形态的象征和体现

文化习俗是一个民族在特定的历史条件和地理环境中发展与承袭下来的，是一种文化形态的象征和体现。因此，文化习俗带有明显的民族特点。中国人吃饭用筷子，西方人用刀叉；中国人有尊老爱幼的传统，西方人则首先建立了“女士优先”的规范；中国人认为一年之计在于春，春为一岁之首，所以一年之中最重要的节日是春节，而西方基督教发达，宗教在人们的生活中举足轻重，所以他们最看重的节日是圣诞节。凡此种种，习俗都具有明显的民族个性。

（二）是一个民族价值观念、社会心理和道德传统的反映和体现

文化习俗是一个民族的价值观念、社会心理和道德传统的反映与体现，每一种风俗习惯都体现着这个民族或那个民族所崇尚的理想、热爱的事物、赞颂的人和事。中华民族一向以“礼仪之邦”著称于世，所以中国人在与他人交往时，一般是彬彬有礼，礼貌比较周全。中国人一向有敬老的传统，所以在称呼他人时，常常在称谓前冠以“老”字，如老师、老先生、老同志、老大妈、老师傅等。中国人崇尚谦虚，所以对其他人的赞美之词多以否定的言辞加以婉拒。美国人重视工作和成就，他们每天见面的第一句话便是“你干得怎么样？”（How are you doing？）美国人重视个人形象和表现，乐意听别人对自己的评价，所以他们对得体的赞美话都是用感谢的话语答复。美国人一般比较随便，与人交往不甚拘泥礼仪，因此与熟人、同事和朋友交往时也多以首名相称。

（三）具有陶冶情操、规范行为、维系良好人际关系的功能

文化习俗具有陶冶情操、规范行为、维系良好人际关系的功能。虽然文化习俗不是法律条文，但却有着很强的规范作用。人们生活在社会上都要按照约定的准则行事，如果违背了这些准则，不按习俗行事，虽不会受到法律的制裁，但会受到公众的批评或谴责。比如，熟人见面不主动打招呼，客人来了不热情招待，说话没有分寸，不尊重长者和女士，站没有站姿、坐没有坐姿等行为都会引起人们的不快和反感。这些行为无论从哪一种文化来看，都会被视为没有礼貌、没有教养、粗俗无比的异常举动。应该看到，就文化习俗的主体来说，它是一个民族的思想精华和精神财富，但是在精华之中也夹杂着糟粕。换句话说，文化习俗的主体是良俗，但也有少数陋俗或劣俗。

四、中英用语国家的文化习俗差异

习俗就是习惯与风俗，指某一社会群体在语言、行为和心理上所形成的共同思维习惯和生活模式，是长期的文化积淀与约定俗成的结果。英国著名的社会学家邓肯·米切尔教授说：“习俗一词是指既定的思想方式。”但是涉及“习俗”时，人们所关注的往往是生活中的常规行为及其知准则，或者在重复行动中明显可辨的文化类型，或者整个文化中与众不同的性质等。如中国人见面，最传统经典的问语是：“你吃了吗？”美国人则常说：“How are you？”英国人见面则更喜欢说：“It has been very cold these days.”可见，习俗以其深刻的文化内涵和巨大的影响力，使人们按本民族的特点进行往来。

习俗的内涵异常丰富，与社会组织习俗、岁时节日习俗、人生仪礼、民间信仰、民间口头文学、民间语言艺术等内容有关的文化都可以归结到习俗文化范畴。由于习俗是社会约定俗成并主要流行于民间的文化传播模式，因而具有很强的群体性、世俗性和传承性。作为一种历史文化积淀，习俗更被认为是一个国家或地区民族文化的灵魂和象征，是民族文化的有机组成部分。习俗一经形成，便会凝结人们行为和举止的规则，从而具有陶冶情操、规范行为、维系良好人际关系的功能。尽管习俗不是法律条文，但却能起着很强的规范作用。如果说人们的价值观处于一个一般化和抽象化的层次，那么人们的习惯和规范是处于日常行为的具体的层次。人们一般按照这些约定俗成的习俗准则行事。如果违背了这些准则，不按习俗行事，虽然不会受到法律的制裁，但会受到公众的批评或谴责，被称为“无教养”或者“不道德”。

每种民族、每个国家都有其独特的习俗。民族之间、国家之间总免不了各种各样的往来，因此，了解习俗对于跨文化交际也有着十分重要的作用。中西交往是一种跨文化的交流，交流的目的自然是双方都希望达到成功的沟通。但由于中西方在价值观念、社会规范和文化观念等方面的不同而产生的文化习俗差异，会导致实际交流中出现文化“冲突”或“碰撞”等现象。这种现象轻者会导致交流不能顺利进行，重者则会引起交际双方的误解甚至发生“冲突”。交往双方对彼此习俗的不了解或了解不够都会造成这种后果。每一种习俗文化都有自己的价值判断标准，受习俗文化的熏陶，每一个群体或者个人都会有自己独特的行为模式。这样，同样的行为方式在不同的文化中完全可能有不同的含义。一个人的行为举止怎样是“正确的”、怎样是“错误的”，都有必要在所处文化背景中来解释。因此，了解中西方的习俗常识，分析这种“冲突”“碰撞”产生的原因，有利于避免中西文化差异导致的“文化冲突”，从而促使交际能够顺利进行。

（一）中国文化的渊源及其影响

中华民族长期以来主要生活在黄河流域、长江流域、珠江流域等沿河区域，在固定居所附近从事农业耕作，随着时间的推移，通过长期积累沉淀，形成以农耕为特色的文化风俗体系。农耕文化将各类宗教文化和儒家文化集合于一身，形成自己独特的文化内容和特征，主要包括思想哲学、语言艺术、社会风俗、礼仪规范等。

中国传统文化充分体现了中华民族以“刚健有为”“和与中”“崇德利用”“天人协调”为基本特点的精神形态。《周易大传》提到“天行健，君子以自强不息”“地势坤，君子以厚德载物”中的“自强不息”“厚德载物”，充分体现了中国传统文化的基本精神。

长期以来，中国人形成了“重人伦，轻器物”的崇拜和屈从于权贵的人治思想、“以道德为本位”的反功利主义的价值取向、“重综合，轻分析”的宏观处事原则、“重意会，轻言传”的谦和隐讳原则、“崇尚群体意识，强调同一性”的依附于集体合作的团队精神（如古代的家族家长制）以及“追求人与自然的和谐统一、对立互补原则”等。

中国文化的形成与发展有其独特而深刻的渊源，主要受到中国传统三大教派——佛教、道教和儒家的影响。

1. 佛教（Buddhism）

佛教对中国文化的影响主要体现在善恶因果的道德说教和生命与宇宙之间循环协调关系的哲学思辨两大方面。

2. 道教（Taoism）

道教主要关心的是修身与养性。道家的主要教义是教化人们要常从“无”中去观察领悟“道”的奥妙，要常从“有”中去观察体会“道”的端倪。“无”与“有”这两者，来源相同而名称相异，都可以称为玄妙、深远。但它是玄妙之中的玄妙、深远之中的深远，是洞悉宇宙天地万物之奥妙与变化的门径。

道教理论认为，在盘古开天地以前，世界是混沌一片的，自从有了天地，世界万物便开始相互依存，相互制约，相互影响，强调事物的变化性、规律性以及不可感知性等特点。道教对中国文化的影响主要是对立的思辨哲学观的形成。在道教对立思辨理论的影响下，中国人形成对立的思辨习惯、中庸的处世策略、谦逊的交际原则、向善的人文精神等。

3. 儒家（Confucianism）

儒家是孔子创立的思想、学术流派，产生于春秋晚期。儒家本来只是春秋晚期出现的所谓“诸子百家”中的一个流派，汉武帝后，儒家思想逐渐成为中国社会的主流思想，儒家文化也成为中国传统文化的重要内容。

儒家文化对中国人传统文化价值体系的形成产生的影响最为深远，深入政治、经济和社会生活的各个方面。它倡导的“三纲五常”对中国社会秩序的形成与发展产生了重大影响。儒家认为人们在社会生活和交往处事过程中要遵守“君为臣纲”“父为子纲”“夫为妻纲”的“三纲”和“仁”“义”“礼”“智”“信”五种常见的处事原则以及“君臣”“父子”“夫妻”“兄弟”“朋友”五种常见的社会伦理关系。

在中国文化历史发展长河中，形成了其独特的价值观，主要表现为以“仁爱、礼谦、顺从”为核心的道德价值体系，其主要特点如下：

（1）天人合一，顺应天物。中国文化认为人与自然是和谐统一的，将很多不能解释的自然现象归为天意，主张一切顺应天意。

（2）家族伦理本位。中国文化中，家族制度长期成为社会管理的重要组成部分，形成以家族为核心的社会群体。维护家族群体的利益是群体长期追求的目标，并受家族制度和规约的严格管束与限制。

（3）贵和尚中。中国人倡导“君子和而不同”的理念，追求中庸之道的处事原则和策略。

在中国社会，人们往往看重言论的力量，这种理念成为中国人文文化的突出特点。人们推崇含蓄、隐讳的交流表达方式，注重权威人士的言论与看法，喜好引经据典，旁征博引。

（二）西方文化的渊源及其影响

近年来，英语及其文化在世界范围内影响不断扩大，传播日益广泛。作为联合国官方通用语言，英语文化是西方文化的优秀代表。同时，英国也是和中国进行跨文化交际交往较多的西方国家。“十里不同风，百里不同俗”，这是若干年来中国人对风俗的解释和观点。它的意思是，即使都是中国人，但如果相隔一定的距离生活居住，他们的日常生活习俗就会有很大的差异。跨文化交际活动中的人们常常是来自两个、三个甚至是多个不同的国家或地区，可想而知，人们生活文化习俗的差别是多么的巨大。因此，在跨文化交际活动中，如果参与活动的交际者对自己所属的文化习俗有正确的认知，同时对自己所学语言交际对象的文化习俗也能够做到了然于心，跨文化交际活动一定会顺畅且成功地进行。跨文化交际的顺利进行依赖于建立明确的文化习俗差异意识，中英双方文化习俗差异有其一定的根源，包括宗教、地理和文化等方面。

西方文化的形成与发展也有其独特的渊源，主要受到希伯来文化（Hebrew Culture）、希腊罗马文化（Greek and Roman Culture）和基督文化（Christian Culture）的影响。

1. 希伯来文化

希伯来文化对西方文化的影响很大。希伯来文化源于最初住在阿拉伯半岛“以牧牛羊为业，逐水草而居”的希伯来民族。约公元前3000年，他们北迁到两河流域，发展了古巴比伦文化和苏美尔文化。公元前1800年左右，他们又从两河流域向北、向西迁移和发展。“Hebrew”的原意就是“从大河那边来的人”。由于希伯来民族是游牧民族，他们通过感知来认识世界，将实物与其功能联系在一起，进而形成追求“实用、公正、道德”为基础的希伯来文化特征。

2. 希腊罗马文化

希腊罗马文化是欧洲文化的摇篮。古希腊位于欧洲南部、地中海的东北部，特定的地理条件使得古希腊人主要靠经商、做海盗和开辟海外殖民地来生存。这种生存环境造就了古希腊人向往自然、富于想象、崇尚智慧和力量的民族性格，也培育了古希腊人追求现世、注重独立和强调个性的文化价值观念。“真理的渴求、明晰的头脑、敏锐的洞察、深刻的判断”是希腊文化的特点。古希腊文学、哲学、艺术等都表现了古希腊人对宇宙、自然与人生的理解和思考。随着希腊文明的衰落，罗马文化在继承希腊文明的基础上得以发展。

3. 基督文化

基督教是西方社会中信众众多的宗教，因为基督文化深入人心。

在西方文化的历史发展长河中，形成了其独特的价值观，主要表现为以“自由、平等、科学”为核心的功利性价值体系。西方文化的主要特点如下：

（1）强调个人本位。首先，西方文化尤其强调“自我”的概念。在西方社会里，人们都相信自己具有“独立的个性特征”（the separate identity）。这种特征在语言中也有映射。例如，英语中的“我”写作“I”，是个永远且唯一的大写单词，表现为无依无靠的独立个体。英语词语表达也体现出其具体的个性特点，如“洗脸”在英语中往往表达为“wash one’s face”，“食言”表达为“eat one’s word”等。其次，西方文化强调“隐私”的概念。在西方社会里，人们都认为自己有权拥有独立的隐私空间，如年龄、婚姻状况、薪酬等都被认为是个人的隐私，如果涉及，便被认为是冒犯和不尊重。最后，西方文化强调“个性自由和个性发展”。在西方社会里，人们都认为人生而平等，很注重个人的自由抉择，注重自我实现

（self-actualization）和个人发展（personal grown）。每个人都有机会通过努力来实现自己的目标，取得成就，重视个人的成就观（individual achievement）。

（2）崇尚人与自然对立的理性精神。在西方社会，人们认为客观实际与实践能力决定一切，这种理念成为西方科学文化的突出特点。

（三）中西文化的差异性特点

1. 善与恶初始性差异

中国文化认为“人之初，性本善”“性相近，习相远”。西方文化则认为“Man is born evil”（人之初，性本恶）。

2. 静与动的观念性差异

中国文化属于静态文化，主张求静、求稳，注重情义，强调在和谐中竞争。例如，“得饶人处且饶人，不可赶尽杀绝”等观念，在语言表达方面体现为含蓄、隐晦。西方文化属于动态文化，主张求动、求变，注重规则，强调在竞争中和谐。例如，“First come, first served.”等观念，在语言表达方面体现为坦率、直白。例如，“湖里有好多鱼”，在英语中的表达为“The lake is alive with fish”。按常理理解，汉语句子“湖里有好多鱼”暗含了湖里的鱼是活鱼，如果违反常理，湖里的是死鱼，则往往要强调说“湖里有好多死鱼”。同理，“他很自豪”在英语中的表达是“He is burst with pride”。

3. 过去与未来的取向差异

中国文化注重过去性倾向，强调历史和经验。例如，中国人对一个人的评价往往以其过往的业绩作为评判标准。另外，还有“家有一老，如有一宝”等说法，很多词汇如“老练”“老谋深算”（精明干练，考虑问题周密）、“郭老”（对年老位尊、传授学术之人的尊称，也泛称那些在文化、技艺传授方面有很高造诣的人）等都是这一倾向的表现。西方文化注重未来性倾向，强调潜力。例如，西方人对一个人的评价往往以其才能作为评判标准。

4. 精神和现实的取向差异

中国文化注重精神层面，如“天将降大任于斯人也，必先苦其心志，劳其筋骨，饿其体肤”“天生我材必有用”等说法，以及尊人卑己的社交原则等。西方文化关注的是现实层面，如平等社交原则。

5. 群体与个体的取向差异

中国文化强调群体的依赖性。例如，中国的宗族制度，“团结就是力量”“一个好汉三个帮”等。西方文化强调个体的独立性，如西方社会在教育方面注重培养学生个体的兴趣和能力。

罗基奇说:“价值观是一种后天获得的原则性集合体，它可以帮助人们做出抉择，化解冲突。”价值观是由文化环境决定的，属于哲学范畴，分为个人价值观和文化价值观，其中文化价值观可以引导人们进行认知和交流。对文化价值观的了解，可以帮助人们领会他人的行为和含义。了解中西文化的渊源与差异，对实的跨文化交流，具有深远的现实意义。

第三章　国内外语言文化教学的发展与研究

第一节　国外语言文化教学研究

从西方语言教学的历史来看，虽然教学方法经历了多次变革，涌现出形形色色的语言教学法，但外语教学的中心和目标一直是围绕语言技能的训练而进行的，技能培训是外语教学的主流，与语言紧密相关的文化因素没有得到应有的重视。即便是“19 世纪的现代语言教学，形式仍如同早期古典语言的教学一样，没有急迫地出现语言与社会相结合的问题”。语言教学是为文学学习做准备的，因此，强调的是语言形式的学习，尤其是书面语的学习。课堂上的语言学习仍然被理解为一种技能训练，而不是“真实的”交际或对外国社会的介绍。这种重在强调语言形式的学习、发展心理联系、发展抽象的语言习惯，用现代术语来说，即强调脱离社会交际技能的学习，一直以来大行其道，甚至在今天仍在许多方面占据统治地位。

当然，尽管语言形式的学习和语言技能的培养长期以来在外语教学中占主导地位，但这并不意味着文化教学就是一片空白。事实上，早在中世纪的拉丁语教学中，就已存在文化教学的零星尝试。但是一直到 19 世纪末 20 世纪初，有目的、有系统的文化教学才崭露头角。1880 年，法国改革家、教育家古安的一部名为《语言教学与学习的艺术》的语言教学专著出版了，书中阐述了文化在语言教学中的重要作用，并指出文化教学应是语言教学一个不可分割的组成部分。该书后被译成英文于 1892 年在伦敦出版，它可以说是语言文化教学的开山之作。1900 年，美国现代语言协会（MLA）公布的一份报告“Report of the Committee of Twelve”中，正式认同教授欧洲文明的重要性，并建议将其列入学校外语课程中。这可能是美国第一份关于语言文化教学的文件，标志着文化教学在语言教学中的重要作用得到公认。

英国的斯特恩在《语言教学的基本概念》一书中记载，1918年，一份题为《现代学习》（*Modern Studies*）的重要报告在英国问世。这是由英国首相于1916年特别任命一个国家委员会就现代语言在本国教育体系中的地位而拟定的报告。该报告批评了英国大学将语言看成古董来教授的做法，建议置语言于文化情境中来教授。总之，报告强调语言教学中的文化方面，报告名曰“现代学习”而非“现代语言”，就是有意体现语言学习的文化因素“对一个国家及其文化、文学的学习，而不仅仅是单学语言”。同一时期，由阿特金斯和赫顿两位语言教育家合著的《中小学和大学的现代外语教学》也认为学习某种语言的人民和其所在国的历史知识应作为语言课程的一个必不可少的部分。

一、国外语言文化教学的发展

从广义上说，文化是人类创造的一切物质财富和精神财富的总和。庞朴先生将它分为三个层面：物质的、制度的、心理的。文化的物质层面，是最表层的；审美趣味、价值观念、道德规范、宗教信仰、思维方式等，属于最深层，介于两者之间的是种种制度和理论体系。至于语言与文化的关系问题，可从两方面来看：一方面，语言是人类文化的重要组成部分，是人类文化得以建构和传承的形式与手段；另一方面，文化无时无刻不对语言有制约作用和决定性影响。美国著名人类语言学家萨丕尔在其《语言论——言语研究导论》一书中指出：“语言有个底座，说一种语言的人是属于一个种族（或几个种族）的，也就是说，属于身体上具有某些特征而又不同于别的群的一个群。语言也不能脱离文化而存在，也就是说，不脱离社会流传下来的、决定我们生活风俗的面貌和信仰的总体。”可见，不存在没有语言的文化，也不存在没有文化的语言，二者相互依存，共同发展。语言和文化关系的研究，使语言学者的目光不再局限于语言形式和结构的圈子，而是将语言置于人类文化的大背景下进行考察，走出语言的圈子研究语言，加深对语言本质的认识与理解。这对外语教学的巨大启示作用是不言而喻的，因为外语教学方法及观念的更新无不始于人们对语言观的改变。如今，外语教学必须与文化联系起来的观念在世界范围已得到普遍认同，并成为外语教学理论与实践中的一个新的生长点和历久不衰的研究课题。

二、国外语言文化教学的模式

《外语学习标准》明确地将“了解并获得其他文化的知识”作为外语学习的

标准之一，文化、跨文化被置于外语教育的核心，强调交际、重视文化，要求学习者能够走出母语文化的世界，通过学习其他语言和文化进入目的语文化的世界。外语教学委员会将培养学生跨文化交际能力视为外语教育的目标，提出文化教学的三个层次，即了解不同文化、比较不同文化以及跨文化探索。文化类课程在美国高校广泛开设，其内容涉及目标语国家的历史、地理、政治、经济、生活方式、习俗、行为规范、思维方式、价值观等方面。国外语言文化教学的模式主要有：

第一，分离式。在语言教学的交际法推广前，语言文化教学基本上是分离式的，将文化看作可以和语言分离的知识，仅在语言教学中加入这一知识课程，在语言教学中表现为“重语轻文”。

第二，附加式。交际法将文化看作“行为”，语言交际教学以培养学生的交际能力为主。语言文化教学实践中，将文化附着在语言教学上，将文化视为听、说、读、写能力之外的第五项技能，将文化作为外语教学的一个附加部分来对待。

第三，结合式。克拉姆契在 1993 年《语言教学的环境与文化》（*Context and Culture in Language Teaching*）一书中指出，一直以来认为在语言教学中如果强调了语言，就会忽视文化；强调了交际，就会忽视语法。同时，为了教学的方便，教学实践中将语言和文化分开，造成语言和文化的实质分离，实际上应该将语言和文化视为一个硬币的两面，把语言和文化的教学融为一体。

第四，复合式。英国学者拜拉姆提出的文化教学模式，包含语言学习、语言认知、文化认知、文化经验四个要素。语言教学与文化教学结合，通过培养学习者的跨文化意识和增加学习者的跨文化体验，使学习者认识到看待世界的不同角度和观点。同时，这种跨文化视角亦能促进语言学习、语言意识和文化意识的提升。

第二节　国内语言文化教学研究

文化指的是一个民族的整体生活方式、一个民族的全部活动方式，当然也包括语言。语言是文化的重要组成部分，并对文化起着重要作用。一方面，语言是文化的载体，没有语言就没有文化；另一方面，语言受到文化的影响，并且反映文化。文化是语言的内涵，语言是文化的载体。在长期的文明演进中，语言真实地记载了文化的方方面面，大到意识形态，小到日常交往，乃至一个物件、一个符号，无不是文化的点滴所在。语言系统本身也成为文化的组成部分，它所代表的概念形成、观念表达和人际交往模式，都带有特定民族的思维模式、生活模式和行为模式等。语言是人类思维的工具，是人类形成思想和表达思想的工具。人类思想的形成借助语言，人类的思维过程又体现在语言的结构和词汇中。语言文化教学，旨在要求学生不仅要掌握知识、技能，还应通过语言学习获得文化知识。学习语言与了解语言所反映的文化是密不可分的。因此，学习一种外语不仅要掌握它的语音、词汇和习惯用语，还包括了解该语言的民族的价值观念、交际习惯、行为方式等。从这种意义上说，语言教学实际上是一种文化教学。语言教学与文化教学是提高学生跨文化交际能力的左右手，缺一不可。文化教学是跨文化交际能力培养的重要手段和途径。因此，英语教学中，除了注重对学生语言能力的培养外，还应该通过文化教学培养学生的跨文化交际能力。

一、语言表达习惯

在具体教学过程中，文化知识渗透在语言系统和子系统中，如习语、谚语、俗语和俚语，人们的日常交往并不是直叙地使用语言，而是根据交际目的和人际关系，结合语境，采用多种多样的表达方式。如形容一个人特别忙碌，在英语中可以说：as busy as a bee/be lost in one’s work/be all engaged/to work round clock 等。这就要求教师有充分的知识储备，并能及时有效地解释这些用法的特点。同时，在学生所接触到的语言里，富含各类涉及英语国家的社会历史文化等。在教学过程中，除了要处理语言问题外，还需要增加相关的背景知识来提高学生的人文素养，甚至对文本所描述的事件及其对相关人物的态度产生影响。作为文化的一部分，语言交际过程中的得体性也需要特别注意。要使学生能够使用得体的语言进行交流，教学中必须提醒学生注意英语对话中的礼貌原则和得体原则，包括与此相关的英语社会的人际关系和生活习惯。

二、跨文化意识

英语学习本身就是一种跨文化过程，学生在接受和理解英语的同时，也在接受和理解对方的文化。在学习和应用英语的时候，学生有可能发生语言失误和文化失误，前者可以被谅解，后者往往造成误解，甚至产生隔阂。这种由误解导致的文化冲突必须在教学中强调，提高学生的敏感性和预防意识。只有这样，才能有效提高跨文化意识，顺利实现跨文化交际。在培养跨文化意识的过程中，要循序渐进地展开，本着以语言交际规范为先导的原则，不能笼统地进行文化介入。最常见和有效的方式是从日常用语开始，包括称谓、介绍、引见、寒暄、告别、祝贺及禁忌语等。

三、文化对比与融合

跨文化意识的培养，并不意味着单向接受和认同，而是双向互补的融合。有着几千年文明史的中华民族，在汉语语言系统中留下了丰富的知识，也在中国人的心目中深深扎根。学习英语，不可以带着崇拜和自我否定的态度，而是要着眼于文化对比，使学生通过客观对比中英文化，建立正确的文化观和语言观，正确看待中西文化差异。因此，教师在掌握英语和汉语的同时，必须不断学习，提高自身的文化修养，才能适应跨文化交际教学的要求。

四、现代媒体介入

文化系统寓宏观于微观，寓抽象于具体，在教学中无法一一呈现。对于微观和具体的文化项目，最好的方式莫过于直接呈现。现代媒体技术给教师提供了强大的工具。课堂教学中，教师可以合理选择多媒体教学手段和网络信息，向学生直观呈现各种知识，使学生更方便地接触文化背景知识。

第三节　文化教学的必要性

一、文化教学理论的发展

文化教学理论的发展可追溯到 19 世纪，当时就有许多语言教学研究者提出，学习关于一个语言民族的背景与民族的知识是学习任何语言的首要目的。由此，文化教学拉开了它作为语言教育重要元素的序幕。

（一）19 世纪至 20 世纪

早在 19 世纪，已经有许多语言教学研究者指出，语言学习的一个重要目的，是学习关于一个国家及其人民的知识。1880 年，在法国教育家古安所著的《语言教学与学习的艺术》一书中，第一次提出文化教学于语言教育的重要性与不可分割性。美国语言学家弗里斯则最早从理论上讨论了外语教学中文化教学的必要性以及文化教学与语言教学的关系。弗里斯在《作为外语的英语的教与学》(*Teaching and Learning English Foreign Language*)一书中提出，对语言使用文化环境的充分了解是掌握一门语言的基础。他认为，为了实际交际，需要对各种句子使用场合的许多特点做系统的观察和记录。在书中，他详细列举了学习英语应该注意观察的各个生活侧面，更加强调文化了解于语言学习的重要性。如在书中描述的假设在不了解文化背景的情况下，人们将无法开口，甚至连一句“John is having breakfast”都无法正确了解。如果没有文化背景的交代，没人知道 John 是哪国人、早饭的用餐时间、早餐的内容以及进食早餐时的行为习惯，这一例子有力地证明语言与文化有着密不可分的关系。所以，要想完全掌握一门语言，并做到真正的理解，语言文化的学习是必要的。例如：早餐在欧洲大陆与美洲大陆各个国家中有着很大的不同，即便同是欧洲大陆，每个国家间的餐饮文化也是不同的。这是外语教学界最早对文化教学所做的系统论述。文化教学早已引起外语教育领域的关注。

(二)20 世纪 50 年代后期到 60 年代

20 世纪 50 年代后期到 60 年代，人们对文化教学的研究不断深入，越来越多的关于外语教学中文化教学的论述开始出现。拉多早在 1957 年就出版了《跨文化语言学》(*Linguistics Across Culture*)，明确提出外语教学应包括文化教学。他认为:“我们不努力去掌握文化背景知识，就不可能教好语言。语言是文化的一部分，不懂得文化的一些模式和准则，就不能真正学好一种语言。”因此，外语教学必须包括文化教学。在这本书中，拉多提出一个从形式、意义、分布三个不同的层次探讨处于不同社会文化集团的人们进行结构主义对比与分析的教学模式，20 世纪 50 年代末 60 年代初逐渐进入繁荣时期。具有标志性的事件是跨文化交际学的诞生，霍尔 1959 年出版的《无声的语言》中首次提出“跨文化交际”这一术语，此书因此被视为跨文化交际学的开山之作。此后，研究文化与交际的专著陆续问世。海姆斯相继发表了《文化与社会中的语言》(*Language of Culture and Society*)和《论交际能力》(*On Communicative Competence*)等著作，首次提出“交际能力”的概念,指出社会交际与文化等因素在语言能力中的重要地位。此后，美国的大学里也开始设置跨文化交际课程。

(三)20 世纪 70 年代

20 世纪 70 年代，交际法建立起来，人们在外语教学中开始注意文化教学。

交际法强调语言是交际的工具，语言教学的目的在于培养学生的交际能力，因此交际文化的教学被引入课堂。然而，教学的重点仍在于培养学生的交际能力，其他的，如社会文化方面的内容，仅仅作为课堂内容的背景知识进行介绍，只占课堂内容的较小比例，教学大纲对其要求也不够明确。虽然这个时期的语言文化教学已被承认是外语教学的有机组成部分，这种观点也普遍得到大家的认可，但文化教学长期以来一直未能被正式列入外语教学大纲，这个现象开始引起一些研究者的重视。直到 1976 年，英国人威尔金斯提出的语言功能意念大纲反映了他重意义、重社会、重文化和重交流的语言观。大纲的提出自然地将“文化”引进语言教育，在这种教学理念的加持之下，语言教学进入了全新的阶段，语言教学重点由注重形式教学向注重语言实际应用的方向转变，文化教学已经开始有意识地融入教学中去了。

（四）20 世纪 80 ~ 90 年代至今

进入 20 世纪 80 ~ 90 年代，外语教学中文化的重要地位已经被学界广泛认同，并对文化研究越来越深入，一些重要的理论和概念不断地被提出来。斯特恩在《语言教学的基本概念》（*Fundamental Concepts of Language Teaching*）一书中，提出四个组成部分以及相应的课程框架。四个组成部分包括语言结构、语言功能、社会文化、语言经验，特此提出把语言文化教学作为一个独立的教学成分纳入外语教学。这证明了文化教学是外语教育中必不可少的一部分，并占据着重要地位。

二、文化教学的意义

语言不是独立存在的，它深深扎根于民族文化之中，并且反映了该民族的信仰和情感。因此，语言既是文化的一部分，又是文化的载体。既然语言与文化是密不可分的，那么在语言教学中就不可能不进行文化教学。语言学家麦克劳德早在 1976 年就指出：在教语言的同时，教师已经在不知不觉中教授了文化，这是无法避免的。

语言离不开文化，文化依靠语言。正如英国社会人类学家马利诺夫斯基说的：语言深深地扎根于文化现实和该民族人民的习俗生活之中。语言研究离不开这一宽泛的语言行为环境。英语教学是语言教学，当然应该在其中融入文化教学。每一种语言都与某一特定的文化相适应，一定的语言以一定的文化为灵魂，一定的文化也以一定的语言结构为依托。文化是语言深层次的内涵，蕴含在语言的各个方面，而作为文化外在表现的语言无不折射出该文化与其他文化的差异。语言内容是实现言语的必要手段，文化则是确保言语有效得体的必要知识，语言使用受社会准则的制约。沃尔夫森认为，在与外族人交谈时，本族人对于他们在语音或语法方面的错误往往比较宽容。与此相反，违反说话规则被认为是不礼貌的。语言文化研究中一直有“要掌握两种语言，必须掌握两种文化（To be bilingual, one must be bicultural）”的说法。因此，学习一种外语不仅要掌握语音、语法、词汇和习语，而且还要知道以这种语言为母语的人如何看待事物，如何观察世界；了解他们如何用他们的语言来反映社会的思想、习惯、行为；懂得他们的“心灵之语言”，即了解他们社会的文化。实际上，学习语言与了解语言所反映的文化是不可分割的。

利特尔伍德指出，教育的第一功能是教授已有的知识，并运用到语言教学上，就是向学生传授语法知识，使其在实际的语言阅读和理解过程中省去大量的时间；教育的第二功能是训练学习者的社会能力，使其成为合格的社会成员，并胜任自己的社会角色，语言教学就意味着教会他们如何正确地使用适当的语言形式来完成一些社会任务，如问路、告别、请求等；教育的第三功能是培养学习者个人的素质和能力，体现在语言教学上，就是遵循个人语言能力的自然发展过程，尽量提供适当的自然环境，使学生的语言习惯和能力在自然过程中形成。

束定芳、庄智象认为，任何目的的外语教学都应始终贯彻以下几条重要的原则：

第一，语法原则。把语言知识的传授放在一定的位置。

第二，交际原则。把语言结构与语境和功能结合起来，使学生了解语言结构的多样性和语言功能表达的多种可能性。

第三，文化原则。采用对比分析方式，使学生了解不同语言的文化背景，学会不同文化的交际模式，增强语言使用的跨文化意识。

语言教学的目的在于掌握语言进行交际，即培养学生运用语言以书面或口头方式进行交际的能力。语言是符号系统，是思维工具，是交际工具，是文化载体，学习语言的最终目的是为了在某种程度上进行交际。语言是跨文化交际的重要媒介之一，能够流利地表述语言通顺、语法正确的话语不一定能达到预期的交际目的，得体、成功的交际还需顾及目标语特定的社会文化因素。由此可见，英语教学应兼容语言能力和交际能力。从这个目标出发，语言教学不仅要教会学生掌握语言形式，更重要的是要让学生了解和掌握目标语文化知识，并具备实际使用语言的能力、交际能力。实现语言能力和交际能力的相辅相成，势必依赖文化教学。罗伯特·拉多说：“我们不努力去掌握文化背景知识，就不可能教好语言。语言是文化的一部分，不懂得文化的一些模式和准则，就不能真正学好一种语言。”

三、文化教学的实践研究

随着文化教学理论的不断发展，其理论被广泛应用在实际教学中。以下我们就世界范围内的文化教学实践进行探讨。

（一）英语国家文化教学的实践探讨

在英、美等国，部分政府或教学权威部门逐渐开始把文化教学列为外语教学的重要目标之一。如这一时期在英国政府有关外语教学的正式文件中提出三点外语教学的目的：第一，培养学生的语言交际能力；第二，培养学生认识语言属性及其本质的能力；第三，能够了解目标语言国家的文化背景与风土人情。

1983 年，美国第一部有关跨文化交际理论的论文集《国际和跨文化交流年鉴》（*International and Intercultural Communication Annual*）出版，此后该领域的理论研究逐步发展起来，在广度和深度方面都有明显的体现。美国外语教学委员会（ACTFL）也在 1996 年发布的《面向 21 世纪的外语学习标准》中，把社会文化知识教学明确列为外语教育的组成部分。20 世纪 80 ~ 90 年代还见证了跨文化交际研究领域的蓬勃发展。在过去的 20 多年中，美国有关跨文化交际的理论研究取得了巨大的进展。这从 2005 年美国出版的一部名为《跨文化交际理论》（*Theorizing About Intercultural Communication*）的有关跨文化交际理论的著作中便可感受到。该书介绍了 17 种跨文化交际理论，这是人们引证较多的，至于影响较小的理论究竟有多少尚不可知。

（二）我国新课程下文化教学实践研究

在我国外语教学界，由于 20 世纪 80 年代以前偏重结构主义和生成语法，对文化教学的研究一直较少涉猎，最早的论述见于 1950 年罗常培出版的《语言与文化》专著。该书详细阐述了文化与语言的重要关系，两者相互影响、相互作用，并且提出了关于词汇文化内涵与英语教学的关系问题，这是我国外语界研究文化教学的较早文献。

对于文化教学方面，更多的关注始于 20 世纪 80 年代后，这时国内开始关注外语教学中的文化内涵问题。在这一时期，外语教学界对文化教学的研究逐渐进入高潮，有代表性的三本论文集陆续出版：胡文仲编著的《跨文化交际与英语学习》，着重从语言和非语言手段以及人们交往等各个侧面论述文化因素对于人们交往的影响；在邓炎昌、刘润清编著的《语言与文化——英汉语言文化对比》一书中，对中西两个不同语言系统的文化以及导致两者间差异的因素进行对比总结，以进一步讨论在英语应用时会涉及的重要文化因素；顾嘉祖、陆升主编的《语言与文化》，对文化与语言间的关系进行了宏观的分析，更是从文化的不同侧面进行文化特征的阐述，强调语言的多种社会功能以及文化对语言形式产生的影响。此外，桂诗春在1988年出版的《应用语言学》里呼吁将社会文化项目纳入外语教学大纲，并介绍了几种文化教学的具体办法。赵贤洲于1989年发表在《外语教学与研究》中的一篇文章“文化差异与文化导入论略”，较早地提出了“文化导入”这一概念。胡文仲1994年主编的《文化与交际》一书，用相当多的篇幅讨论了文化因素与外语教学的关系。

直至2000年，语言学者高一虹出版了《语言文化差异的认识与超越》一书，该书把对语言文化差异的认识放在中国的社会、文化、语言、教学背景中，并进行了实证性的研究。2007年，我国学者张红玲出版了国内第一部系统研究跨文化外语教学的专著《跨文化外语教学》。该书对外语教学和跨文化交际能力培养等问题进行了探讨，并提出中国跨文化外语教学的一体化框架。近20年来，越来越多的专家学者强调，在语言教学中应结合语境、文化背景和文化内涵，这说明我国的英语教学从“字—词—句—段”的教学模式向前跨出了一步。

近十年来，文化教学在国内的教学实践中得到了广泛的重视。然而，与国外重视实证研究不同，国内对文化教学的研究大多数停留在概念的论述和教学经验的总结上。国内高校硕士及以上学位论文研究中，文化教学是近十年来的研究热点。与公开发表的论文情况不同的是，学位论文大部分属于实证研究。不仅仅文化教学的研究如此，在跨文化交际方面的研究同样极不平衡。这里说的实证研究包括调查研究、个案研究、访谈、准实验法、实验法等。这些实证研究中，以调查研究居多，准实验法或实验法占极少数。

四、文化教学的必要性

就像精神生活是物质生活丰富之后的必然要求一样，文化教学也是语言教学水平提高之后的进一步要求。就像物质与精神的关系一样，“仓廪足而知礼节”，语言和文化教学的关系也是不可割裂、不可对立的。当然其间有矛盾甚至竞争，但是处理好二者的关系，就可以形成两利的局面，使之互助。而且，处理好两者之间的关系，是语言教学者必然要面对、必须要做好的。文化教学在培养语言学习者的社会文化能力和综合语言能力甚至是促进社会、经济发展和国民素质提高方面，都有着十分重要的意义。

第一，文化教学有利于拓展学习者的文化视野和培养文化意识。文化教学是外语教学的重要内容和主要方法，可以优化学生的知识结构和能力结构，提高学生的社会文化领悟力，激发学生的学习兴趣。通过在教学中渗透文化知识，可以大大激发学习者学习语言的兴趣。教师可以通过发现、挖掘、拓展教材中的文化知识内容，使学习者获得与书本相关的文化知识以及拓展知识。教师也可以通过与教材主题相关的文化背景知识介绍，让学习者了解多元化的语言文化背景。在文化教学中，文化知识的传授在激发学生学习兴趣的同时，也有利于开拓学生的文化视野。当学习者具备足够的文化知识储备后，也会逐步提高对文化的敏感度和学习文化知识的积极性。

第二，文化教学有利于学习者了解中外文化异同和提高文化理解力。在文化知识的传递过程中，文化教学通过文化比较的方法呈现中外文化。学习者在中外文化异同的比较中既能感受文化的多样性，也能提高对文化的理解力，做到对不同文化的包容并蓄。

第三，文化教学有利于培养学生跨文化交际知识和能力。跨文化交际能力的培养是国与国之间交流的重要桥梁。在文化教学中，教师根据学习者的语言水平认知能力和生活经验创设尽可能真实的跨文化交际情境，让学生在体验跨文化交际的过程中逐步形成跨文化交际能力。

交际就是信息的传递，它以语言为重要途径。然而，交际能力需要的不仅是语言本身，更为重要的是语言产生的土壤，即文化。每个社会都有自己的文化。在同一文化背景下，只要语言形式恰当，一般不存在交际困难。然而，具有不同文化的人往往却因文化冲突造成跨文化交际失败。由此可见，交际的基石是文化。成功的语言交际应该包括两个因素：一是精通语言本身，即熟练地掌握词汇、语法，能够正确地发音；二是在不同文化背景下具有正确运用语言形式的能力。因此，在大学英语教学中，除了讲授语言技巧之外，还应把文化教学放在重要的位置。

第四，文化教学通过关注语言和语用中的文化因素，提高学习者的语言综合应用能力。《英语课程标准》指出：英语教学应“结合教学内容，引导学生关注语言和语用中的文化因素”。文化教学中关注语言和语用中的文化因素，有助于学习者避免因在跨文化交际（行为）中的文化误解和言语失误而导致的交际失误。

第五，语言是文化的产物。语言的生成和发展与文化有着密切的、不可分割的联系，并受到文化的制约。我们知道，文化作为人类物质活动的产物和精神活动的能力及结果，从一开始便与语言结下不解之缘。语言是由人创造、使用和发展的，离开了人就无所谓有语言；语言的产生又使人有了文化，成为人类文明的表征。语言的这种双重功能及特征，确定了语言的文化属性。

第六，语言对文化具有反作用。在我们看到语言受文化制约的同时，还应该看到语言对文化的反作用，因为语言与文化的关系不是单向的，而是相互影响、相互作用的。语言对文化的反作用就突出表现在语言对思维的制约上。当人的思维发展受到语言形式的阻碍而不能满足表达思想的需要时，人们就会自觉不自觉地改造或更新思维的工具，如构造新词、借词、淘汰旧词、变换语法形式和句型等，以满足思维和思想表达的要求。从这个意义上讲，语言促进且制约着思维，思维又影响着语言的变迁和发展。

第七，语言作为文化的符号，必然具备其特有的认知功能和实践功能。语言一方面使一定的事物以符号的形式进入人的文化世界，如人们共同用语言来指称一定的事物或现象，其可指称的对象总体上讲是整个人的文化世界；另一方面，它又是人进入文化世界的主要向导。没有语言，人就无法观察、思考甚至认识整个文化世界。

第四节 跨文化英语教学的原则与方法

一、跨文化英语教学的原则

跨文化交际能力的培养，应以人的建设为根本，以人格的基本取向为目标。跨文化交际能力的促成有不同的渠道和层面。教学中，不能仅仅关注对学生进行与跨文化相关的技能和知识训练，更为重要的是，在技能与知识训练的基础上，加强学生跨文化交际能力的全面发展。跨文化交际能力的培养根本上是一种素质教育，而非技能（知识）教育；是潜能全面发展意义上的 education，不是 training。为此，在跨文化英语教学中，应遵守下列原则。

（一）实现双赢的目的

各国各民族文化都是经过了一代又一代人的传承、积淀，它们的形成都有着悠久的历史渊源。中英两种文化都深深地带有各自民族的特点，只有在相互尊重的基础上，才能以平和的心态去审视、吸收另一个民族文化的精华。因此，我们对待中西文化既不能自卑又不能盲从，这种态度体现在教学中就是比较客观地以无歧视、无偏见的态度来对待异族文化。在经济与科技日益发展的今天，每一种文化都不可避免地面临完善与发展的问题，只有相互尊重、相互学习，才能达到共同繁荣、实现双赢的目的。所以，相互尊重原则是双向文化导入的基础。

（二）坚持文化对比，求同存异

文化差异是造成跨文化交际产生困难的根本原因。跨文化交际能力的培养，归根到底是增强学生对两种文化的理解与评判能力。只有引领学生对两种文化从多角度进行对比，学生才能进一步理解文化之间的差异，加深对双方文化所具有的特点的认识。跨文化交际从本质上看交际各方是平等的。世界上各种文化无优劣之别，作为文化的观念形态当然不能例外。但是，由于在跨越文化障碍方面最难以跨越的是观念差异，而观念差异又是全方位的，因为各方的文化自成系统，在某一种文化中长期生活过的人步入另一种文化系统时，将在一系列问题上存在原则分歧。解决上述问题的有效办法，就是学会换位思考，求同存异。

（三）注意知识传授，重在能力

人们习惯于把跨文化英语教学理解为对涉及英语文化的语言知识的学习，好像跨文化交际能力的培养就是对文化外在表现形式进行熟悉。这其实是一种错误的认识。对涉及英语文化的语言知识学习，只是培养学生跨文化交际能力的教学途径，它不能等同于跨文化交际能力。这里存在一个跨文化交际的悖论，即跨文化交际能力的培养意味着文化知识和概念的传授，僵化的文化差异概括又会给交流制造障碍。因此，在教学中，教师既要注意多方面地向学生传授知识，同时又要注意启发他们批判性地对待知识，以便在深刻领会的基础上全面提高跨文化交际能力。

（四）在英语教学中导入跨文化的内容

它有利于学生打开眼界，拓展思路，提高学生的综合素质，使其得到一定的艺术修养和中外文化精髓的熏陶，具备一种新的文化意识；有利于提高学生的实践能力和创新能力，减少语用错误。文化创造力强调学习者的主观能动性，一种主动从外国文化源泉中摄取新东西的潜能，是学生跨文化交际能力的体现和补充。有利于知己知彼，不会使年轻一代对外国文化盲目崇拜；有利于理论联系实际，而不是脱离实际的、机械的死记硬背，符合与时俱进的时代发展要求，使学生能够学到真正“活”的英语。

二、跨文化英语教学的方法

（一）语言教师的素质和角色转换

在我国目前的教学体系中，外语教学多半只在课堂上进行，教师起着绝对的主导作用。如果教师只把重点放在语法和词汇教学上，学生就不可能学会语言的实际运用，也无法获得跨文化交际的能力。因此，授课教师必须转变观念，切实认识到文化冲突的危害性和培养学生跨文化交际能力的重要性。语言教与学的具体实施主要由教师及学生共同来承担。在这样一个培养学生跨文化交际能力的大环境下，在教学上就要改变传统的教师讲、学生考前背的教法，变为以学生为主，教师指导、帮助学生收集资料，使学生自觉地汲取中西方文化的营养。教师的传统地位“传道、授业、解惑”应当被赋予新的内涵，使教师由“前台的圣人”转向“后台的向导”。同时，加强对双重文化的学习，“学然后知不足，教然后知困”，并对教师的要求也有所提高，增强双重文化的理解能力。

（二）教学中文化背景知识的导入

语言是文化的载体。通过学习一门外语，学生可以了解异国的文化与社会，有利于学生在将来的多元化社会中学会理解他人、互相尊重，寻求合作与发展，共同维护世界和平与稳定。语言是文化的写照，不仅反映了文化的形态，而且语言结构部分或全部地决定人们对世界的看法。语言和文化是密不可分的。人们用语言来记录和评价客观事物，令语言的应用无不受到文化体系的影响和制约。因此，要掌握两种语言，必须掌握两种文化。跨越目标语言国家的文化障碍，才能做到交际的得体与妥当。提高语言运用能力，才能从真正意义上实施素质教育。反之，学生会因语义、语用及思维习惯和文化习惯的差异在交际中出现失误与不得体。在外语教学中，文化是指所学语言国家的历史地理、风土人情、传统习俗、生活方式、文学艺术、行为规范、价值观念等。接触和了解英语国家文化有益于对英语的理解和使用，有益于加深对本国文化的理解与认识，有益于培养世界意识。在教学中，教师应根据学生的年龄特点和认知能力，逐步扩展文化知识的内容和范围，使学生了解英语国家文化及中外文化的异同。教学中涉及的英语国家文化知识，应与学生身边的日常生活密切相关，并能激发学生学习英语的兴趣。要通过扩大学生接触异国文化的范围，帮助学生拓宽视野，使他们提高对中外文化异同的敏感性和鉴别能力，进而提高跨文化交际能力。

（三）语言教学中的跨文化导入

语义学把词汇分为概念意义和联想意义。概念意义就是词汇的语言意义，联想意义是与语言使用有关的意义。英语词汇的文化内涵属于联想意义的范畴，它包含某一文化对某一事物的评价。英汉两种语言中有许多意义相同或相近，但也有许多联想、比喻意义不同的词语，如汉语中表示嫉妒用“眼红”，而英语中却用 green-eyed 来表示；又如汉语中“力大如牛”一词英语用 as strong as a horse 来表达等。此外，从习语的角度着手进行文化教学是卓有成效的，因为习语是语言发展的结晶，具有强烈的文化特征。进行习语的学习，既能学到语言又能学到文化，并能从大量的语言材料中看到语言与文化的密切关系，从而加深对英语民族文化与本民族文化的了解，提高语言的交际能力。

实现跨文化交际是外语教学的根本目的。全面提高外语教学的效率和质量，提高学生的外语语用能力，是中国教育面临的重要任务。在英语教学中导入跨文化的内容，有利于学生打开眼界、拓展思路，提高综合素质，得到一定的艺术修养和中外文化精髓的熏陶，具备一种新的文化意识；有利于提高学生的实践能力和创新能力，减少语用错误。

第四章 跨文化英语教学概述

第一节 跨文化英语教学中存在的问题及解决方法

随着我国对外开放的不断深入，我们越来越需要对外交流，所以跨文化交际能力成为时代的需要。跨文化交际能力是指根据不同文化背景的语言交际者的习惯，得体地、合适地使用语言的能力。作为国际性语言的英语越来越受到人们的重视，英语课的地位日渐突出。我国传统的英语教学强调传授语言知识，重视语法，生搬硬套，轻视语言的实际应用，忽视语言的文化差异，造成词不达意、漏洞百出的情形，甚至闹出了笑话。造成这种英语表达能力低下的一个重要原因就是学习者脱离语言环境学习英语。因为语言环境总是与交际场合相联系，交际场合不可避免地与社会、文化相联系，所以将跨文化与交际场合相结合的英语教学是十分重要的。语言是文化的载体，也是文化的一种表现形式，它不可能脱离文化单独存在。在英语教学中，教师要采用恰当的教学手段和教学策略，为学生创造目标语语言环境，将学生学到的词汇、语法知识放到具体的语言环境中去检验辨别，提高学生跨文化的语用意识，帮助他们了解英语国家社会习俗、文化习惯，使得跨文化交际成为可能。

一、传统英语跨文化教学中存在的问题

（一）英语语言教学与文化背景分离

虽然近年来跨文化教学在英语教学中逐渐得到重视，但在英语教学中重视语言知识结构、生搬硬套、轻视文化因素的做法仍然普遍存在，这种做法是造成跨文化交际的主要障碍。长期以来，英语课堂主要以灌输英语知识为主，包括语音、词汇、语法，很少讲授英语文化背景知识。教师以讲解生硬的单词、句子为核心，

就课文讲课文，只重视外在形式，不注重语言的内涵和跨文化交际能力。致使学生误认为英语学习就是背单词学语法，从而缺乏英语国家相关的文化知识，造成跨文化交际障碍。

（二）形式枯燥，缺乏形象教学有效手段

目前，大多数院校英语课堂教学的形式仍以教师讲授、学生听课为主，不能以学生为主体，教师加以指导；不能形成师生之间的互动。教师的主要教具仍是黑板和粉笔，很少应用多媒体，这种英语教学缺少更生动、直观的教学手段，使学生产生消极应对心理。为提高学生学习兴趣，语言的教学手段应是多维的、生动的、活泼的，这样才能在语言学习过程中增强文化交流意识，为跨文化交际做准备。

（三）学生实践能力不强，缺少亲身体验

现代英语教学中，大部分的课堂时间用于讲授语言知识点，很少有课堂讨论等互动形式。一些课前小演讲也只是形式，学生之间很难做到互动交流。演示内容往往缺乏英语文化联系，学生很难感受到应用英语进行文化交流的乐趣。

二、跨文化英语教学的对策

（一）挖掘语言的文化潜力，培养学生英语文化意识

语言具有人文性，“语言也是文化总体中最核心的部分。语言的这种文化性质决定语言教学离不开文化教学，语言教学与文化教学可以而且应该结合起来”。语言教学其实和文化教学是相联系的，我们应挖掘语言教学中的文化潜力，培养学生的跨文化交际能力。语言是一个由语音、语法、词汇等构成的符号体系，这个体系是由符号与符号之间的关系（句法）、符号与其所指之间的关系（语义）和符号与语言使用者之间的关系（语用）组成的。语言的文化功能就是通过语音、句法、语义和语用四个方面体现的。所以，在英语教学中，我们要充分利用语言层面实施跨文化教学。对于英语学习来讲，学生是学习的主体，跨文化英语教学要以学生为中心，使其通过英汉文化对比去掌握西方文化，学习英语。例如，在语法教学中，通过汉英语法、句式表达的差异，让学生了解英汉文化差异，西方民族注重形式逻辑、抽象思维，属于一元时间文化，而汉民族是注重整体的多元时间文化。再如，在语音教学中，教师给学生讲授美国黑人与白人英语在语音语调上的区别，从而给学生讲授美国种族隔离制度这一文化背景知识。

（二）加强跨文化教育意识，正确发挥教师作用

教师在语言教学、文化知识的传授和对学生进行文化意识的培养中，既不能过于夸大，又不能浅尝辄止，要把握好尺度。在教学中运用比较、讲解和观察等方法，引导学生理解东西方文化差异，增强英语文化意识，提高跨文化交际能力。教师在讲授听说读写的同时，尽可能地把语言知识和文化知识结合起来，让学生多了解英语文化。教师应增强学生英语学习的主动性和积极性，尽可能多地创造一些条件使用英语进行交际，使学生全方位地了解英语文化、亲身体验，从而提高跨文化交际的敏感性。例如，直接和外教进行交流，开展文化讲座，定期进行不同主题的专项文化活动等。文学、影视作品中蕴含了丰富的文化背景知识，教师应多组织学生欣赏文学影视作品，从而提高跨文化意识。

（三）增强文化意识，改进教学方法

在教学内容上，教师应拓宽思路，根据学生的兴趣和跨文化教学的目的，选择教学内容。跨文化教学内容除了要具有针对性，还要新颖、多样、多元。在教学中，教师应摒弃死记硬背、盲目灌输的做法，深入研究各种教学方法，将不同的方法灵活运用到教学中。例如，运用交际法，使用真实地道的语言材料，如新闻广播、广告等，把教学过程本身当作交际过程，通过各种途径围绕题材任务组织学生进行交际活动。再如，在教学中可以适当利用研究性学习法，有意识地开展一些英美文化背景知识方面的讨论活动，指导学生收集资料，然后就材料的内容自主地进行讲解与分析，向学生介绍相关文化知识背景，引导学生了解西方价值观念、风土人情，感受异域文化。

跨文化英语教育是适应时代发展需要的。语言和跨文化密不可分。在现代课堂中，我们应重视跨文化教育，转变思维方式，改进教学方法，正确发挥教师作用，为学生创造良好的学习环境。采用多种教学手段，积极激发学生的学习兴趣，从而达到良好的课堂教学效果。我们要在英语教学实践活动中，把语言教学和文化教学有机结合起来。

第二节　文化差异视域下的跨文化英语教学

文化差异是指因不同地区不同的文化背景、风土人情、风俗习惯等造成的人们的语言习惯、思维方式、说话方式的不同。随着我国经济发展步伐的加快及全

球经济一体化趋势的加强，我国与世界各国的交流与合作也更加频繁。教育部最新颁布的《大学英语课程教学要求》中也明确把跨文化交际作为大学英语教学的重要目标之一，培养学生的实际英语应用能力，以便其在今后的工作、学习中能有效地进行英语交际。

一、中西方文化差异的表现

（一）地理环境造成的文化差异

语言的产生与人们的生活环境密切相关。英国是一个岛国，河流、湖泊众多。而汉民族世代生活在亚洲大陆，人们的生活离不开土地。英语用“spend money like water”比喻花钱浪费，而汉语用成语“挥金如土”来表达。英国自古以来航海业就很发达，因而在英语中有许多关于船和水的习语，如：keep one’s head above water（奋力图存），all at sea（不知所措），in the same boat（处于危险境地）等，而在汉语中则没有与之完全相对应的成语。

尽管汉语和英语两种语言里存在许多相对应的词汇，我们可以通过翻译来完成两种语言的语义转换，但由于完全不同的文化背景，这些相对应的词汇并不完全是对等的，尤其是它们各自所蕴含的文化意义不同。例如，汉语“西风”和英语“west wind”，两个词语在词汇意义上是对应的，但是各自的文化意义却迥然不同。由于英国地处西半球，西风带来春天的气息，和汉语中“东风”的含义差不多。英国诗人雪莱的“西风颂”正是表达对西风带来春天的赞颂。汉语中“西风”呈现出的却完全是另外一幅景象：寒冬来临，破败凋敝，万物萧瑟。“古道西风瘦马，夕阳西下”“昨夜西风凋碧树，独上高楼，望尽天涯路。”从这些古诗句中就不难体味出“西风”萧瑟破败的意境。

（二）价值观念方面的文化差异

西方价值观的基础是人文主义，强调个人价值。西方人尤其是美国人极其崇拜个人主义，崇尚个人奋斗，即宣扬个人主义、个性发展与自我表现。而中国人讲究“天人合一”，价值观更强调了集体利益。中国人宁可牺牲个人利益，也要克己守道，先人后己。

正是由于中西方这种价值观念的差异，导致两种语言在某些词汇的褒贬含义上侧重不同。如：“ambition”一词，汉语里这个单词意为“野心勃勃”，具有强烈的贬义色彩，而英语则表示“雄心壮志”，褒义色彩浓厚。又如“aggressive”一词在英语中意为“进取上进，有开拓精神”，在汉语中则表示“好斗，挑衅”。

（三）风俗习惯方面的文化差异

中国人和西方人由于文化背景不同，所以对同一事物的理解也有天壤之别。在中国，狗含有贬义的文化意义，因此“走狗”“狐朋狗友”“狼心狗肺”“狗眼看人低”等说法在中国司空见惯，且常被用作贬义词。相反，西方人对狗却有深厚的感情，他们喜欢狗的勇敢和忠诚，并对狗大加赞赏，因此，在英语中有很多关于狗的说法，把人比作狗也是一种褒扬。如“a lucky dog(幸运儿)”；“Love me，love my dog(爱屋及乌)”；“Every dog has his day(凡人皆有得意日)”等。英语用“sick as a dog”比喻人“病得厉害”，“dog tired”则表示“累极了”。

二、跨文化教育存在的主要问题

一直以来，跨文化教育在大学英语教学中都是非常薄弱的一环，造成这种现象的原因主要有三点。首先，对文化教育不重视。《大学英语教学大纲》一直未把文化教育列入教学要求，直到1999年，新出台的《大纲》才增加了“提高文化素养”这一新的教学要求。这便造成了跨文化教育没有形成体系，广大师生在教学实践活动中无纲可依的被动局面。其次，传统教学模式的束缚。在多年的传统英语教学中，教师已形成了“语言教学即是学习语言本身”等理念和观点，而对语言之外的文化体系并无过多关注。因此，很多英语教师形成了固定的、以纯语言教学为全部重心的教学模式。语言并不是固定的无文化内涵的文字符号，也不只是僵化固定的语法规则、句子框架。语言是文化的载体，文化是语言的灵魂，语言只有与其赖以存在的文化相结合才能成为活的语言。这种为学语言而教语言的固定教学模式只注重英语的语法结构、单词含义、句子结构、段落章节等，该模式由于缺少了文化教学的导入而显得毫无生机和活力，但教师们很难在短期内走出这种长期以来形成的固有的教学模式。大多数英语教师由于自身不具备文化方面及跨文化交际方面的系统知识，也缺乏对目标语文化的理解力，使其在教学实践中很难有效做到把语言的文化内涵融入语言教学中，帮助学生把语言知识和文化知识有机融合并内化为跨文化交际能力。最后，跨文化教育资料缺乏。到目前为止，详细讲解文化条目知识及跨文化交际方面系统知识的教材和参考书很少，可供使用的资料也不多。所以，尽管大多数高校英语教师已具备了在大学英语教学中进行跨文化教育的意识，但是由于条件所限，依然无法有效实施。

三、文化差异视域下实施跨文化教学的途径

跨文化教学是适应国际化发展而产生的大学英语教学新途径，也是一条由文化视角转入语言视角的大学英语教学新路子。目前，英语教育的主要障碍是不能很好地将培养学生跨文化应用能力与大学英语的教学紧密联系在一起。从文化差异的角度进行跨文化英语教学可以从以下几个方面入手：

（一）在语言教学中导入文化教学

跨文化教学可以应用文化对比的方法。根据跨文化教学的需要，教师按主题分类介绍目的语国家的文化特点，以现有的大学英语教材为基础，教师可以在词汇、语用、语篇等各个方面进行文化对比，通过对比使学生更深刻理解中外文化及其差异，鼓励学生以开放的心态体验外国文化，以批判的态度审视外国文化。

跨文化教学应当兼顾语言知识和交际原则。既要考虑学生是否掌握了语言知识和技能，又要考虑他们是否掌握了跨文化交际原则。教师要帮助学生充实语言知识和文化背景知识，同时还应帮学生分析跨文化交际的典型事例，这有助于学生在今后的工作、生活中进行跨文化交际活动。教师还可组织形式多样、内容丰富的课外实践活动，如鼓励学生参加专题讲座，指导学生开办英语沙龙、辩论赛等，力求在跨文化交际实践中培养学生开阔的心怀、开明的态度。

跨文化教学内容要与时俱进，将时代特点融入对语言知识的学习中。教师可适当增加国际时政、经济方面的文章，在帮助学生掌握语言知识的同时，也使其获得当代政治、经济知识，为其将来融入国际社会，进行跨文化交际奠定基础。

（二）应用主题式或任务式教学法，注重跨文化交际能力培养

1. 主题式教学法

简单来说，主题式教学法就是以教材为载体，围绕一个主题展开教学活动。就跨文化教学而言，需要教师提取课文中的某一个文化主题并围绕这个主题进行教学活动。以《全新版大学英语视听阅读》为例，教师依教材设置主题，对学生进行语言知识和语言技能训练，同时提炼出该单元相关的文化主题。在教学活动中，教师应积极转变角色，由课堂的操控者变为课堂的组织者和学生的引导者，创造条件帮助学生进行跨文化交际，把所学应用到实践。同时，教师也可以组织一些活动，比如演讲比赛等，来巩固学习效果。

2. 任务式教学法

任务式教学法就是在教学活动中，教师围绕某一特定的交际和语言项目，设

计出具体的、可操作的任务，学生通过表达、沟通、交涉、解释、询问等各种语言活动形式来完成任务，以达到学习并掌握语言的目的。教师可以充分利用教材中设计的课前活动来开展任务式教学，如课前导入（Lead-in）、背景知识（Background Information）、观看讨论（Watch and Discuss）等。新课开始之前把任务布置给学生，让学生做好课前准备，课堂上教师精讲文章的难点部分，留下一定的时间让学生展示任务完成情况，通过多种形式如展示（presentation）、讨论（discussion）等完成任务，并在任务中融入本单元相关的文化主题。

同时，教师也可以安排学生在课前搜集与本单元相关的视频或者文字资料，提取出本单元相关的文化主题，并将所搜集的材料通过多媒体在课堂上展示给同学，然后组织同学分组进行讨论，这样既锻炼了学生的自主学习能力，又强化了学生对语言知识和文化知识的学习。

（三）科学选择教材，增加跨文化教育内容

目前，我国尚未有专门讲授文化条目的系列教材，不同的教材虽有部分内容涉及某些文化内容，但不足以作为培养学生跨文化交际能力的教材蓝本。进行跨文化英语教学行之有效的办法就是在现有大学英语教材的基础上，在语言教学中导入文化教学。《全新版大学英语视听阅读》这本教材就是一个很实用的脚本，非常适合在教学中把文化教学恰当地融入语言教学中，从而达到跨文化教学目标。教材提供了丰富的视频材料，内容涵盖了科技、自然、生态、地理、天文知识等，生动有趣，易学易懂。这些视频材料不仅为学生提供了原汁原味的语言学习环境，更有助于其提高阅读理解能力和听力水平，并模仿地道的英语发音。更宝贵的是，视频内容为学生提供了一个浓厚的英语文化氛围，让他们身临其境地体验丰富多彩的异域文化和民俗民风，这种文化熏陶是单纯在课堂上传授语言知识所无法比拟的。

本节从文化差异角度，分析了跨文化英语教学中存在的主要问题，提出在进行大学英语语言教学时，应以注重文化差异为基础，培养学生进行跨文化交际的能力。在语言教学中导入文化教学，并运用主题式教学或任务式教学，科学选择教材，增加跨文化教育内容，以培养学生的跨文化交际能力。

第三节　英汉隐喻差异与跨文化英语教学

北京外国语大学胡文仲教授指出，学习一种语言，应该同时发展两种能力：语言能力（linguistic competence）和社会能力（social competence），即跨文化交际能力（cross-cultural communicative competence），这一理论已经为我国外语教学工作者所广泛接受。语言与文化是相互依存的。一方面，语言是文化的一个特殊组成部分，是传递文化的载体，是文化不可分割的部分；另一方面，语言又受文化的影响，学习、理解语言必须先了解文化。

在语言中有一种十分普遍的语言现象叫隐喻，据拉科夫和约翰逊在《我们赖以生存的隐喻》（*Metaphors We Live By*）中所述，英语中大约 70% 都来源于隐喻。隐喻以经验为基础，而经验的产生依赖于我们同周围物质和文化世界的互动。隐喻和文化密不可分。隐喻构成文化，而隐喻又是在文化环境中形成的。简言之，跨文化英语学习，分析研究隐喻是一个非常好的切入点。通过对比英汉隐喻可以促进跨文化英语教学。

一、英汉隐喻差异及跨文化教学启示

英汉两种隐喻的形成，虽然有各自不同的文化背景和社会基础，但二者在运用方面还是有很多相似性。比如英语中“strike while the iron is hot”与汉语的“趁热打铁”中的隐喻，都是用“铁要趁烧红的时候打”这一生活中的常识性事件来比喻做事要抓紧时机。再如：人造卫星（man-made satellite）、隔墙有耳（Walls have ears）等等在汉英中的表述都非常一致。

英汉隐喻中存在着不少相似之处。但是，汉语和英语毕竟根植于东西方两块不同土壤中，有着截然不同的文化历史背景和价值观念，甚至在自然条件上的差异也是巨大的。因此，英汉隐喻中真正能保持高度一致性的只是少数，更多的则表现了出差异性。形成这些差异的原因是多种多样的，而文化上的差异是其中最重要的因素。

如在对动物的隐喻中，中西对同一种动物，它的联想意义很多情况下是不相同的，具有不同的文化内涵。如英语关于狗的隐喻通常是褒义的，例如“work like a dog”（拼命工作）；“a lucky dog”（幸运的人）等。但汉语中狗的隐喻则多是贬义的，如狗腿子、走狗、狗仗人势等。这种差异可以从中西两种文化对狗的认知方式的不同得到解释，在大多数西方人看来，狗是人类最忠实的朋友，是家庭的一员。

又如众所周知的“龙”，它是一种虚构的动物，东西方文化中都有，但是汉语中的龙是一种尊贵的动物，被视为中华民族的象征，如：“龙的传人、真龙天子、龙头产业”等。而在说英语的国家中，龙是一种邪恶的猛兽，如“the Old Dragon”指代魔鬼等。

对同一意义的表达，各民族也会使用不同参照物作喻体。如对“牛”的隐喻。由于历史传统、地理环境、气候差异，东西方人对牛的观念存在着差别，这是因为中国文化起源于农本，西方文化起源于游牧。牛在中国人生活中的作用是非同一般的，牛为农之本，汉语中把老老实实、勤勤恳恳为人民服务的人尊称为“老黄牛”。而英语中“马”（horse）才具有此种内涵，所以，要用英语表达“他真是头老黄牛”，应该是“He is really a willing horse”。

汉语和英语中有一小部分隐喻只是在字面形象上近似，实际上表达不同的隐喻意义，比如 child’ s play 和“儿戏”。表面上看，二者一字不差，但它们并不是对应关系的隐喻。“child’ s play”的意思是“非常容易做的事情，不太重要的事情”，而汉语的“儿戏”则用来比喻“对重要的工作或事情不负责、不认真”。类似的例子还有一些，例如：“high-hat”（自命不凡的人）不能望文生义地译为“高帽子”（恭维的话）。“good sailer”（不晕船的人）也不是汉语的“好舵手”（善于指明前进方向的人）的意思。

英语中有些词语的文化内涵汉语中是没有的。例如：“American Dream”（美国梦）——美国标榜的人人自由和机会均等。这类隐喻体现了自然环境的特征对语言文化的影响。汉语中的许多隐喻词语在英语中也没有。如算盘、花轿等是中国特有的文化形象，体现在汉语中的例子有很多，例如：铁算盘、抬轿子等这些词语极具中国独特的文化内涵。

汉语中的成语故事是中国历史的一部分，每一个成语都有着深刻的含义。如：出自《庄子 · 秋水》的成语“邯郸学步”，比喻生搬硬套，机械地模仿别人，不但学不到别人的长处，反而会把自己的优点和本领也丢掉；出自《左传 · 僖公二十二年》的成语“退避三舍”比喻不与人相争或主动让步。这些是中国历史文化的独特产物。

希腊、罗马神话传说在英语文化中留着深深烙印，例如“the Trojan horse”（木马计）、“A chill heel”（致命弱点）、“Pandora’ s box”（灾难、麻烦、祸害的根源）等。

二、学习隐喻的作用

隐喻在生活中无处不在，渗透到了人们生活的方方面面，它不仅展现了人们多姿多彩的生活，同时也揭示出不同国家、不同民族、不同语言之间思维方式的不同。对隐喻的研究，能在一定程度上弥补由于不同的文化背景和社会基础所造成的跨文化交流鸿沟，促进跨文化的交流。笔者认为语言交际能力不仅仅取决于语言技能的水平，英语学习者的语言文化素质在英语语言交际中也占据重要地位。因此在英语教学中教师可通过介绍隐喻，对比英汉隐喻的差异，加强对西方文化背景知识的介绍，使学生对文化的差异有更深的了解。这不但可以激发学生对英语的学习兴趣，提高英语教学的效率，而且也是正确理解、把握和运用英语的关键所在。

第四节　“微资源”与大学英语跨文化教学

英语作为全球化的一门语言，在国际社会的政治、经济和文化等领域起了非常重要的作用。语言是文化的载体，语言和文化密不可分。英语教师应当把语言和文化两者结合起来进行跨文化教学，这正是当今外语界值得探究的重要问题。

联合国教科文组织在 1992 年首次明确提出跨文化教育的定义。它是指对具有某一文化的学习者群体进行关于其他文化的教育活动，从而使这些学习者能获得丰富全面的跨文化知识。同时，联合国教科文组织对跨文化教学提出了更高的要求，指出跨文化教学应重点关注跨文化知识传播、跨文化理解与交流以及开放、尊重、宽容的跨文化态度的培养。但由于我国高校的跨文化教育一直受到传统教学模式的影响，侧重强调培养学生的语言能力，而忽略了文化教学，没有将跨文化知识渗透到日常教学中，不利于培养学生的跨文化交际能力。

“微课”“微博”“微信”“微电影”等各种微资源的出现促进了跨文化教学中教学理念、教学方法等的改革，有助于学生对多元文化的学习和交融，为大学英语跨文化教学塑造了动态环境。

一、“微资源”应用于英语跨文化教学的优势

所谓“微资源”是指一切具有微型特征的资源,如“微博”“微信”“微课”“微视频”等,它是从微观的角度入手,形成特有的传播、共享和反馈机制,从而实现各种“微应用”。随着高校英语教学中“微资源”的不断涌现,跨文化教学也迎来崭新一页。将“微资源”应用于英语跨文化教学,有明显的优势。

(一)优化知识点,提供高质量教学内容

教师要制作出 20 分钟左右的微视频,必须优化和浓缩知识点,将知识点精华呈现在微视频中。同时还培养了教师加工、总结、升华自身知识内涵的能力。此外为了使学生能够在短时间内有效的学习,教师将“微资源”应用于跨文化教学,通过视觉、听觉的感知,促进学生对跨文化知识信息的获得和感悟。

(二)丰富学习资源,有利于学生的可持续发展

在传统的跨文化教学中,教师是知识和信息的唯一传授者,也是学生获得文化知识的主要渠道。由于教师个人的专业功底、知识储备量和知识掌握程度等不同,可能会造成教学水平高低不同的现象。然而“微资源”的引入可以很好地打破这一局限。教师通过网络搜索跨文化知识相关的资料和视频等,将简短完整且丰富的教学内容呈现在学生面前。在课后,学生可以通过各种信息技术,对所学内容不断地进行反思,加深对跨文化知识的理解。可见,采用“微资源”教学能够为学生提供丰富的学习资源,从而促进学生的可持续发展。

(三)培养求异思维,发展创新能力

众所周知,人的创造力主要取决于求异思维。从事跨文化教学的教师难以做到将所有学生的思维带到统一模式。通过微资源平台的线上、线下功能,让学生掌握中西文化差异是教师布置给学生们的重要任务。学生在完成过程中,求异思维和创造能力都得到了培养。他们通过积极思考问题和主动探索知识,最终将自己独特思维的成果展现在微资源平台中。

二、“微资源”与跨文化教学的有效契合

(一)创设情境触及兴趣点

兴趣是学生自主学习、积极思考、发展创新的强大动力。在跨文化教学中,

应当创造性的理解和把握教材，利用微资源，适时的将文字、图片、视频和动画等信息进行加工处理，通过微课、微电影等恰当地加以呈现。介绍相关的文化背景知识，提出学习目标，并巧妙地创设问题情境，触及兴趣点，激发学生跨文化学习兴趣和欲望，使其保持旺盛的学习积极性。

如，讲解“*Happy Halloween*”一文，用事先做好的“Halloween”微电影进行新课导入。映入眼帘的是一个南瓜灯和身穿奇装异服的“鬼怪们”，同时配上诡异的音乐，把万圣节的特色呈现出来：起源、象征物、习俗等。上课初始，老师利用微电影短视频，突破了时间限制和地域限制，仿佛让学生当场感受到了万圣节的一切，瞬间吊起学生的胃口，激发了学生学习课文的兴趣。此外，教师还可以通过微资源适时补充一些中西方传统节日的由来及习俗，进行对比，使学生了解中西方节日文化差异，促进学生的跨文化理解与交流。

（二）强化内容优化知识点

跨文化教学教材主题多样，内容丰富，但任何一门课程，任何一个单元，都会有教学重难点。如何让学生明确知识重难点，从而更好的掌握最精华的部分呢？教师们可以通过每节课制作一个微课短视频的方式，优化和浓缩知识点，将知识点精华呈现在微视频中。教师将自己的跨文化知识拆分成若干个小的知识点，再用简短精练的视频呈现出来，这些丰富的学习资源为学生自主学习提供了很好的平台。此外，为了使学生能够在短时间内有效的学习，教师将微资源应用于跨文化教学，通过视觉、听觉的感知，促进学生对跨文化知识信息的获得和感悟。

如，讲解“*Intercultural Barrier*”一文，主要是跨文化障碍方面的内容。如果教师照本宣科、逐字逐句翻译文章，既枯燥无味，又无法增强学生的跨文化水平。如果能通过微课短视频的展示，将文章中出现的主要的跨文化障碍通过图片等形式展现出来，既能够强化重要的学习内容，又能优化知识点的精华部分。此外，如果能通过微资源将中西方的主要文化差异和文化障碍用英文归纳出来，既提高了学生的英文水平，又能引导学生如何学习和面对异国文化，如何借鉴外来文化来提升本国文化。

（三）线上线下加强互动点

将微资源引入到跨文化教学中，师生可以充分利用网络的线上和线下功能，实时地进行跨文化知识点的交流和探讨。教师可以线上线下随时对学生的跨文化学习情况进行跟踪，有效地督促学生的学习，提高了跨文化教学的有效性。此外学生可以通过各种微资源，随时随地进行学习，培养自主学习能力。

如讲解“*Culture and Word Meaning*”一文之前，让学生在课前准备中西方词汇在不同场合的含义，然后发布到微信公众平台与大家共享，从而达到了很好的预习效果。在课堂上，教师可以将比较经典的文化及词义进行讲解和深化。课后师生通过微信平台进行线上交流和讨论，加强了师生互动性。

综上所述，微课、微信、微电影等各种“微资源”对促进大学英语跨文化教学有诸多好处，它已成为学生熟悉的“微活动”。将各种“微资源”有效融入英语跨文化教学中，能够创造一个动态的教与学的环境，实现现实课堂与虚拟课堂的交互，发挥学生的主体性作用，培养学生的自主学习和终身学习能力，从而提高学生的文化素养和跨文化交际水平。“微资源”应用于跨文化教学，其创新之处就是将信息技术辅助教学与网络平台技术结合，弥补了以教师讲授为主的传统教学模式的不足。跨文化知识的教与学在一定程度上不受时间与地点的限制，以形成“动态”的教学模式。同时还能够培养学生养成个性化的学习习惯，提升自主学习能力，使得“微语言”“微阅读”成为常态，“微交流”成为更直接的互动方式。教师通过“微资源”平台进行跨文化教学，引导学生积极思考中西文化差异，并且愿意接受和理解文化的多样性，培养学生用正确的态度和信念去看待世界各民族文化。此外，可以引导学生正确理解中西文化差异，消除中西文化歧见。教师的跨文化教学应当侧重告诉学生如何对待和借鉴外来文化，通过跨文化知识的学习，让我们更多地了解世界文化，同时也让世界人民更多地了解中国文化。

第五章　跨文化交际视角下的高校英语教学

自改革开放以来，中国的综合国力显著增强。中国与世界上很多国家都在进行经济交流、文化互动、贸易合作。随着这种交流、互动和合作的逐渐增强，中国越来越意识到高校英语教学与跨文化交际相结合的重要性。因此，中国高校英语教学不断改革和创新，并通过多种手段将跨文化交际与高校英语教学有效融合，这样更有利于学习者学习地道的英语知识和英语表达。本章主要以跨文化交际为视角，对高校英语教学的相关知识进行系统论述，同时为跨文化交际与高校英语教学的融合研究奠定了基础。

第一节　英语跨文化交际教学开展的基础

一、语言与文化、语言教学与文化教学的关系

学习语言的人都知道，语言与文化存在着紧密的联系。研究语言与文化之间的关系，有利于学习者更好地学习语言。众所周知，语言学是外语教学的理论基础，随着语言学的演变与发展，语言学也出现了很多的分支学科，例如认知语言学、结构语言学、心理语言学、文化语言学、社会语言学、功能语言学等。语言学不再是单一的学习，语言学也开始向着跨学科的方向发展。正是因为如此，语言也与认知、结构、心理、文化、社会、功能等存在着紧密的联系。这里需要指出的是，无论是语言的形成，还是语言的发展，都与文化有着千丝万缕的联系。

语言有很多功能，其中外显功能和潜在功能是语言研究的重点。外显功能通常表现为交际功能，主要的表现形式是语言的输入和语言的输出。潜在功能通常体现为语言的感知功能和思维功能。潜在功能与认知心理有关，属于认知心理的研究范畴。无论是语言的外显功能，还是语言的潜在功能，都不是独立存在的，而是相辅相成的。语言在使用的过程中，也通常体现为外显功能和潜在功能。

另外，无论哪种形式的交际活动，都离不开个人的感知活动。在人体进行有选择性的感知过程中，语言、经验、文化、情感等都会对这一感知活动产生影响。个体在感知、转化后就能实现语言的输入和内化。在内化为自己的思想后，学习者要将自己的感知和思想表达出来，这就涉及语言的输出与外化过程。无论是在语言的输入、内化阶段，还是语言的输出、外化阶段都需要学习者结合语言背后的文化，只有这样才不会脱离语言背后的文化，才能使思想和概念的转化更有价值和意义。

随着经济全球化的发展，外语教学也在不断发展。外语教学的目标有很多，单就高校外语教学而言，其最大的目标是培养和提高外语学习者的交际能力和水平。要想提高外语学习者的外语交际能力和水平，就应该提高学习者的跨文化意识，使学习者在学习外语的过程中了解和学习语言背后的文化。同时，教师在外语教学中，还应该引导学生通过对比的方式来了解和理解目的语文化和源语文化。另外，教师还应该要求学习者不断挖掘目的语文化，通过系统分析，掌握在交际中目的语文化的真正内涵，不断调整自己的认知图式，避免自己的汉语思维定式。除此之外，还需要强调的一点是，在外语教学中，如果教师不注重文化的融入，那么外语教学就无法实现其跨文化交际的目标。因此，在实际的外语教学中，教师应该将文化教学融到外语教学中，以实现文化教学与外语教学的有效融合。

近年来，随着文化多元化的发展，跨文化交际能力受到教育部和高校的广泛关注。跨文化交际能力的培养和提高，离不开外语教学与跨文化交际的有效融合。在两者结合的过程中，外语教学这一学科与跨文化交际学紧密结合，并在相互作用、相互影响下共同发展、共同促进跨文化交际能力的实现。跨文化交际能力涉及很多的内容，其中外语交际能力是最为关键的内容。外语交际在很大程度上影响着跨文化交际能力的提高，因此，高校十分重视外语交际能力。另外，语言与文化之间存在着相辅相成的关系，所以在注重跨文化交际能力的过程中，也应该将文化融入到具体的教学中，从而实现英语跨文化交际的目标。

二、跨文化外语教学是外语教学发展的需要

众所周知，外语教学的过程是一个长期复杂的过程。影响外语教学的因素有很多，其中教师因素、学生因素、教学内容因素、教学环境因素、政策因素对外语教学的影响最为显著。同时，外语教学还涉及很多的内容，例如，教学方法、教学理论、师生关系、教学观念、教学模式、学生认知等。如果外语教学不注重

与其他学科的融合，只是单一发展，这样就不利于外语教学的可持续发展。因此，外语教学应该不断从其他学科中吸收优秀经验，不断借鉴其他学科的最新研究成果。

另外，外语教学的最终目标就是培养综合型、实用型、创新型英语人才，为国家和社会的发展源源不断地输送优秀英语人才。因此，在英语教学中，英语教师应该紧紧围绕教学目标来安排教学活动，不断更新外语教学的观念，采用多样化的教学手段和方法，关注学习者的差异性和个体性，从而实现学习者的全面发展。

随着文化多元化格局的形成，以及经济全球化的发展，再加上语言与文化之间密切的关系，英语教学融入跨文化交际是必然趋势。也就是说，在当前形势下，英语跨文化交际教学是英语教学发展的必然结果。具体而言，英语教学融入文化教学，有利于学习者在文化语境中学习和理解英语知识，有利于学习者结合语言背后的文化来了解源语的思想和情感。这种浓厚的文化语境和氛围，有利于激发学习者学习英语的兴趣，有利于提高学习者学习英语的热情，有利于提高学习者的学习效率，有利于英语教学目标的实现等。

另外，学习者跨文化交际能力的提高不仅与外语教学有关，还与文化教学有关。只有将两者结合起来，才能最大限度地促进跨文化交际的提高。如果教师在外语教学中不融入跨文化交际，就不利于学习者进行跨文化交际的实现，也不利于学习者亲身体验跨文化交际，更不利于学习者跨文化交际能力的培养和提高。总之，将跨文化交际融到外语教学中，不仅有利于学习者了解语言背后的文化，还利于学习者适应当今外语教学的发展，更有利于学习者跨文化交际能力的提高。因此，融入跨文化外语教学是外语教学发展的必然趋势。

第二节　跨文化交际视角下高校英语教学的影响因素

一、语言的局限性

跨文化交际的最大障碍就是文化障碍。不同的文化增加了不同交际者之间的困难。如果交际双方在跨文化交际中使用的是不同的语言，那么会增加交际的难度，也会使文化障碍更加凸显。

另外，在跨文化交际中，即使交际双方使用的是同一种语言，但是交际双方存在着很大的文化差异，这种语言障碍也会更加凸显。例如，中国人和美国人即使在跨文化交际中都使用英语，但由于中国人和美国人均来自不同的文化背景，所以他们在交际中仍存在着词汇、发音、语义等方面的语言障碍，同时也存在着很大的文化障碍。

二、思维方式差异

不同的民族有着不同的思维方式，思维方式差异的形成主要与文化因素有关。文化因素涉及很多的方面，例如风土人情、行为习惯、语言文字、思想观念等。语言是人类认识世界、感知世界的重要途径。无论是语言本身，还是语言习惯都会对思维方式产生影响。

不同民族有着不同的思维方式，究其原因，主要是文化差异与语言差异的结果。总之，语言和思维有着紧密的联系，各民族思维方式的不同最终导致了各民族语言方式的不同。

三、交际风格差异

交际风格，是在长期的交际过程中形成的一种习惯性的交际方式。交际风格是跨文化交际的重要影响因素。由于中国与美国文化背景的不同，中国人和美国人在跨文化交际过程中体现出来的交际风格也存在着很大的差异。

因此，在实际交际过程中，美国人和中国人都要明确交际双方的交际风格，只有这样才能避免交际中的文化冲突，从而促进跨文化交际的顺利进行。

四、价值观差异

中西方由于思维方式、风俗习惯、思想观念等方面的不同，其价值观也存在着一定的差异。而价值观的差异会在很大程度上影响着跨文化交际的进行。明确价值观的内涵，了解价值观的具体差异，对跨文化交际具有十分重要的意义。教师在具体教学中，可以引导学生了解各个民族的价值观，并通过言语行为和非言语行为来对比中西方在价值观上存在的差异。

总之，基于跨文化交际的高校英语教学会受到很多因素的影响，我们只有理解和掌握了这些影响因素，才能促进跨文化交际下高校英语教学目标的实现。

第三节　跨文化交际视角下高校英语教学的意义、作用与任务

一、跨文化交际视角下高校英语教学的意义与作用

（一）满足英语教学发展

文化因素是影响和制约语言表现形式的重要因素，它在跨文化交际中起着不可替代的作用。很多人在跨文化交际中由于缺乏文化理解而导致文化错误。在跨文化交际中，交际者应该尽可能地规避文化错误。文化错误对跨文化交际的影响是巨大的，文化错误很容易使交际双方产生误会，更为严重的，还可能使交际双方产生敌意，严重阻碍了跨文化交际的顺利进行。因此，在跨文化交际中，交际双方应该充分了解目的语与源语之间的文化差异，不断提高自己的跨文化交际能力。只有这样，交际双方才能将自己的思想、情感、观点等表达出来，才能保证跨文化交际的顺利进行。

随着文化多元化的发展，跨文化交际已成为一种必然。要想保证跨文化交际的顺利进行，就必须在注重语言教学的基础上重视文化教学，从而实现语言教学与文化教学的有效融合。总之，将跨文化交际融到英语教学中，是高校英语教学发展的要求，也是多元文化时代发展的必然结果。跨文化交际视域下的英语教学有利于提高学习者的跨文化意识，有利于从文化角度来理解英语语言。同时，在英语教学中融入跨文化交际，是当今时代对英语工作者的要求，只有这样，才能使英语教学适应当今时代的发展，也才能促进英语教学的可持续发展。

（二）适应新世纪中国社会经济发展

自改革开放 40 多年以来，中国在经济、文化、科技等方面发展迅速，中国与世界各国的贸易往来、文化交流也越来越密切。尤其是近年来，随着中国经济的快速发展，中国对国际贸易人才需求更加强烈。优秀的国际贸易人才，并不是只具有扎实的理论知识，还要具有很强的综合能力，当然也包括跨文化交际能力。

跨文化交际能力，简单理解就是进行跨文化交际的能力。在跨文化交际中，交际双方不仅要进行文化交流，还要进行文化互动，这就要求交际双方具有很强的跨文化交际能力。要想提高自身的跨文化交际能力，学习者应该深入理解和掌握英美国家的文化背景、风俗习惯、思维方式、发展历史、思想观念、生活方式

等，并将这些文化与本国文化进行对比，从而更加深入地理解英美文化。基于此，教师应该在英语教学中融入跨文化交际，同时注重跨文化交际人才的培养，这样才能适应中国当今经济的发展。可见，跨文化交际视域下的英语教学有利于适应21世纪中国经济发展，有利于培养更多优秀的跨文化交际人才，从而促进中国经济的可持续发展。总而言之，跨文化交际与英语教学的结合，能够适应经济发展，能够满足经济发展对跨文化交际人才的需求。

（三）促进大学生社会性发展

个人与社会并不是孤立存在的，而是存在着密不可分的关系。个人在生存和发展中扮演着很多的角色，而社会角色就是其中最为重要的角色。人处于社会生活和生产中时，只有不断学习才能适应社会的发展。而个人的学习与社会生活、生产等方面密切相关。可以说，人的学习离不开社会这一大环境。另外，学习者通过学习可以了解自己与社会的关系，并在学习中积累知识和经验，提高自己的综合能力。

大学生的社会性发展关乎着国家经济的发展，要想促进大学生的社会性发展，就必须对大学生进行教育。在当今多元化时代的影响下，大学生面对的社交人群都比较复杂，大学生只有通过多样化的交际方式才能适应当今社会的发展。跨文化教育是跨文化交际时代的产物，它有利于提高大学生的跨文化交际意识和跨文化交际能力，同时它符合当今时代的要求，因此，跨文化教育备受关注。由此可见，跨文化教育与大学生社会性发展的目标是相契合的，跨文化教育在很大程度上促进了大学生的社会性发展。

具体到英语教学中，跨文化教育在英语教学中也起着重要的作用。众所周知，随着社会的发展，跨文化交际也在不断发展。因此，在英语教学中，教师应该融入跨文化教育，这样有利于避免交际双方的文化障碍，有利于交际双方了解不同文化之间的差异，增强不同文化的认同感，有利于提高交际双方的跨文化意识和跨文化交际能力。可见，英语教学中融入跨文化交际是文化多元化发展的必然结果，也是大学生社会性发展的最新要求。

（四）实现中华民族自立自强

自中华人民共和国成立以来，中国经济、文化、科技都得到迅猛发展。中华民族要想在国际舞台中立于不败之地，不仅需要通过自身努力总结经验和教训，还需要吸收其他国家优秀的经验和文化。英语作为国际通用语言，在中国对外贸易、对外交流、对外合作等方面起着不可替代的作用。因此，中国可以借助英语这一媒介来辩证地吸收西方优秀的经验和文化，从而不断增强自己的综合国力。

另外，中国经过 40 多年的改革开放，无论是在经济、政治，还是在文化、科技方面都取得了很大的成就。中国与世界各国的交流也越来越频繁。在这种背景下，中国也对跨文化交际人才提出了更高的要求。高校英语教学是培养优秀跨文化英语人才的重要途径，因此，在高校英语教学中融入跨文化教育，是当前高校必须重视的课题。同时，高校英语教学应该将跨文化教育置于重要的位置，培养大学生的跨文化意识和能力，从而为中国与世界各国的交流提供优秀的跨文化人才。从这种意义上来说，基于跨文化交际的高校英语教学对实现中华民族自立自强具有十分重要的意义。

（五）顺应高等教育国际化发展趋势

高等教育是教育的重要组成部分，在很大程度上促进了教育的发展。随着国家对高等教育的广泛关注，高等教育呈现出国际化发展的趋势。跨文化教育在高等教育国际化发展中也起着不可替代的作用。

跨文化教育的实施有利于提高大学生的跨文化交际能力，有利于我们了解国际形势，有利于中华文化与世界文化的对比与相互借鉴，有利于吸收世界其他国家的办学经验，有利于促进高等教育的国际化。同时，利用跨文化教育还有利于高等教育的融合发展。总之，跨文化教育能够在很大程度上促进高等教育国际化的发展。

另外，文化差异是跨文化交际的主要障碍，跨文化教育应该注重文化差异，引导学生探讨、对比、总结文化差异以及文化差异的规律。只有这样，才能使学生真正了解不同文化之间的差异，并在跨文化交际实践中注意文化差异，从而避免跨文化交际中的文化错误。众所周知，世界各国之间由于风俗习惯、思维方式、价值观念等方面存在着很大的差异，因此，世界各国的文化也存在着很大的差异。要想克服文化障碍，避免文化错误，就应该注重跨文化教育，只有这样才能使跨文化交际顺利进行。高等教育是跨文化教育实施的重要载体，在跨文化教育中起着不可替代的作用。只有保证高等教育的国际化发展，才能更好地开展跨文化教育。由此可见，跨文化教育与高等教育之间存在着紧密的关系，两者相互影响、相互促进。

二、跨文化交际视角下高校英语教学的任务

（一）培养跨文化意识

高校英语教学中融入跨文化交际，是当前高校英语教学适应当今时代的必然要求。在跨文化交际的影响下，高校英语教学的主要任务就是培养大学生的跨文化交际意识。文化意识强调的是学习者对目标语文化的理解和意识。下面对其所涉及的层面进行系统论述。

第一，对于一些十分明显的文化特征，学习者只是了解，但不理解。

第二，在跨文化交际中，不可避免地会存在文化冲突，学习者虽然不能理解与自己文化不同的文化特征，但是对这些不同于自己文化的文化特征是了解的。

第三，理性分析有利于学习者从认知的视角来理解不同于自己的文化特征。

第四，亲身体验有利于学习者从更深入的层面理解目标语文化。

（二）提升文化素养

传统高校英语教学忽略了文化因素的融入，也忽略了学生文化素养的提高。而跨文化交际视域下的高校英语教学实现了跨文化交际与英语教学的有效融合，其教学的任务还包括提高学生的文化素养。具体而言，教师可以从以下几个方面入手：

1. 必须尊重学生的内心世界

学生是英语教学的主体，其态度、动机、兴趣、心理等都会对英语教学产生影响。教师应该通过各种手段了解学生的内心世界和学习需求，不能一味地进行知识灌输。同时，教师应该注重学生的主体地位，改变传统的以教师为中心的教学模式，与学生平等交流和讨论，从而与学生构建平等、和谐、融洽的师生关系。另外，教师还应该了解学生的个性，并为学生创造可以发展个性的平台，从而促进学生的个性发展。

总之，学生有着自己的思想和心理活动，教师应该通过交流、谈心的方式来了解学生的内心世界，并建立平等的师生关系，从而激发学生学习的兴趣，调动学生学习的积极性。

2. 要注意在英语教学中实行情感教学

情感教学在英语教学中起着重要的作用。情感教学的实施离不开和谐、融洽的教学氛围。因此，教师应该在英语教学实践中为学生营造和谐的课堂环境，并注重情感教学的融入。下面对其进行具体分析。

一是以学生为中心，了解学生的需求，结合学生的实际情况来进行教学。同时，与学生建立良好的师生关系，使学生对英语学习产生兴趣。

二是教师要避免将自己的坏情绪带入课堂，应该以一种积极、乐观的情感进行教学。只有这样，学生才会被这种积极、乐观的情感所感染，从而更加积极主动地学习。

三是以一种宽容的态度来对待学生的语言错误。在英语学习过程中，由于英汉文化的差异，出现语言错误是无法避免的。教师应该根据学生的具体错误来选择不同的策略。不要一味地停留在对学生的纠错中，这样不利于调动学生学习英语的积极性。

第四节 跨文化交际视角下高校英语教学存在的问题与策略

一、大学英语跨文化教学中存在的问题

（一）教师自身问题亟待解决

1. 缺乏跨文化教育意识和视野

英语教学的主要目的就是培养学生的跨文化交际意识和跨文化交际能力。但是，传统的英语教学只是一味地传授学生知识，而严重忽略了跨文化教育和学生跨文化交际能力的培养，这样不利于学生了解英汉文化差异，更不利于提高学生的跨文化交际能力。

教师是英语教学的重要因素，其在英语教学中起着引导作用。但是，在传统英语教学中，教师缺乏跨文化意识，没有意识到跨文化教育的重要性，同时还错误地认为英语教学就是语言教学，只要将语言知识、语言形式、语言用法等传授给学生即可，并没有为学生提供交流的平台，也忽略了学生跨文化交际能力的培养。

英语教师是语言与文化传播的引导者。英语教师必须充分理解本国文化和英美国家文化，并理解英汉之间的文化差异。只有这样，才能在英语文化教学中讲授文化差异，把握英汉文化平衡，挖掘语言背后的文化知识，解读英汉文化之间的差异。同时，教师还可以通过英汉对比的方式来讲解英汉文化差异，从而使学

生了解英汉文化，把握英汉文化差异，并对英汉文化有着正确的理解，这样才能避免跨文化交际中的文化错误。

除此之外，教师的教育理念还有待更新。教师的教学理念还停留在语言教学层面，因此教师要将跨文化教学理念融入教学中，不断提高自己的跨文化意识和跨文化能力。

2. 重视“目的语文化”传授，忽略对“母语文化”的渗透

在教育改革的推动下，英语教学也在不断地改革。英语教学与文化结合，是近年来英语教学改革的重要方向。在此背景下，英语教师也意识到文化教学的重要性，并不断提高自己的跨文化意识。然而，在融入文化教学的过程中，也存在着一些问题，最为突出的问题是教师过于注重目的语文化的融入，严重忽略了本国文化的融入。换言之，教师在英语教学中主要对英美国家文化进行讲解，并没有将优秀的中华文化融到英语教学中。这一问题的出现，说明了英语教师只是意识到目的语文化在英语教学中的重要性，并没有意识到母语文化在英语教学中的重要性，同时也没有深入理解英汉文化差异，缺乏英汉文化差异对比的意识。长此以往，不利于中华文化的国际化传播，也不利于学生正确判断世界文化，更不利于学生了解英汉文化之间的差异。更为重要的是，在这些问题的影响下，学生的跨文化交际能力很难提高。

另外，在我国英语教学中还存在着“中国文化失语症”现象。这种现象也在很大程度上制约了英语教学的发展。因此，在高校英语教学中，英语教师不仅要重视目的语文化，还要融入母语文化，有效将目的语文化与母语文化相结合，并通过对比的方式使学生了解英汉文化差异，提高学生对文化差异的敏感性，并引导学生结合英汉差异来提高自己的跨文化交际能力。

3. 跨文化知识掌握欠缺

纵观我国英语教学中的教师，不仅缺乏跨文化意识，还缺乏跨文化知识。在实际的英语教学中，英语教师认为培养和提高学生的语言能力是自己的主要工作，严重忽略了学生跨文化交际能力的培养。同时，英语教师无法正确判断目的语文化，对目的语文化没有做到深入理解和掌握；不能准确、全面、灵活地将目的语文化与母语文化进行对比和融合，甚至对中国文化的理解也不够；不能准确理解、掌握英汉文化差异，更缺乏批判意识，无法真正实现取其精华、去其糟粕。可见，英语教师的跨文化知识存在着严重的欠缺现象。高校应该注重教师的跨文化知识培训，使教师意识到跨文化知识的重要性，并树立跨文化意识。同时，高校英语教师还应该不断努力，理解英汉文化之间的差异，提高自己的文化素养和

批判意识，并在英语教学中不断融入跨文化知识，从而促进学生跨文化交际能力的培养。

（二）学生跨文化意识和交际能力薄弱

传统的英语教学只注重学生语言知识能力的培养，严重忽略了学生的跨文化交际能力的培养。

师资力量不足，教师素质和能力都存在着很大的差异。在英语教学中，教师无法根据学生的实际情况进行教学，导致因材施教很难实施。学生也只是一味地接受知识灌输，缺乏运用英语知识进行交际的意识。另外，有一些学生确实具有很强的语言表达能力，但是跨文化意识和交际能力都比较弱，且缺乏跨文化交际技巧和策略，这样很容易在交际中出现语用失误和文化错误，不利于跨文化交际的顺利进行。

除此之外，教师要将英汉文化对比融到英语教学中，只有通过对比和参照的方式，才能使学生真正理解英语和汉语的文化以及两者的文化差异。可见，母语文化在学生跨文化意识培养和交际能力提高方面起着重要的作用。因此，英语教师应该注重提高学生的母语文化素养，并通过英汉文化对比来使学生深入理解英语和母语文化。同时，教师还应该融入跨文化教育，增强学生的跨文化意识，提高学生的跨文化交际能力，从而保证跨文化交际的顺利进行。

（三）跨文化教育的内容在英语教材中较为薄弱

1. 知识广泛，但对跨文化教育突出不够，文化内容偏狭、过时

英语教材中虽然涉及了跨文化教育的内容，但是这些内容都比较浅显，没有涉及一些本质知识，更没有系统地对跨文化知识进行论述，这些都不利于学生的跨文化知识的学习。同时，教材中涉及的跨文化教育的内容单一且陈旧，没有紧跟跨文化交际时代的发展。另外，跨文化内容缺乏交际实践，不利于学生了解社会上的热点话题，也不利于学生交际能力的提高。

总之，跨文化教育是英语教学的重要组成部分。虽然大多数高校也意识到跨文化教育的重要性，但是教材中所涉及的跨文化教育的内容比较少，且比较单一、浅显，同时教材中的跨文化知识没有做到与时俱进，这些都会在很大程度上制约学生跨文化交际能力的提高。

2. 重知识，轻态度与能力

随着跨文化交际在英语教学中的融合，高校也意识到跨文化教育的重要性。英语教师在英语教学中也融入了大量的跨文化知识。然而，英语教师仅仅局限于

跨文化知识的讲授，并没有引导学生如何树立跨文化态度，如何培养跨文化能力。在这种情况下，学生只接受了跨文化知识，却没有形成跨文化意识，也未能形成跨文化交际能力。长此以往，学生的跨文化交际能力并没有显著的提高。这种重知识、轻态度与能力的英语教学也在一定程度上阻碍了跨文化英语教学的发展。

（四）中国传统文化价值缺失

现阶段，我国英语教学已经意识到跨文化教育的重要性，并不断加强目的语文化教学。然而，在跨文化教学中，英语教师忽略了中国文化的价值，从而导致中国文化在英语教学中的缺失。这样很容易使交际出现语用和文化错误，不利于跨文化交际的顺利进行。

近几年，在众多高校的跨文化教学中，文化教学越来越受重视，并且日益占据主导地位。随着目的语文化、目的语传统习俗和交际技巧在不同程度上得到传播和学习，人们逐渐忽略了自身的母语文化，甚至忽视了母语文化正在迁移的作用和意义。这种跨文化教学模式的出现并没有完全起到促进文化交流的作用，反而在某些程度上打破了跨文化交际双方之间原有的平衡。

人们在日常生活中进行跨文化交际，会受到多方面因素的影响。人们在跨文化交际时，在共同交流的基础上还要做到相互理解，等到深入交流之后，思想上的碰撞就会使他们影响彼此的想法和观念。这便是交流本身的意义，交流不只是意味着吸收，交流也意味着传播。如果交流的过程中只是吸收而不重视传播，那交流的作用便发挥不到极致，跨文化交流也就失去了其本身的意义。

学生如何在跨文化背景之下进行有效且顺利的交流，这一切都离不开中国文化知识的支持。以英语教学为例，人们可以发现，在英语教学的过程中就存在这个方面的问题。当代大学生在进行跨文化交流时，可以勉强了解一些英美文化，反而对本国文化知之甚少。这一点就使他们在需要同对方介绍自己国家文化时有些力不从心，因为无法通过口语或者文字等书面表达的方式进行更深入的交流，跨文化交流的效果就会大打折扣。这种现象被称为“中国文化失语症”，且此种现象在当今社会愈发严重。

众所周知，“中国文化失语症”给跨文化交际带来的危害是不容小觑的，其中，最直接的就是无法保证跨文化交际顺利进行，因为“失语症”使人们不能用简洁明了的语言向同他们交流的对象介绍本国文化的相关内容。与此同时，将中国优秀传统文化向外传播的进程就会逐渐减缓，使人们失去很多传播中国优秀传统文化的机会。在跨文化交际的过程中，如果人们先是面对自身文化产生了失语现象，又不加注意对异族文化产生共鸣、一味迎合且失去自我，那么结果就是产生错误的文化认同，更有意志不坚定者还会被强势文化同化和腐蚀。

我国英语教学中所用到的教材，其内容涵盖了大量的西方价值观，却忽视了中国传统文化在教材中应当占据的比重。英语是西方的官方语言，它承载着西方文化，是西方价值观念和意识形态的重要体现。而我国的英语文化教学却将西方文化作为主要内容，未认识到向世界传播中国文化的重要性和必要性，这种教学方式不仅会阻碍学生跨文化交际能力的提高还会延误跨文化交际的进程。

由此可见，要用辩证的思维看待异国文化，在正确欣赏和理解异国文化的基础上，有选择的对其吸收、借鉴，不能全盘肯定或者全盘否定。要以正确的世界观和方法论为指导，对本国文化进行深入的探讨和理解，拥有鉴别母语文化和目的语文化的能力，只有这样，才能在面对异国文化时，心中有分寸，对异国文化有正确的鉴别和评判，实现真正的跨文化的双向交流。

二、跨文化交际视角下高校英语教学的对策

（一）关于教材的建议

1. 增加通识教育内容

在通识教育的课程设置中，大学英语占据十分重要的比例。增加通识教育的内容能够很好地弥补大学现有英语教材的不足之处，让学生从中体会到经典作品的魅力，同时促进师生在课堂中的交流，开阔他们的眼界，对大学英语教材的内容改革具有重要意义。

2. 增加母语文化内容

在大学英语教学中，如何对中华文化进行准确的表述以及更好使学生树立起正确的跨文化交际的意识是人们应该关注的重要问题。从宏观上讲，制定教学大纲的过程中，要明确认识中华文化和西方文化所处的地位，将他们放在同等的地位纳入教学计划。编写教材时应当注意不能将中华文化一股脑的全部加入英语教材中，而应该增加其系统性和层次性。学生在学习母语文化时，不仅能够培养其对本国文化的认同感，提升民族自豪感和自信心，更重要的是可以在跨文化交际的过程中使自己建立平等的交际意识，自然地向交流方输出中华文化，以推动双方文化的传递和交流。英语教材可以直观地展现教学的内容和教学的目标，但是当今的大学英语教材却很少出现中华文化的相关介绍，只包含西方文化的内容，这显然与跨文化交际所重视的双向交流的初衷背道而驰。由此可见，在大学英语教材中增加中华文化内容是教学过程中亟待解决的问题，利用好英语教材可以使

教学事半功倍，对培育学生的人文素质和提高其语言能力都发挥着重要作用。

除了重视英语教材内容的增加，也要将中华文化融入日常的英语教学之中。以往，英语教学只注重听、说、读、写能力，学生们把英语课上成了语言技能培训课，但这并不符合跨文化交际对学生能力的要求。因此，改变单一的教学模式，是当前英语教学的重要任务之一。作为教学的主体之一教师而言，他们应做到因材施教，了解学生的具体情况，设定符合规律的教学方法来帮助他们掌握正确的英语表达方式。学生通过学习英语，可以用英语和其他国家的人进行交流，传播中华文化，提升中国在国际上的影响力。但目前由于大学英语教师所具备的英语教学素质有所欠缺，所以会影响他们的课堂教学效果。要想使中华文化同英语教学更好地融合在一起就要提高教师的素质。大学英语教师除了应当具有深厚的文学功底之外，还应当加强对西方文化的认识，同时有优秀的母语文化素养。英语教师在加强自身学习的同时，还要承担将中华文化融入英语教学的重任，使中华文化在大学英语的课堂中得以传承。通过这种教学方式。学生就获得了跨文化交际的能力，在以后的跨文化交际中就可以发挥自己真正的实力，对跨文化交际的有效实现有重要作用。

（二）创新教学方法

如何保证大学生跨文化教学可以得到有效的实施是目前大学英语教学十分重要的问题，解决的途径就是要找到切实可行的教学方法。例如，交际法、语法翻译法、认知法等都有重要的理论与实践研究成果支撑，都是十分可行的教学方法。如果能够充分利用好这些教学方法，就可以使大学英语跨文化教学的效果得到强化。

1. 交际法

交际法，将培养交际能力作为目标，通过把文化教学和语言教学结合的方法来进行教学。在大学英语跨文化教学过程中，教师可以利用电视广播等方式来创设出一个真实的语言环境，学习目的语国家的文化。学生的学习环境也是交际的环境，如此身临其境可以增加教学的效果。根据交际的需要来锻炼语言能力，也可以根据实际情况用母语进行翻译并对语法做出相关解释。应突出学生在课堂教学模式中的主体地位，让学生在真实的语言环境中正确地把握语言。教学方法在提升学生听说读写能力的同时还要具有一定的灵活性。

2. 语法翻译法

语法翻译法又称翻译法，认知派认为，语法是学习外语的第一要素。学会了语法，对于理解、翻译外语都有很大的帮助，同时，语法还是逻辑思维的体现。

这种教学方法要求对课文内容直接进行翻译，遵循语法规则，既要把握对语言知识的理解，又要深入挖掘句子结构。以往的翻译方法弱化了教学内容，太过重视对语法的翻译，使学生在学习过程中越来越依赖母语。因此，运用翻译法时要取长补短，在大学英语跨文化教学中，不但要加强对学习语法知识的重视还要带领学生对课文内容进行深入了解，结合目的语文化知识，理论联系实际，从而提高学生的跨文化交际能力。

3. 认知法

认知法即运用心理学理论来进行外语教学，教师在教学过程中要充分开发学生的智力，借助母语的力量，提升学生综合运用语言的能力。教师可以利用电子化教学或者一些教具进行更加直观的教学，使大学生英语教学更加注重情景和交际环境。以学生已经具备的文化知识为基础来进行教学，将跨文化教育当作教学的目标，对本国语言和目的语言进行分析对比，帮助学生跨文化交际的学习。除此之外，信息化的教学手段也要加以利用，运用多媒体网络教学的方式，通过播放一些英美国家的影片，加深学生对英美文化的了解，提升跨文化交际的效果。

（三）关于师资的建议

随着全球化的深入，外语能力成为现代人必备能力之一，多元化的时代背景对跨文化人才提出了新的要求，跨文化交际离不开对外语的需求，因此外语教育至关重要。外语教师作为教学活动的实施者、组织者和管理者，其面临的挑战就更加不容小觑，大学英语系不仅要面对本系的学生还要面对其他语种专业的学生，教师要拥有较强的语言能力和深厚的文学功底就必须要接受专业和严格的培训。因此，跨文化英语教学师资力量的整合和培训尤为重要。

同国外教师培训只包括业务内容不同的是，国内的教师培训还增添了思想方面的培训，在我国，具体包括爱国主义、集体主义、敬业精神、忠诚于教育事业、认真负责的工作态度等各方面；业务方面则指对大学英语教师进行外语能力培训，即提升教师在语言方面的技能，如对教师的听、说、读、写、译等能力进行培训。大多数人认为教外语并不是什么困难的事情，只要会外语就可以教外语。这种观点是十分浅显的。教师培训应该包括“教什么”和“如何教”两方面。

“教什么”并不只是简单地指“教外语”，还包括语言的运用和语言的技能。语言不只是一种符号，更是人与人交流沟通的工具，语言有时候更是一个民族历史、文化、心理素质的反映。许多学生、家长和教师对外语学习的认识停留在只是为了和目的语国家的人员进行简单的交流，而忽视了语言自身所承载的文化底蕴。语言是文化的载体，学习语言的过程也是感受文化的过程。

大学英语教学实践中所强调的各部分如词汇、语法、篇章等都和文化有密切的联系。正如，文化会决定或限制单词的意义，各类词语都不可避免地因经过不同文化的历史积淀而拥有了不同的文化痕迹。同汉语相比，英语的语法规则更为严格，这同两种语言不同的文化传统背景有关。不同文化背景下英语学习者所创作的文章是不同的，这些不同可以从其行文、逻辑和篇章结构上推理出来，人们分析英语篇章和汉语篇章就可以发现，英语文章结构更为直接，而汉语文章结构比较委婉，更注重思维的连贯和上下呼应。

根据语言文化内涵的重要性可知，对大学英语教师的师资培训必须重视文化知识的学习，教师在教授语言时也要涉及文化。目前在大学英语教师培训中，一般认为“如何教”就是指教学方法。但是，外语教学涉及多个不同学科。因此，教学法只是“如何教”其中的一个方面,“如何教”同二语习得、语言学习的过程、学习者相互间的差异有关。

当前我国的教学法缺乏本土化的经验，因其大部分理论和实践等方面的知识都来自西方国家，社会政治维度在国际英语教学领域至关重要，因为只有把握好这一维度，才能使英语教学在社会环境中实现本土化。所以在“如何教”的培训方面，除了教学法，还有多种因素需要在教学过程中加以兼顾。在后方法教学时代，教师的任务应当是找到合适的教学方法，在满足众多学生需求的同时，也能兼顾个体差异性。

大学生英语教学既要满足学生和社会对其提出的要求，也要体现外语的重要性，这就增加了大学生英语教师培训的难度和深度。渊博的知识和较高的文化素养是大学英语教学对教师提出的要求，但现实是教师们并没有充足的时间去接受系统的长期的培训，而短期的培训也达不到理想效果。要保证大学英语教学质量关键是要对大学英语师资进行有效的整合。可以通过组织各式各样的文化交流活动，为师生创设国际文化交流的环境，使他们可以接触到国际的文化；要增强学生的外语能力，注重国际竞争力的提升，利用好国际化政策同各单位和各国进行国际间的学术间的文化交流；要使师生具备广阔的国际视野和文化涵养就要优化学习英语的校园环境。总之，大学英语教学是否能走出当下的困境，大学生英语教师培训是其中关键的一环，将良好的师资力量进行有效的整合是解决问题的重要方式。

第五节　高校跨文化交际教学法的创新

一、全球理解课程的特征和时代价值

全球理解课程的特征主要有以下几点：第一，学科的多样性，可以作为大学多种学科的必修或选修课程；第二，课程的完整性，整个课程的课时是有时限的，基本上是45分钟；第三，学校的自主性，每个学校都有自己的教学计划，对学分的划定和教学内容的制定都应符合自身的教学安排，全球理解课程是否成为课程补充或者计入学分由学校根据自身情况自主决定；第四，学生的合作性，每个学生通过和伙伴合作完成项目来提升自己，项目包括多种形式，例如，主题汇报、影视分析等；第五，沟通的情景性，全球理解课程以网络化和视频化的方式为沟通双方创设了一个“真实”的世界，使来自世界不同地区的大学生可以通过视频或文字性的表达方式进行交流，沟通情感，展现自我；第六，英语的通用性，只要是参与进网络连线的学生都是使用英语进行交流，英语是他们之间沟通交流的媒介，发挥着重要作用。

全球理解课程符合时代特征，顺应了全球化的时代发展趋势，人们对文化交流的自信心增强，不同国家的学生通过网络实时交流，了解不同国家的文化，这对于英语国家和非英语国家的学生学习都有很大的促进作用。这种教学方式的创新为不同国家的学生提供了简单易操作的交流方式，使学生身临其境地接触各种文化，沟通更加便捷，学习过程也愈发有趣。全球理解课程以信息网络技术发展为依托，互联网这种迅猛发展起来的信息技术是此课程得以顺利开展的重要保障。如今，当代年轻人学习和生活的各个方面都离不开信息网络技术，技术的蓬勃发展使相关设备的更新换代也越来越快，先进的设备方便了课程讨论，交流成本变低更是推动了学生的参与度。学生在学习英语的同时，还能和同龄人进行思想上的交流碰撞，了解他们的生活。不但提升了语言交际能力，还使眼界更为开阔。除此之外，全球理解课程实现快速扩展的重要原因还有学生可以从这门课程中获得学分，是课业能力的体现。

二、全球理解课程对英语教学的推动

（一）提高不同文化背景学生的交际能力

众所周知，英语这门语言在人们的日常生活中发挥着十分重要的作用，它是很多使用英语的人群日常沟通和交流的重要工具，同时人们通过英语这门语言来传播英语国家的文化、历史形态以及各种意识等。很明显，我国的各个高校积极地开展英语教学的主要目的在于提升学生的英语使用能力，使学生能够在日常的工作、生活以及学习中能够自如地应用英语来交流以及解决各种现实的问题，同时促进各个国家不同文化之间的传播和融合。对于世界各地的大学生而言，全球理解课程是一种十分新颖的教学形式，它的课程内容比较独特，它的教学方式也很与众不同，因而通过全球理解课程的学习能够较好地提升具有各种不同文化背景大学生的语言交际能力，能够为学生提供更多的语言使用机会。在全球理解课程的教学实践中，教师通常都会在课堂里面制定一个教学的主题，然后让每个学生都可以围绕这个主题开展学习活动，此时这些具有不同文化背景且来自世界各地的大学生就可以畅所欲言，表达自己的看法和思想，同时和其他人交流自己的思想等。需要强调的是，在这个教学过程中，教师依然发挥着重要的指导作用和调节作用。总而言之，大学生通过学习全球理解课程能够快速地提升自身的英语交际能力，丰富学生的文化素养。

（二）有助于学生英语文化图式的构建

人们在学习一门语言的过程中通常都会遇到很不同的学习障碍，如不同的语言使用者会采用不同的符号来表示相同的含义等。在这种学习障碍中，有一种因素的影响更为深刻，那就是每个学习者头脑中都确立并且稳定存在的文化图式。对于学习者而言，他们学习并掌握一门语言的标志就是她们在头脑中形成了这门语言的深层次的文化图式。对于英语教学而言，大学生学习并掌握英语这门语言的重要标志就是头脑中形成了英语的文化图式，只有这样，大学生才是真正地理解了英语及其背后的文化，才能够在实践中得心应手地应用英语。在具体的交际中，当交际双方来自不同的国家，他们通常会使用不同的语言，同时他们的语言文化也会存在较大的差异，他们头脑中也会形成不同的文化图式，这些差异都会严重地阻碍交际的顺利开展。因而通过开展全球理解课程的教学能够大幅度提升大学生的英语理解能力，使大学生能够积极主动地去构建英语文化图式，从而使具有不同文化背景的学生可以自如地交流和沟通。

（三）拓展了学生的国际视野

对于世界各地的大学生而言，学习全球理解课程能够不断拓宽大学生的国际视野，学生可以和不同文化背景的学生沟通和交流，从而了解他们的文化和习俗，丰富学生的文化视野。众所周知，在全世界的范围内英语都是一门十分重要的语言工具，世界上有很多人都在使用英语进行交流，可见英语这门语言的重要地位。大学生通过学习全球理解课程，他们使用英语与其他国家的大学生探讨教师布置的教学问题以及任务等，可以充分激发大学生的求知欲，使大学生迫切地想要学习和了解其他国家的文化以及历史等，从而不断拓宽大学生的国际文化视野，使大学生的眼界更加宽阔，这也能间接地增强大学生的英语表达能力，提升其英语的表达技巧。通常情况下，教师在全球理解课程中都会设置各种各样的话题，这些话题内容丰富，涉及很多学习领域，如有关教育的话题、有关音乐的话题等，大学生通过分析和探讨这些话题能够间接地了解其他国家的文化、教育等。

三、全球理解课程对中国高校英语教学的启发

目前，世界范围内出现的全球理解课程给我国各地的高校英语教学都带来了十分重要的启发，即我国各地的高校都要着力于提升高校英语教学的实用性以及目的性，从而充分体现出英语这门语言的工具性以及人文性，最终提升我国的高校英语教学实效，使每个大学毕业生都能够在工作中熟练地使用英语这门语言。

（一）在重视高校英语教学工具性的同时关注人文性

对于中国的大学生而言，他们通常在步入大学之前就已经学习了很多年的英语，而高校的英语教学则是其英语教育的提升阶段。很明显，大学生在大学英语教育之前学习的英语知识是高校英语教育的重要基础，高校的英语教育则具有更加明显的专业性、工具性以及应用性。由于大学生会面临着毕业就业的实际需求，因而高校的英语教学则会侧重于提升大学生的英语应用能力，从而为就业做充分准备。然而现实的情况是，高校不仅要重视提升高校英语教学的工具性，高校还应该提升英语教学的人文性，从而把英语教学的工具性和人文性摆在同等重要的位置，这样才能使高校培养出来的大学生具有较高的英语综合素质，才能够使高校培养的大学生满足社会的实际发展需求。实际上，我国高校的英语教学缺乏人文性主要体现在如下几个方面：第一，我国高校的英语教学十分重视吸收和借鉴其他国家的优秀文化的任务，却没有重视和推广中华民族的优秀传统文化；第二，我国高校的英语教学急于求成，忽视过程只追求教学的结果，从而轻视了教学的

人文性。目前，随着中国与世界其他各国之间的交往变得越来越密切，我国社会的发展需要更多具有较强跨文化交际能力的英语人才，因而高校在培养大学生的过程中也要注重提升大学生的英语人文性，从而为社会的发展和进步培养更多优异的人才。

（二）加强和改进交际性英语教学课程

众所周知，在我国高校的英语教学中，教师十分重视增强英语这门语言的工具性，培养大学生使用英语进行交际的能力，因而我国高校的英语教学也积累了很多丰富的教学经验。例如，在英语的教学中，由于教师受到结构主义学者思想的影响，我国很多高校的英语教师在教学实践中都十分重视英语语法教学和翻译教学，这也是很多教师多年教学经验的总结，值得高校继续推广和实施。此外，由于教师受到行为主义学者思想的影响，很多高校的英语教师在教学实践中注重加强学生的英语练习，他们坚信学生通过大量反复的练习活动可以更好地学习和掌握相应的英语知识和技巧等。又如，由于教师受到交际性等相关思想的影响，我国不少高校的英语教师在实际的英语教学中也开始强调提升学生的英语交际能力，使学生在英语学习中学会和团队合作以及实现高效交际，从而提升学生的英语综合实力。此外，学生在实践中运用英语进行沟通和交际时，不仅要充分理解交际对象每个英语单词的内涵，同时还要准确地分析交际者的语言风格，从而使交际更加顺利地开展和进行。21 世纪以来，英语的作用日渐凸显，因而我国的相关部门也采取了多样化的措施来改革高校的英语教学，如把多媒体技术应用到高校的英语教学中，利用计算机等先进的信息技术辅助教师的英语教学等。我国相关机构的这些大幅度改革措施都大大地提升了英语的交际性，有利于发挥英语的实效。然而目前我国面临的现实情况是，我国很多地区的高校都还是在英语教学中采用灌输式的教学方式，这十分不利于英语教学的开展。相反，全球理解课程是采用网络视频为主要教学方式的教学，它为世界各地具有不同文化背景的人都提供了一个交际平台，能够提升大学生的英语交际性，这也促使我国高校要在教学实践中不断增加交际性英语教学课程。

（三）充分发挥学生的主体作用和教师的主导作用

在实际的高校英语日常教学中，教师和学生应是一种平等的地位，英语教学不仅要强调教师的主导作用，更要强调学生的主体地位。也就是说，学生才是英语学习的主体，教师一定要充分认识到这一点，从而为学生的英语学习创设更好的条件。全球理解课程的开展和实施带给教师的启示还包括如下方面，即高校的英语教师在教学实践中要不断增强学生英语的交际性和实践性，这样学生在英语的学习活动中才会有更多的机会来使用英语，才会提升学生的英语学习兴趣，并最终提升学生的英语学习积极性，这对于学生的学习而言非常重要。此外，在上述学习过程中，教师依然发挥着十分重要的作用，教师要不断提升自身的教学能力以及组织协调能力，从而更好地帮助和指导学生。全球理解课程的实施还表明，在跨文化交际的教学实践中，教师为了实现一定的教学目标一定要科学合理地设计教学的各个环节，从而使每个教学的环节都有条不紊地开展和进行。

第六章　高校英语跨文化教学建议

第一节　针对培养目标的建议

2017年发布的《大学英语教学指南》（以下简称《指南》）指出："大学英语的教学目标是培养学生的英语应用能力，增强跨文化交际意识和交际能力，同时发展自主学习能力，提高综合文化素养，使他们在学习、生活、社会交往和未来工作中能够有效地使用英语，满足国家、社会、学校和个人发展的需要。"《指南》在引导高校推进改革、提高教学质量方面起着重要作用，它指出大学英语的发展目标为："在与来自不同文化的人交流时，能够处理好与对方在文化和价值观等方面的不同，并能够根据交际情景、交际场合和交际对象的不同，恰当地使用交际策略。"《指南》优化了大学英语课程结构，将大学英语课程分为了"通用英语""专门用途英语"和"跨文化交际"三类，强调培养学生的语言应用能力，让学生有能力实现国家战略需求，成为为国家改革开放和经济社会发展服务的人才。综上所述，我们可以看出跨文化交际能力培养是大学英语教学中必要且重要的一个环节，虽然大学英语的每类课程都有不同的性质和各自的侧重点，但都需要在教学中以不同的教学方式、从不同视角融合跨文化交际能力培养工作。

（一）明确母语文化和目的语文化的定位

借用梁启超先生划分中国史的方法来明确大学英语教学中母语文化的定位。梁启超先生的《中国史叙论》作为中国通史的纲领，将中国史划分为中国的中国、亚洲的中国和世界的中国三段。中国的文化之所以成为中华文化，是在中国的主要人口拥有了共同意识之后，秦汉四百年的熔铸将"中国之中国"定型；在东汉之后，外族入侵加上佛教传入，使得中国始终有外围的挑战，实际上已是"亚洲之中国"；"世界之中国"始于清乾隆末期或者还可以提前。许倬云先生指出，如果中国在“亚洲之中国”阶段就能发展出与其他文化共存的平等心态以及对其他文化的尊重与认识，则中国在进入“世界之中国”时不至于心理上毫无准备而一败涂地，今天的中国人已经认识到中国只是世界的一部分，中华文化只是在人类文明中占了一席而已。

大学英语教学的内容要以母语文化为基础，这是学生在跨文化交际中的立身之本，但在大学英语课堂中进行母语文化教学则超出了大学英语教学的要求，也不是大学英语教学单独可以完成的，因此，在大学英语教学中的母语文化以母语文化内容的英译即如何表述母语文化内容为主，同时进行母语文化与目的语文化的对比。

大学英语教学要涉及其他文化的内容，英语已经是一门公认的世界通用语，除了以英语为母语的国家之外，亚洲、大洋洲等很多国家和地区都已经将英语指定为官方、准官方或工作语言，在这种情况下，数百万学生学习英语，把它作为全球性的国际交流语言。就拿中国的亚洲邻居来说，印度、新加坡都通用英语，日本、韩国、马来西亚的英语普及率也很高。在全球化的今天，英语已不仅仅被用来与以英语为母语的人士交流，外国大学生也可能使用英语与来自其他国家的人士交流，因此，大学英语教学的内容在新形势下还必须扩展，但是限于大学英语的课时和课本容量，这一部分内容可以作为选修、泛读或课外阅读的内容。

大学英语教学中目的语的文化学习是重点，学习目的语文化是掌握目的语言所必需的，同时，学习目的语文化能让大学生正确意识到自己的文化身份，这也是大学生建立文化身份的途径。只有在深入了解目的语文化的基础上，学生才能更深刻地理解母语文化，才能理解中国历史和文化是整个世界历史和文化的一部分，才能理解自己不仅仅是中华文化的传承者，也是世界的一分子，是世界文明的延续者。

我们的学生不仅要知道孔子、孟子的智慧，也要了解柏拉图、孟德斯鸠的思想精髓；不光要知道中国几千年的史实，也要了解世界几千年的发展。这也正是外语教学的桥梁作用——不是让中华文化与西方文化对立起来，或者简单地以民族自豪感取代文化交流中自由和实事求是的态度，而是让学生明白母语文化和目的语文化不是分隔和对立的，要能从不同的历史和文化中吸收养分，让自己成为跨文化人。理解另一种文化会给予学生一个站立的位置，在那儿能更好地观察自己的文化。

（二）要让大学生达到和具备三个层次的程度和能力

第一层次：让大学生能自如地表述自我和母语文化，具备用英语表述母语文化的能力。对西方人来说，中国人和中国的文化都是“文化上的他者”，为避免西方将中国的民族文化和民族自我淹没在西方式的话语中，就必然要依靠中国人自己对自我文化的阐释和表述，用西方人能够理解的方式表述自我以及自己的母语文化。

第二层次：让大学生能够深刻理解目的语文化的深层内核，具备对目的语文化的理解能力。对大学生来说，目的语文化也是“文化上的他者”，如何避免语义化障碍是大学生学习的主要目的之一。就如中国香港电影导演吴宇森，他在好莱坞拍片时所表现出的对美国社会规则、话语体系、意识形态的理解不亚于美国本土的导演。吴宇森的电影从形式到内容都受到美国文化的认可，在好莱坞赢得了很高的声誉。大学生应该像他那样，做到能够理解目的语文化的深层内核。

第三层次：也是终极目标，即使大学生成为“跨文化”的人。因为大学生所具有的“他者”身份，让他们可以有意识地与目的语文化价值观保持距离，可以从“他者”的视角审视目的语文化，指出西方人习而不察的对“他者”的冷漠，不但可以令西方人反省自己的文化，也能为自己争取到“话语权”；同时，大学生的“他者”身份也为自己提供了一个认识自我的参照，从“他者”的角度看母语文化会让大学生进入反思“自我”的旅程，能重新认识一次习以为常的社会。“跨文化人”可以使大学生以他者的眼光观察母语文化和目的语文化的社会、历史、价值观等，“他者”的优势就是“旁观者清”，通过这样对文化的观察，大学生能学会反思两种文化模式，重新审视两种文化中的社会价值观，能够更深刻和批判性地认识自我，同时在这一过程中建立文化身份，弥合西方与东方、他者与自我。就如电影导演李安，他在《卧虎藏龙》中用西方人的视角表现中国的武侠和功夫，在《断背山》中又用“他者”的视角审视美国社会对“异类”或“异质文化”的漠视和排斥情况，促使美国人反思美国社会的问题，使美国人批判性地重新认识自我。《卧虎藏龙》为李安赢得奥斯卡最佳外语片奖，《断背山》为他赢得奥斯卡最佳导演奖，在主流西方流行文化中李安真正获得了话语权。大学生就应该能够从边缘的视角审视两种文化，从两种文化中吸收养分。

学习母语或母语文化并不仅仅是让大学生通过考试或者应付日常生活，而是要让他们能够拿起汉语或古汉语的书籍与自己的祖先对话，吸取先哲的智慧。学习英语不能仅为通过 TOEFL、IELTS、GRE 考试，而要让英语成为一座桥梁，使得学生拿起一本英文著作时，就可以与西方文明中的智者对话，进行思想的碰撞，进而通过从“他者”的角度看到母语文化的优势与劣势，从“他者”的角度审视目的语文化。大学生能够成为跨文化人，在两种文化之间搭起一座桥梁，使母语文化在面临西方文化的挑战时，不至于成为一个曾经辉煌但逐渐逝去的堡垒，而是在继承中、在两种文化的交流发展中重新焕发光彩。

第二节　针对教学方法的建议

一、增加通识教育内容

如果学生能够掌握系统的、有序的、完整的知识体系，就掌握了一个可以应用于所有科目的思想体系。外语教育是人文博雅教育的一个重要组成部分，源于古典教育的外语教育并非单纯的语言学习，其中还包括语言所承载的知识与文化，通过语言及其承载的文化，外语教育成为人文教育的核心。

通识教育与博雅教育密切关联，外国语言和文化一直是通识教育的重要组成部分。例如，美国高校的通识教育是其课程体系中最重要的组成部分，而外语教育又是通识教育的一个重要部分。哈佛大学的核心课程规定了 11 个领域，第一个领域就是外国文化，而外语学习是外国文化领域规定的重要课程之一。耶鲁大学的通识教育要求学生学习人文艺术学科、科学、社会科学三个领域的课程，在人文艺术领域，外国语言和文化课程是完成该领域学习的重要部分。外语学习通过理解、借鉴、包容他国的历史与文化价值从而与大学教育的重要性紧密相连，而这些文化价值又是人文博雅教育的核心价值。因而，外语学习和人文学科联系在一起，语言学习不但要具有交际的实际应用价值，更重要的是语言学习与文化鉴赏，与促进和提高分析思考能力、价值甄选能力紧密相连。正是在人文主义思想影响下，外国语言与文化已经成为通识教育的一部分。

二、增加母语文化内容

在大学英语教学中，我们应注意中华文化的表述，帮助学生树立平等的跨文化交际意识。在制定教学大纲时，宏观上的政策要将中华文化提升到与西方文化同等的地位，作为英语教学的一个部分纳入教学计划。在教材的编写中，应该将中华文化内容分层次、系统地纳入大学英语教材。学生通过对母语文化的学习，可以树立民族文化自信心，提升民族自豪感，在跨文化交际中树立平等的交际意识，培养输出中华文化的意识，保证文化的双向传输。而跨文化交际中表达的是双向的交际行为，绝不仅局限于对目的语文化的理解，还包括与对方的文化共享和对对方的文化影响，因此，增加教材中关于中华文化内容是我国大学英语教学需要解决的问题。鉴于中华文化博大精深，不可能面面俱到，因此应选择一些经典的、具有代表性的文章编入英语教材。同时，方式应该多样化，可以把中华文化内容作为课文讲授，也可以作为课外阅读材料，或是作为口语、听力的练习内容，让英语教材发挥培养学生人文素质、弘扬民族文化、提高学生语言能力的作用。

英语教学中也要融入中华文化。英语教学过分强调学生听、说、读、写能力的提高使英语课变成了单纯的语言技能训练课，这已经不能满足提高学生跨文化交际能力的要求。所以，在教学中应改变单一的语言技能训练教学模式，实现真正的文化教学。教师还应该在不同的学习阶段，帮助学生掌握中华文化的英语表达方法，调动学生积极性，让英语学习者学会用英语向其他国家的人讲述中华文化，让世界了解中国。目前大学英语教师对跨文化交际的认识存在一定的误区，其跨文化交际策略、经验及应变能力都有待提高，大学英语教师应有较深的文化功底，还要有较丰富的西方文化知识，兼具母语文化修养。但是，教师自身的对中华文化的英语表达能力尚欠缺，而这些都会影响到教师的课堂教学。要想在英语教学中融入中华文化，就需要提高教师素质，除了具备语言能力外，还必须具备良好的文化修养，这样才能胜任教学，并实现教学目标。因此，要真正实现在大学英语课堂中对中华文化的传承，英语教师就要加强自身的学习，提高自己的综合素质，担负起在英语教学中融入中华文化的任务。大学英语教育应该在教学中渗透中华文化，让学生在跨文化交际中保持自身的文化身份，实现有效的跨文化交际。

第三节　针对教学测试与评价的建议

目前，在我国大学英语教学中最常见的方法还是语法—翻译法，其逻辑基础在于认为世界上所有的语言都起源于一种语言，各种语言的语法是共通的，词汇的意义也相似，语言之间的区别仅仅在于单词的发音和拼写不同。所以，教授外语就是进行两种语言的互译，词汇和语法的互相替换。语法—翻译法在学完字母、拼写之后，就会教学生系统学习语法、记忆词汇、阅读，其中语法教学始终占有重要地位，因为语法是翻译和阅读的基础。

大学英语教学使用较多的是听说法，其逻辑基础是结构主义语言学，认为语言是说的话而不是写出来的文字，是一套形成的习惯，所以需要大量的刺激和操练，语言教学不是教语言的知识，因此听说法以听说为主，需反复操练，以形成习惯。

在国内影响较大的教学法是交际法，其强调培养学生的交际能力，将语法项目按照功能和意义进行整理，语法服从语言功能。交际法以学生为主，让学生接触地道的语言而不是紧紧围绕语法知识。但是语言的功能项目很难理清，语法、功能、意义很难融为一体，再者，中国教师自己的交际能力尚存在问题，所以影响了这种方法的功效。

王晓玲、曹佳学对大学英语课堂教学效果进行了系统调查，他们选择了河北联合大学 15 名大学英语教师作为课堂调查对象。15 名教师中老、中、青各 5 名，他们的教学年限从 2~20 年不等。根据教学计划，课题组对每位被选教师分别听课 4 个学时，15 名教师共听课 60 学时。主要了解教师在课堂的教学情况和学生在课堂的表现，其中包括教师的教学方法、教学内容、教学态度、课堂活动组织、师生互动以及学生小组活动形式、学生在课堂的学习积极性、课堂反应等。总结和分析两个月的课堂调查，课题组认为，教师的教学观念、教学内容和方法、学生课堂参与度和注意力、课堂互动与语言环境、学生学习积极性与教学效果五个方面是影响大学英语教学效果的主要因素。

1. 教师的教学观念

尽管“以学生为中心”的教学理念已经被越来越多的教师所接受，但真正实践起来还是有很大差距的。我们发现，几乎所有教师都是按照事先准备好的教案进行教学的。讲课中，有的教师准备的教学内容明显偏难，超出了学生的知识范围；有的又太容易，根本没必要讲。但很少有教师会根据教学对象调整教学内容，其结果是，一个教师的教学内容太难，让学生云里雾里；另一个教师的教学内容太简单，让学生无所事事。从这两种情况可以看出教师们不习惯从学生学习角度考虑如何设计教学内容和方法。教师备课时大多备的是教材，而不是备学生，其所反映出的教学观念是，教师教什么，学生就学什么，教师很少考虑学生需求，因此，学生课上学习积极性不够高。有学者认为，根据学生的需要和愿望组织教学才能激发学生内在学习动力，而提高内在动力是保障学习效果的最佳方法。

2. 教学内容与方法

如上所述，很多教师备课时主要是备教材，很少会考虑学生的需求，因此，上课时他们都是在教教材，而不是用教材教。二者的区别是前者是根据教材组织教学，考虑的重点是教材中有什么背景知识要介绍，有什么语言点、生词、课文难点要讲解；后者是利用教材开展教学活动，考虑的重点是学生可以从教材中学到什么。可以看出，很多教师备课时做了精心准备，从背景知识、生词、语言点到文章结构面面俱到，教学态度更是认真，娓娓道来，一堂课下来似乎讲了很多内容，但仔细想想其实好像什么印象都没有留下。

3. 学生课堂参与度和注意力

参与度和注意力是相辅相成的。课堂上如果学生只是旁观者，注意力很难保持一堂课的时间。只有学生主动参与课堂活动，注意力才能被吸引，进而提高教学效果。从课堂上看，学生参与度不够高，尽管有的教师尝试调动学生参与，但经常只是少数学生发言，多数学生保持沉默。分析原因，我们发现如下问题：

（1）任务不够明确：有的教师布置活动时没有说清楚到底让学生干什么。听课时我们不止一次地感到困惑，不知道教师的具体要求是什么。学生不知道教师让他干什么，当然就没办法参与活动。

（2）任务不够合理：有的教师不预先布置任务，等到学生完成听力和阅读后直接提问或讨论，造成学生没有思想准备，无法参与活动。这种无目的的听力和阅读不仅让学生无所适从，不知道要听什么、读什么，也不符合语言学习规律。现实生活中人们的阅读和听力一般都是有目的的。

（3）任务意义缺乏解释：几乎所有教师都是只布置任务，不解释为什么，其结果是有的学生不理解任务的意义，有的甚至认为任务没意义而不愿参与教师布置的任务。

（4）提名发言不够：由于班级人数较多，有些教师不知道学生的姓名，所以大多数情况下教师提问时都是学生自愿回答，那些不习惯主动发言的学生不但没有机会，而且会感到被忽视。有些学生一旦意识到教师不会提问他们，就不再准备回答教师的问题了，也就不再跟着教师的思路学习了。

4. 课堂互动与语言环境

多媒体设备的使用和教师的英语授课，使学生在课堂上始终处于目的语语境中，但这些还显得不够，因为真实语言环境需要互动，需要信息交流，需要用语言做事，而在大学课堂上，信息主要是从教师流向学生。有的教师从头到尾滔滔不绝，除了要求学生随声附和一两个词外，几乎没有给学生在课堂上进行交流的机会。很多教师虽然提问，但也只是流于形式，不等学生回答就将答案告诉学生了，根本没准备跟学生交流。但是没有语言互动和信息交流，学生就难以进入真实的语言环境。更重要的是，没有跟学生的交流，教师就不知道学生在课堂上获得了什么，也就难以知道实际的教学效果。尽管授课班级学生较多，教师难以给每一个学生在课堂上发言的机会，但可以看出，我们的大学英语课堂教学还是以教师讲授为主的语言输入型，学生的语言输出明显不足，这是影响交际能力培养、影响教学效果的主要问题。

5. 学生学习积极性与教学效果

学生学习积极性直接影响课堂教学效果。因此，在课堂上，许多教师为了提高学生的积极性，在刚开始上课的预热（warm-up）和导入（lead-in）阶段，通过听歌曲、看录像、讲故事、介绍背景知识、开展讨论等形式吸引学生的注意力。从整体上来讲，这一阶段是课堂气氛最活跃、学生参与度最高、趣味性最强的教学环节。因此，许多教师都是尽量利用这一阶段开展各类活动，制造课堂闪光点，甚至有的教师把这一阶段的活动安排得过多，以致没有时间完成教学计划。但是，一旦进入课文学习阶段，课堂气氛就急转直下。单调的课文讲解和阅读理解活动使教学的趣味性大打折扣；对于快读、略读、提问、填空、做选择题、找主题句等教学活动，学生早已司空见惯。随着趣味性的下降，学生注意力就开始分散。我们注意到，在课文学习阶段很少有学生记笔记，很多学生目光游离于课本之外，有的看手机，有的交头接耳，有的显得无所事事。进入课文学习之前，课堂趣味性比较强，学生注意力比较集中；一旦开始学习课文，课堂就显得枯燥乏味，学生就开始目光游离。因此，要提高大学英语教学效果，就需要改进课文学习阶段的教学方法。

自有外语教学开始，我们就一直在不断探寻最好的教学方法，但没有一种方法是放之四海而皆准的。学习者本身的因素，如年龄、性别、动机、态度、智力、认知方式、家庭影响、天赋、兴趣、性格、学习方法等都影响着学习者的学习成效。我国在大学英语教学中更多地关注教师如何教，而忽视了学生在母语和第二语言习得中的差异。大学生已经是成年人，学习的环境和方式完全不同，学习的目的和过程也不同，大学英语教学要顺应学生的成长和心理过程的变化，重视学生的个体因素。

大学英语教学在面对各种教学法流派以及针对不同研究对象和视角的研究理论时，需要保持清醒的头脑，博采众长，因为不存在一种万能的或最好的教学方法，在教学中要根据实际情况，灵活、适当地加以实践。正如托克维尔所说：“我们把视线转向美国，并不是为了亦步亦趋地效仿它所建立的制度，而是为了更好地学习适用于我们的东西；更不是为了照搬它的教育之类的制度，我们要引以为鉴的是其法则，而非其法治的细节。”我们可以借鉴和学习欧美的理论与流派，但由于文化背景和社会历史的差异原因，其对我国大学英语教学的指导作用和影响力还需要本土化的实践和研究，不能将其直接运用于我国的大学英语教学中。

（1）计算机辅助外语教学

计算机辅助语言教学简称 CALL（Computer Assisted Language Learning），是计算机按人们事先安排的语言教学计划和内容进行课堂教学和辅助课外练习。随着数字技术的发展和计算机应用的普遍化，以及外语教学中更强调交际能力和文化基础，计算机被广泛用于语言教学，成为合适的培训工具。学习软件、网络互动平台都给学生提供了方便、快捷的学习方式，学生可以在任何适宜的时间、地点进行学习，学生自己确定课程进度，且面对计算机没有心理压力或“丢面子”的问题。计算机辅助教学有助于学生进行个性化学习，也有助于大学英语教师保存每个学生的学习记录和教学资料。

（2）个性化学习

个性化学习源于人本主义的教育观，其满足学生对课程自我掌控的要求，学生选择个性化的学习方案，使用规定的或自学的材料，自己设定学习进度。个性化学习尊重学生的个性，教师根据学生的兴趣、特长、需求进行调整，让学生处于一种自主性的学习状况。个性化学习使得教师从教授者和权威转变成学生的合作者，甚至是学习者，学生不再是被动的听讲人而是主动的合作者，这有利于促进学生形成终身学习习惯。

（3）以目标为指导的外语教学

教师和学生建立平等的伙伴关系，应共同努力达到一定的外语教学要求。目标具有激励作用，可以将人的需要转换为动机，并将学习结果与目标进行对照，并及时调整，直至达成目标。

（4）自主学习

自主学习是较为新兴的语言学习方式，是与传统的被动接受性学习相对应的学习方式。自主学习利用已经开发好的语言学习材料，让学生自己进行自主学习，并配备语言导师进行相关语言的实际操练，在学习完成后，进行测试和评估。自主学习将学生作为学习的主体，通过学生独立的观察、分析、实践来达到学习目标，培养学生自己收集和处理信息的能力、分析和解决问题的能力，以及交际和合作的能力。自主学习能有效利用教师资源，降低高校开设语言课程的成本。

5. 词汇附带习得法

曹佳学、宋娇通过实验对比三种不同注释方式对词汇附带习得的影响，探索词汇学习与记忆的关系。有研究结果表明，在即时测试中，给出两个英文意思选择其一的注释方式，其词汇附带习得效果明显好于给出其他两种注释方式。在延时测试中，三种注释方式无显著性差异，但给出两个英文注释选择其一这种方式的学生成绩最稳定，其次是给出一个中文意思。本实验结果表明，大多数现有教材所采用的传统生词表注释形式并不利于学生的词汇附带习得。

6. 海外学习

有条件和获得经济资助的学生可以到目的语国家进行语言和文化的学习或考察。

第四节　针对教师与学生的建议

在 21 世纪，学习外语越来越重要。语言学习的好处在于能够提高学习者对语言的理解力，从而有助于学习者能够更加严密和细致地使用自己的语言，理解所阅读的外语文本，理解跨文化交际的障碍。在耶鲁大学，无论学生入学时的外语考试水平如何，都必须学习外语，因为耶鲁大学认为外语技能和数学以及定量的分析技能是通向未来学习和生活的钥匙。外语已成为现代人必备的素质之一，在这样一个多元化的时代，跨文化交际能力是跨文化人必备的素质，因此必然要对外语教育提出更高的要求。外语教师作为教学活动的实施者、组织者和管理者，必然面临更大的挑战和压力，外语学院面对各个不同语种专业的学生，教师主要进行语言和文学研究，为适应外语教育的发展，外语教师必须接受更严格的培训。

针对大学英语教师的师资培训必须突出语言的文化内涵的重要性，外语教师在学习语言的同时必须学习文化知识，在教授语言的过程中必须涉及文化。针对大学英语教师的培训应包含世界政治、经济、文化等内容。

外语的重要性，以及学生、社会对大学英语教学的更高要求，促使大学英语教师要接受更高难度和更深层次的培训，同时需要教师具备广博的知识和良好的文化素养。但是大学英语教师在繁重的教学工作之外很难抽出大量的时间进行长期系统的培训，对于主要毕业于外语专业的大学英语教师进行跨学科的培训，也不是短期可以见效的。那么如何保证大学英语的教学质量呢？答案是进行大学英语师资的整合。

美国的大学基于其自身的文化传统和社会现实，选择在外语院系之外成立语言中心，如哈佛大学、耶鲁大学都设立了专门的语言学习中心，为学生的外语学习和教师的发展提供支持，确保大学生在校期间的外语学习质量，帮助学生达到通识教育的外语技能要求。我国大学在借鉴其经验时，尚需进行本土化的实验。

比如，国际文化及服务组为拓展师生国际视野，以文化交流为目的，外籍师生服务为主轴，经常举办与世界文化对话的活动，通过讲演、留学宣传、文化交流周等活动，为师生提供更多的国际文化交流的机会。

大学英语教师是大学英语教学能否走出困境的关键之一，进行大学英语教师培训，以及大学英语师资和其他相关学科师资的整合是比较好的解决问题的方式。

一、跨文化外语教学对教师的要求

跨文化外语教学的目标是在提高学习者外语交际能力的同时，培养他们的跨文化意识和跨文化交际能力，进而培养他们多视角、立体的思维能力和综合素质；其基本特点是充分挖掘外语教学的文化教学功能，将外语教学与文化教学有机结合、融为一体。显然，这样扩大了的教学目标和教学内容，对教师提出了新的要求和挑战。一般来说，外语教师除了要具备良好的外语语言功底之外，还应该掌握三个方面的知识和能力：外语学习理论、外语教学法、课堂教学实践。

外语学习理论是关于外语学习的本质、过程和规律，是指导教师进行教学的理论基础。外语教学法知识可以帮助教师理解教学目的和内容，了解各种教学方法的优劣，是学习理论和课堂实践之间的桥梁。课堂教学实践则对教师具体教学活动安排和实际课堂组织能力等方面提出了要求。

跨文化外语教学增加了文化教学层面，强调跨文化意识和跨文化交际能力培养，所以以上对外语教师的要求显然不够。那么，除了这些条件之外，跨文化外语教学还要求教师具备哪些素质呢？下面将从知识、能力和态度三个方面来回答这个问题。

从知识层面来说，教师应该掌握普遍文化知识，即文化的基本概念、构成、特点及其对社会和个人的作用。也就是说，教师应掌握一定的具体文化知识，即了解目的语文化、本族文化和其他文化群体的特点和彼此之间的异同；理解语言与文化和社会之间的相互作用，特别是目的语言在不同社会文化背景中的使用情况；理解跨文化交际能力的概念和意义，了解导致跨文化交际困难和失败的关键因素。

就能力而言，外语教师应该能够在课堂和课外其他跨文化交际场合，用目的语言进行恰当有效的交际；合理利用教材和其他真实的语言文化材料，引导学生关注文化内容，引发他们对文化问题进行思考；善于设计和组织课堂活动，让学生将自己的文化体验与教学内容结合起来，创造更多的体验式学习机会，采用多种不同的文化教学方法和手段，全面、深入地传授文化知识，培养跨文化交际能力；将外语教学与文化教学有机结合，通过教学材料的选用、教学活动的设计有意识地引导学习者既注意语言能力的提高，又关注跨文化交际能力的培养；以培养能力为主，引导学习者自己去摸索学习方法，掌握独立学习的能力，促进学习者自主学习。

从态度层面来说，外语教师应该具备这样的素质：敢于面对挑战，尝试新的教学思路和方法；愿意像学生一样，不断学习和探索外国文化，反思本族文化和自己的文化参考框架及言行；愿意与学生分享自己的学习体验和跨文化交际体验，即便是失败的经历；尊重学生，对不同文化行为和思想不妄加评判，永远保持一种宽容、理解的态度。

二、文化教学培训

培养一名合格的外语教师并非易事，他（她）不仅需要具备良好的语言功底和交际能力，还要懂得教学规律和学习者的认知心理、情感特征，而且最好具有丰富的教学经验。这一切不可能在短短的几天、几周或几个月内完成。实际上，对一名教师的培养从他（她）学习外语的第一天就开始了，经过学校教育的不同阶段，一直持续到他（她）走上讲台前的业务培训，甚至还延续到上岗后的教学和各种在岗培训。就基础教育对教师培养的作用来说，我们稍加反思就会意识到我们目前采用的教学模式和方法或多或少都受到了以前我们自己的英语教师的影响。中国外语教学之所以长期以来一直无法摆脱以语法和词汇为中心的传统教学方法，在一定程度上是因为这种方法代代相传，从一开始就根深蒂固地根植于教师和学习者的脑海里。由此看来，基础教育是培养合格教师的关键，我们必须从现在开始让学生接触新的教学思想和教学方法，同时鼓励他们不断创新，只有这样最终才能改变这种状况，为他们日后成为教师后能接受新观念、探索新方法打好基础。

（一）培训目的和内容

培训可分为岗前培训和在岗培训、教学方法培训和教材使用培训、短期培训和长期培训等多种不同类型和不同内容的培训，我们不能指望教师经过某一次培训就能完全掌握相关教学要领，所以对教师的培训应该定期、有系统地进行。培训不是针对某一具体的教学环境和教师群体，而是以文化教学为主要考虑因素。

1. 文化意识和文化教学意识的培训

文化教学培训的一个根本特点就是“使隐含的东西明确化”。这就是说，文化、文化差异以及外语教学的文化教学潜力都已经客观存在，最重要的是让教师意识到它们的存在和作用，即要提高教师的文化敏感性和文化教学的意识。在提高其敏感性和意识的基础上，教师的文化知识水平和文化教学能力才会有显著的提高。

2. 文化知识的培训

就文化概念和知识的学习而言，文化人类学提供了最为全面、科学的阐述，理应成为外语教师培训的一门必修课。文化人类学是一门历史悠久、理论基础雄厚的社会科学，无论是在文化理论研究上，还是在具体文化的描述上，或是在文化研究的方法上都已形成了较为完善的体系，是外语教师获取相关文化知识的可靠来源。当然，外语教师学习文化人类学并不是为了成为人类学家，因此没有必要穷尽其所有的内容，他们只需利用文化人类学的部分研究成果，以获得对文化相关概念更清楚的理解，对相关文化群体更全面、深入的了解，同时借鉴其中的一些文化研究和探索的方法即可。对文化人类学研究成果的选用应该由来自不同领域的专家（外语教学研究者、文化学家、跨文化交际研究者、教师培训专家等）合作完成，综合各方的意见，选择那些教师需要掌握的理论和信息作为培训的内容。

除了文化人类学可以成为教师文化知识培训的主要科目之外，社会学和跨文化交际学的研究成果同样是教师培训应该关注的内容。语言、文化、社会和交际之间复杂的关系，在这两门学科中也得到了更清晰的描述。对于师范院校来说，如果能在高年级开设专门的文化学、社会学和跨文化交际学课程是最为理想的。而对大量从非师范院校毕业却选择成为外语教师的准教师而言，花费很多时间专门学习这些科目的内容显然不现实，因此只能依靠教师培训工作者精心挑选和准备培训内容，以系列讲座的形式传授给受训教师。

3. 文化能力的培训

相对而言，文化能力的培训比文化意识和文化知识的培训更为复杂和困难，因为它不仅涉及教师的认知心理，还与他们的情感和行为有关。这里所说的文化能力包括教师的跨文化交际能力和文化学习探索能力。

跨文化交际能力的培训可以从文化冲突开始，目的是让受训者通过经受心理和情感上的震荡，对跨文化交际中存在的文化冲突有一个强烈的感性认识，培训者趁机向受训教师介绍跨文化交际中的困难，然后自然过渡到对如何克服这些困难的探讨。教师培训者一方面可以通过讲座或让受训者阅读相关文献等方法来帮助他们了解跨文化交际的本质和文化冲撞产生的根源及其特点和过程，使他们从理性上认识积极调整心态、不用自己的文化框架判断他人、努力适应对方交际方式的重要性；另一方面还可以通过看视频、观察和分析成功与失败的跨文化交际案例，来吸取好的经验，防范出现交际误区。此外，培训者还可以给受训教师布置跨文化交际实践的任务，如到外企见习、到外国人家做客，通过观察、访谈和体验来增强其对跨文化交际的认识，提高跨文化交际能力。培训者还可以让所有受训者一起分享各自的跨文化交际经历和体会。值得注意的是，在整个培训过程中，培训者应该反复强调反思的重要性，受训者正是通过不断学习、不断体会、不断反思才能有效地增强自己的跨文化意识和跨文化交际能力。

文化学习和探索能力培养是本着授之以渔的目的，帮助受训教师掌握一套文化学习方法，使他们能够对遇到的新的文化现象和文化群体进行探索研究，这种能力也是这些受训教师今后对学生进行文化教学的目标之一。首先，文化学习和探索能力建立在敏感、勇敢、宽容等情感态度和善于移情的基础上。缺乏敏感性，对任何文化现象都熟视无睹，想当然地认为人皆相同，这些都是文化学习遇到的障碍。其次，面对陌生的文化环境，很多人选择逃避和退缩，而善于学习和探索的人则会勇敢地尝试和体验，积极参加各种有利于自己了解该文化群体的活动。与不同文化背景的人相处，宽容和文化移情能力是不可或缺的素质，具备了这两种素质就能避免误解和冲突的发生，文化学习和探索才可能顺利完成。

作为一种文化学习和探索的方法，参与观察法可以被用来对任何一个文化群体进行深入的文化调查。理想的条件是离开自己熟悉的文化环境，再去融入一个陌生的文化环境中，对该文化群体的某些文化侧面进行探索和学习，并通过与该群体的人进行交流，获取跨文化交际的经验，摸索跨文化交际的规律，从而提高跨文化交际能力。对于中国外语教师和学习者而言，这样理想的环境也许不存在，但是教师培训者可以利用国内现有的外国文化群体或不同的亚文化群体的资源，对受训教师进行参与观察文化研究方法的训练和实践。虽然环境有所不同，但是原理和技巧基本相同。

在教师培训中，培训者应首先向受训教师介绍参与观察的文化研究方法，通过各种手段帮助受训教师弄清这种文化探索学习方法的宗旨、特点和注意事项。然后由受训教师自行设计和完成至少一次文化探索任务，并在这一过程中记录自己的学习体会以督促自己反思学习体验，同时也为以后与其他同事分享经验和感受提供资料。一次这样的学习任务应该以一篇全面、透彻的调查报告来结束，报告内容包括本次调查研究项目的目的、方法、结果以及经验总结，其中占很大篇幅的应该是对调查对象某些文化现象的详尽描述。

接受过以上培训的教师应该在个人素质上为文化教学做好了准备。另外，他们还需要接受一定的文化教学培训才能胜任跨文化外语教学工作。文化教学培训同其他教学培训一样，主要是从大纲、教材和教学方法三个方面着手。大纲培训是帮助教师理解教学目标、教学内容和教学评估标准等进行的培训，是教师准备教案、设计教学活动的基础。教材培训是针对某一特定教材，就教材使用的方法进行的培训。教学方法培训最为普遍，文化教学的方法很多，每一种方法都有其优点和缺点，每一种方法也都有其独特的技巧，这些都是教师培训的必要内容。

（二）反思教学和课堂教学研究

近年来，反思教学和课堂教学研究成为外语教学和教师培训研究文献中出现频率较高的术语，它们作为教师培训和教师自我发展的方法已经受到越来越多教学研究者和教师的重视。对于跨文化外语教学来说，课堂教学研究的作用更是不可低估。

课堂教学研究是一种促进教师教学水平提高和教学效果改善的方法。教师针对自己在教学中遇到的问题，利用自己所掌握的教学理论知识，根据自己的经验，通过自己的努力，去寻找解决问题的方法，在此过程中记录自己的体验，反思自己的态度和做法，并与其他同行进行交流。根据研究，课堂教学研究有五大特点：它解决的是研究者及圈内人士切实关心的问题；它要求系统地收集资料，反思实践；它通常是以本校、本地的教学为研究对象，规模较小，重点观察教学方法变化所带来的结果的变化；它常采用定性分析法，对教学事件和过程进行描述；它的研究成果包括对问题的解决以及教师个人业务水平和当地教育实践与理论水平的提高。

这样的教学研究与教师的教学实践联系相对紧密，因而具有很大的实用价值。对于接受岗前培训的教师来说，进行课堂教学研究培训有利于他们培养反思教学和课堂教学研究的意识，掌握反思教学和课堂教学研究的方法，从而使他们获取一套不断提高业务水平的、灵活高效的方法，增强他们对今后教学工作的信心。一旦正式走上讲台，在学校及教育管理者的支持和帮助下，他们就可以充分利用反思教学和课堂教学研究来提高自己教学的效果，同时也能促进其所在区域整体教学水平的提高。所以，课堂教学研究应该成为教师培训的一项重要内容。

三、学习者自主学习能力的培养

当前，外语教师培训的另一热门话题是教师如何培养学习者自主学习能力。所谓自主学习，简单地说，就是指学习者控制和管理自己学习的能力，它是一个复杂的概念，包含多个层次，在不同的社会文化和教育环境中呈现不同的形式。

（一）自主学习的背景、含义和意义

1. 自主学习研究的背景

自主学习的思想早在18世纪就已萌芽，法国哲学家卢梭的“自然教育”理论强调了学习者对自己学习负责的重要性，实际上就等于提出了自主学习的思想。卢梭认为，自主学习的能力是人天生就有的，但是这种天赋受到了后天学校教育的压制。这一思想对后来的很多教育学家产生了一定的影响，成为解放学习者、将他们重新送回到教学主体位置的现代教学思想的动因之一。

2. 自主学习的含义

自主学习就是控制和管理自己学习的能力，也就是对与学习各个方面相关的决定负责，它包括目的的确定、内容和进度的确定、方法和手段的选择、学习过程的监控以及学习的评价等。

从本质上来说，自主学习是一种独立学习、批评反思和自我决策的能力。它要求学习者发展一种与学习过程和内容相关的、特殊的心理，这种独立的能力表现在学习者的学习方式上，或表现在他（她）将所学东西迁移到更加广阔的领域的方式上。

3. 培养自主学习能力的意义

学习者自主学习能力的培养成为外语教学的中心议题是与跨文化交际日益频繁、知识和信息日新月异、经济和教育全球化不断深入的当今世界形势分不开的，面对这样的形势，培养跨文化交际能力、独立学习能力，树立终身学习的理念成为教育的首要任务之一。外语教学作为跨文化交际能力培养的重要阵地，理所当然也应该承担起这一重任。

（二）教师和学生的角色

自主学习不是一种新的学习方法，也不是一种新的教学方法，它是对学习和

教学本质的新认识。学习不再是简单的听讲、记笔记、做作业、复习、预习、考试等；教学也不再是单纯的传道、授业、解惑。学习者的被动地位得以打破，以学生为中心、以学习为中心、以任务为中心的教学思想取代了以教师为中心、以教学为中心、以教材为中心的教学思想。那么，这种转变是否意味着教师的教学变得轻松，而学生将面临巨大的学习压力呢？对这个问题的最好回答就是分析教师和学生在这种教学模式下的作用和他们之间的关系。

1. 教师的角色

自主学习要求学生除了参与确定学习目标、学习内容、学习进度、学习方法、学习评价指标之外，还要对自己作为一个学习者的感受和经历进行反思和理解，自主关注学习过程，摸索学习方法。只有具有自主学习意识和能力的教师，才能培养出能够进行自主学习的学生。教师在教学中如果能表现出自信和博学的优点，自然就会感染学生，将这种独立意识和自信传给学生。有意识、有计划地进行自主学习能力培养是教师的主要任务之一，在这种教学思想的指导下，教师扮演的角色应该是合作者、顾问、协调者和对话者。

2. 学生的角色

就学生而言，自主学习使他们从对教师和教材的依赖中解放出来，成为自己学习的主人。这种从被动到主动地位的变化要求学习者在教师的引导下能够制订学习计划，监控学习过程，反思并端正好自己的学习态度，修正自己的学习方法，评价学习结果。自主学习要求学习者具有较强的学习意识，重视学习目标实现的过程和方法，通过这样的意识和对学习过程的关注，学习者增强了对学习、学习者和学习过程的理解，掌握了学习的规律和方法，从而提高了自己独立学习的能力，为自己承担起学习的责任做好准备。

第七章　跨文化交际背景下的英语人才培养

第一节　英语教学中学生跨文化交际意识的培养

语言和文化密不可分，英语学习必然要涉及对英语国家文化的渗透。要让学生学到地道的英语，文化意识的渗透很重要。教师在教学活动中要通过显性的教学活动和隐性的潜移默化，培养学生的跨文化意识，提高学生的跨文化交际意识。本书将对英语教学中培养学生跨文化交际意识的方法进行研究，旨在为英语教学提供借鉴。

一、联系实际，创设交际情境

英语教学的根本目的是提高学生运用英语进行交际沟通的能力，因此，创设生活中的交际情境，可以激发学生运用英语的积极性，提高学生跨文化交际能力。在英语教学过程中，教师可引导并鼓励学生进行情境表演，从而提高学生的交际能力。教师在课堂上还可以利用现代化的教学手段，活跃课堂教学气氛，提高学生英语学习兴趣，让学生在相应的场景下学会更好地使用英语进行交流，提高学生应用英语的能力。在教授教材内容时，教师可以结合生活创设交际情境，让学生应用英语进行交流，从而加深学生对英语知识的理解。教师还要让学生在真实情景中感受西方文化，提高学生跨文化交际的意识。例如，在教授关于“Shopping”的内容时，教师在讲解相关内容之前，可以先为学生做示范，然后模拟购物的情境，让学生分别扮演其中不同的角色，将学习到的内容表达出来。学生可按照购买水果时的情境进行交际，还可以自行编排对话，使交流活动更加丰富多彩。教师可以扮演服务人员，通过与学生的对话，让学生更加清楚地了解西方文化背景下提供服务的方式，比如通常说“Can I help you？”另外，教师还可以创设外国人过生日时的情境，让学生对外国人送礼物和拆礼物时的习惯进行了解，让学生在交流的过程中更好地了解西方文化。比如，送礼物时需要说："Please open and look." 收到礼物的学生需要拆开礼物，并且及时回复："Oh，how nice." 学生了解了西方这一习俗，在以后的交流过程中就可以更加自然、得体，防止出现错误。

二、增加阅读量，培养学生英语意识

英语学习仅靠课本内容是不够的，英语教师可以选择一些课外阅读材料并推荐给学生，组织学生在课堂上进行阅读，也可以让学生自己在课下进行阅读。这样，能更加有效地培养学生的跨文化交际意识。教师还可以为学生推荐一些简单而又具有代表性的书籍，让学生进行阅读。学生在不断地阅读中，会对西方国家的生活习惯、家庭状况、教育方式以及生活情况等有更加充分的了解。教师还可以组织学生在课堂上进行交流，强化学生对文化知识的理解。教师要对书籍中出现的东西方文化差异进行讲解，特别要注意哪些知识是学生容易出现错误的，哪些问题是学生应该重视的。教师可以引导学生对比东西方文化内容，帮助学生更好地进行区分。比如，在中国，当人们受到别人称赞的时候，一般都会表现得比较害羞，不太好意思接受，总是很谦虚，但内心比较高兴；在西方，人们一般都会直接接受别人的称赞，并且会对别人进行感谢。通过比较，学生可以更加清楚地了解东西方文化的差异。如"boss"这个单词，西方通常是指自己的上司，而在中国却用来表示自己的老板。东西方的语言表达也有差异，中国语言中的"那个穿绿色衣服的男孩是小华"，如果翻译成英语就是"That boy in blue is Xiao Hua"。

三、重视词语教学，引导学生应用

词语是英语学习中的重要内容，也是基础内容，其性质和汉语中的词语相同。教师在培养学生跨文化意识时，必须要重视词语教学，注重对词语的应用研究，让学生在不同的语境下可以正确使用词语。应用英语词语组成句子时，需要注意对语境、搭配、近义词以及反义词等的应用。不同的句子含义使用不同的词语，但是相同的词语可以在多种情况下使用。特别是一些英语词语和汉语中的意思十分接近，学生如果不能准确进行区分，那么在应用时就会出现错误。因此，教师应该将词语使用时的差异进行详细的讲解，以避免学生在使用时出现错误。英语的词语搭配就是一个重点，而一个单词具有不同的意思也增加了搭配的难度。比如"man"这个词语可以用来指男人，也可以指人类，比如"postman、 policeman”等。还有“many、much、lots of”这些近义词，都需要教师进行细致讲解，并引导学生加以区分。

随着国际化的深入，各个国家的文化在不断交融和碰撞，对交际产生了很大的影响，因此，培养学生跨文化交际意识尤为重要。在英语教学中，教师除了传授基础知识外，还要对其文化性质和特点进行分析，让学生能够更好地运用英语进行交流，提升学生的英语素养。

第二节　英语教学中跨文化意识培养的途径

在语言交际能力中，跨文化交际能力是非常重要的一项内容，而英语教学更是将学生跨文化意识的培养作为重要内容。本节主要针对跨文化意识在英语教学中的必要性进行探讨，并对教学中培养学生跨文化意识的有效途径进行相关介绍。

一、培养学生跨文化意识在英语教学中的必要性

如今对于大学生跨文化意识的培养和强化，已经引发了外语教学界广泛的关注。目前，我国高校英语教学的现状还是以语言知识教学方法为主。分析词汇、操练句型、讲解语法及翻译课文这些知识内容是英语课堂的主要内容，其他文化因素很少涉及。学生能够掌握大量的词汇、学会语法，能够顺利地通过大学四六级考试，但是在真实语言环境下他们却难以很好地应对，经常会出现一些语法的错误。由此我们可以看出，英语教学中单纯的语言知识传授是难以满足学生成长需求的，需要将其与文化教学进行有效结合起来，这样才有利于学生文化障碍的消除，并使文化差异的敏感性得以有效提升，促进学生跨文化交际能力的提升。

二、跨文化意识在英语教学中培养的有效途径

（一）阅读、赏析经典文学作品，提高文化素养

对于文学作品而言，它并非是单纯的一种语言艺术，而是作为一种重要载体，承载着人类的精神，记录着民族发展的心路历程。文学作品能够生动地反映一个

民族的文化特点，是人们用于了解一个民族文化的镜子。文学语言是民族语言精华的体现，而文学作品则能够提供一个生动的语言环境促进学习者的学习。英语文学作品是对英美民族文化的体现，渗透着十分丰富的英美民族文化气息。阅读英美文学作品，不仅能体会作者的真情实感，也能了解更多民族文化、风俗及社会关系。亚瑟王的故事及古希腊神话在英美国家有着很大的影响。库柏以美国西部早期文化为内容创作了五部曲，阅读这些作品，能够对美国早期西部开拓者及印第安人的形象和生活境况有更深入的认识；狄更斯的作品主要围绕着生活困苦的贫民和无家可归的孤儿展开，读他的作品可以对维多利亚时代英国的社会状态有更深入的了解；而阅读莎士比亚的作品，则能使我们了解更多英国文艺复兴时期的文化及社会情况。经典文学作品之所以能成为经典，是因为其中蕴含着非常深刻的人生哲理，阅读这样的作品有利于自身文化素养的有效提升。文学作品无论是故事情节还是人物角色，都会对读者有很大的吸引力，学生在阅读时自然会对其跨文化交际意识产生影响。所以，作为英语教师，要支持和鼓励学生多多阅读原版英文作品，这将有利于学生对英美文化和民族有更深入的认识。

（二）开展中西文化比较讲座，体现中西文化差异

无论是哪种文化，都有其孕育、发展的独特环境，中国文化和西方文化的迥然不同就因其生成的环境不同。无论是中西文化的基本内涵、语言文化、思维方式，还是社会规范体系、艺术形式等都有着很大的差异。

在人与自然关系方面，中西方文化就存在很大的差异。中国人注重“天人合一”，强调人与自然的和谐相处，而西方则注重对自然的控制与征服。在人的地位角度，西方文化认为人是独立的，有自己的意志和尊严，要对自己的命运负责；而中国文化则在群体中看人，将人作为社会群体的一部分，人的价值依存于社会群体的价值而存在。就构成方式角度看，西方语言为形合，其句子以形态规则和形式构成；而汉语为意合，其构成方式以语境和语义的因素为依据。由此不难发现，英语语言文化已经形成了一个系统而完整的体系，将文化融入英语教学这一任务中并非短时间内就能实现。作为英语教师，需要有意识地提升自身的文化知识水平，并且要借助讲座的形式向学生传授。

（三）有效结合阅读教学与文化教学，开拓学生的视野

丰富的阅读一方面有利于学生视野的拓展，另一方面对于学生跨文化意识的培养也是极为重要的。为此，教师要积极引导学生阅读，推荐学生阅读一些原版并且内容丰富的作品或报纸等，并及时地给学生正确的指导。长期下来，学生的

知识会不断地积累、丰富，而且实际交际环境中交流的能力也会得以有效的提升，减少因文化知识缺乏而带来的困惑。

（四）开展主题活动，体验不同文化

主题活动也是学生学习的一种重要途径。教师可根据实际情况设计一系列的英语主题活动，使学生可以更“近距离”地体验西方国家文化艺术环境，这种方式更能加深学生对异域文化的感受。例如可以学院为单位，定期开展主题文化节、创设英语学习角、举办英语戏剧演出、多种形式的英语比赛等，这些对于学生语言运用能力及跨文化意识的培养都是非常有利的。

第三节　跨文化交际能力与商务英语教学培养

随着国际经济活动的不断增加，人们已经注意到商务英语的重要性，因此高校需要加强商务英语教学，使商务英语专业的学生可以不断提高对外交际能力。在教学中，可以通过增加对外商务英语的内容、提高商务英语老师的教学水平、帮助学生积累商务英语应用经验等方法，培养学生跨文化意识，促进学生跨文化交际能力的大幅度提升，以满足涉外企业对人才的需求。

一、商务英语教学中重视跨文化交际能力培养的作用和表现

（一）商务英语教学中重视跨文化交际能力培养的作用

在高校商务英语教学中，需要培养大学生的跨文化交际能力，因为学生的跨文化交际能力与商务英语应用水平有着直接的关系。在经济全球化发展的今天，我国进行对外贸易的机会在不断增多，而且跨国集团和跨国贸易已经逐渐在我国经济中占据重要地位。经过市场调查发现，许多企业不仅需要拥有丰富的商务英语知识人才，还需要其了解西方的文化，顺利完成跨文化交际交流，促进经济贸易的完成。同时，商务英语教学的主要目标是使学生可以在国际商务环境下充分利用自身的跨文化交际能力，实现和同伴、合作者的顺利交流。在教学中，不仅需要使学生掌握有关商务交流的单词、句式等，还需要使学生了解大量有关商务贸易的知识，并且提供给学生丰富的实践经验，使学生最终可以在商务场合中完

成工作任务。

（二）商务英语教学中重视跨文化交际能力培养的表现

要想使高校大学生的跨文化交际能力得到提升，就需要使其提高自身的跨文化意识。跨文化意识主要是在商务英语学习中意识到中西方文化存在的不同，在学习中注意区分中西方文化，使自己可以具备跨文化交际能力。中西方的文化差异主要表现为：①价值观方面。我国的传统文化比较倾向于“集体主义”即将集体的利益放在首位，最后考虑个人的利益，而西方国家则主要倾向于“个人主义”，认为自我的成就更具有价值，个人利益需要放在首位。②风俗习惯方面。中国人在见面的时候，习惯进行寒暄，然后再进入交谈主题，并且习惯在商务贸易中讲究人情。而西方人则喜欢直接进入主题，在商务贸易中以经济利益为主。另外，在交谈的时候，西方人对收入、年纪等隐私比较看重，不愿意别人打听。③思维方式方面。通过在商务交谈中，西方人常常使用直接的语句，拒绝和接受的意味均比较明显，而中国人则偏向于使用委婉的语句进行交谈，以避免出现双方关系恶化的情况。④意象方面。在交谈中，使用各种意象或者俗语在中西方国家当中意义可能存在差异。比如龙（dragon），中国人认为是吉祥、神圣的象征，但是西方人却认为“dragon”代表着邪恶。因此，在商务交谈中，需要注意主要语言意象上的中西方差异。

二、高校商务英语教学的现状

为了使学生的能力可以更好适应社会发展的需求，许多高校在英语专业中增加了商务英语课程，并且也有不少学校专门设置了商务英语专业。但是因为商务英语的针对性比较强，而且发展时间比较短，教材和教学方面还不够完善，实践安排不完善，导致学生实际进行商务交流的机会过少，无法有效进行跨文化交际能力的培养。现在我国大部分高校在进行高校商务英语教学的时候，多采用英语知识加商务知识的教学模式，在这种模式下，学生只能掌握基本的英语和商务基本知识，而不能进行实际商务英语应用实践，这不但会影响到培养学生的跨文化交际意识的效果，也无法达到提高学生跨文化交际能力的目的。在进行对外商务交谈的时候，他们可能会无意识地以自身的思维模式和语言文化进行表达，这就容易导致不同文化之间发生碰撞，引发交流误会，影响商务活动的正常开展。另外，在实际教学中，许多中西方差异在商务英语教学中没有进行重点被提出，而学生也没有在课外重视这方面的学习，容易使学生在商务交谈中出现错误，影响商务贸易的成功。所以在培养商务英语人才的时候，不仅需要了解商务和英语知识，还需要通过大量的实践活动，了解中西方文化的差异，使学生可以形成跨文化意识，实现跨文化交际能力的提升。

三、商务英语教学中跨文化交际能力培养的策略

（一）完善课程设置，提高学生的学习效果

在设置课程时，不能只关注商务英语课程，还需要在基础课上增加跨文化元素，使学生可以在日常学习中逐渐形成跨文化交际的意识。在英语专业教学的时候，口语课程多数由外教担任，这提供给了学生实际交谈的机会。学生可以在外籍教师教学过程中感受西方的文化，并且找出和外国人交流的技巧。随着商务英语学习时间的加长，可以在学习当中加入英美文学、英汉翻译等课程知识，使学生可以更加了解中西方文化的不同。同时在学习这些课程的时候，学生可以不断增加英美文学作品的阅读量，了解英美国家的历史文化，然后将其和中国的文化和习惯对比，可以有效提高学生在文化上的见解。而跨文化交际、语言学等课程，则可以使学生更容易进入西方国家的文化圈中，了解更多有关西方国家在礼仪、风俗、习惯等方面的知识，经过有效的文化渗透，提高学生对西方文化的熟悉度。

（二）选择先进的教学模式，提高学生的交际能力

在进行商务英语课程教学的时候，需要改变以往过于枯燥的教学方法，充分了解学生的需求，多和学生进行交流，使商务英语的自由交际特点可以充分展示出来，帮助学生去更好地进行跨文化交际。首先，可以进行商务情景模拟。例如可以进行模拟用餐、商务交际、沟通谈判等方面的模拟。在上课之前，可以引导学生上网进行思索相关情景的交际要求，准备好和他人进行沟通的语言，让学生可以在不同的情景中熟练进行商务英语交谈，增加学生商务交际的经验。其次，在课堂上，可以根据学习的进度，构思不同的商务情景，使师生均可以根据情景的不同进行不同的商务交谈，满足学生进行模拟实际场景的需求。最后，老师需要总结商务情景模拟的效果。对表现不佳的学生要及时指出其存在的错误，对沟通交际用语使用良好的学生可以进行鼓励，可以提高学生对商务情景模拟的重视度，积极准备参与商务场景交际，促进学生商务英语交际能力的提升。

（三）提升教师的素质，帮助学生进行对外交际

现在，许多高校的商务英语教师是英语专业的毕业生，其都较少或者没有参

与过商务活动，因此其在商务经验上比较缺乏，高校可以适当引进有涉外经验的老师或者进行多年商务英语工作的优秀工作者，以填补高校商务英语老师工作经验不足的缺陷。同时过少商务英语交际经验的在职老师可以在工作之余到涉外企业进行兼职，不断提高自身的商务英语应用经验。另外，老师还可以参与商务英语有关的研讨会，吸取他人的教学经验，提高教学效率。而且有条件的老师可以在寒暑假等时间到国外进行生活或者进修，丰富自己的对外交谈经验，提高自己对中西方文化差异的了解程度，将其适当进行组织，然后将这些经验传授给学生，以提高学生的跨文化交际能力。

（四）增加教学资源，拓宽学生的文化视野

学生对西方国家的了解，对提高学生学习商务英语的效率具有重要的作用，因此老师可以组织学生查看相关的书籍和网站，让学生了解更多不同国家的文化、风俗、历史等方面的内容，不断提高其对外国文化的了解程度。在网络如此发达的今天，互联网成了学生最方便的自学途径。教师可以引导学生去浏览一些国际商务方面的网站，及时增进学生对国内外商务动态的了解。在课外，可以通过讲座、座谈会等方法，和外籍教师进行交流，了解更多西方国家的情况，提高自身的交际能力。另外，在一些国外的影视作品中，可以大量展示西方国家的具体情况，因此老师在教学中，适当播放有关教学内容的电影，尤其是涉及商务、职场的电影，供学生观看，这对提高学生对西方国家文化的了解，培养学生的跨文化交际能力具有较大的意义。

（五）增加学生的实践经验，积累跨文化交际经验

为了提高学生的跨文化交际能力，可以鼓励学生合理利用课外或者寒暑假时间，接触涉外工作，甚至可以进入涉外企业、跨国公司进行有关实习，经过实际参与对外商务活动，了解对外商务英语使用的需求，积累更多的跨文化交际经验。同时，学校可以和相关单位联系，使学生可以有机会在广交会、世博会等展会中担任志愿者或者工作人员，直接和外国人士或者开展对外商务的人士进行交流，扩大自己的商务英语交际范围。另外，有条件的高校可以组织学生参与暑期国外社会实践活动，这样可以使学生在国外进行短期的工作，了解西方国家的生活习惯、交际方式、企业文化等，真正了解中西方在文化上的差异，减少自身在跨文化交际上可能出现的错误，提高自己的对外商务交际能力。

在社会经济不断发展的今天，国际商务往来的机会不断增多，使对外商务交易过程中商务英语的作用逐渐凸显出来。要想提高商务英语应用的效果，使用者

不仅需要具备丰富的商务和英语知识，也需要充分了解西方国家的文化风俗，在充分了解文化差异的情况下，顺利完成商务英语交际的目标。因此，在商务英语教学中，需要加强西方文化等内容的学习，使学生可以具备跨文化交际能力，满足企业对跨文化人才的要求。

第四节 跨文化交际下的英语词汇教学培养

跨文化交际指的是本族语者与非本族语者之间的交际，也指文化背景有差异的人们之间的交际。语言是文化的主要载体，传播文化的主要途径。语言受文化的影响，反过来又影响文化。不同的语言使用者，受其文化、历史背景的不同影响，对一个词的理解也有差异。教师在英语词汇教学中发现，许多学生在学习目的语时，遇到的障碍并非由语言知识形成的，而是由于缺乏对目的语国家文化背景知识了解，文化差异所导致的。因此，在高校英语专业词汇教学中，教师除对词汇表层意义讲授之外，更要深入挖掘词汇所蕴含的文化意义，深化词汇教学内容，更好地培养学生跨文化意识。

一、英语词汇教学

长期以来，英语教学中词汇部分都只是关于词的读音、拼写、词形变化、词义等表面层次上，如纠正学生单词发音，学习词缀或构词规律，对于词汇所隐含的社会文化背景知识知之甚少。大多数教师脱离语境，孤立地教词汇，很少提及词汇的文化内涵和外延意义。甚至有的人认为，掌握的词汇量越大，学习英语的效果就会越好。但往往事与愿违，实际学习中很多学生因为记不住单词而逐渐失去了学习英语的兴趣，学生难以树立学习信心，很大程度上也影响了他们学习英语的效果。因此在英语教学中，如何提高英语词汇教学，是我们每个英语专业教师都该认真思考的一个问题。

二、英语词汇的含义

英语词汇有两层含义，一是词汇的内涵，指的是概念的内容；二是词汇的外延，指的是概念所指对象的范围。通常情况下，词义可分为概念意义、内涵意义、社会意义等。其中概念意义为字典中可查到，意义相对稳定。而后几种被称为联想意义，在字典中基本查不到。因此英语词汇教学中，教师不仅教授学生词汇概念意义，更要引导学生了解词汇其他联想意义。

三、教学策略

（一）在语境中学习词汇

利用词组语境学习词汇的外延意义。在不同的上下文中，同一词具有不同的外延意义。如“green”，除基本意义“绿色”外，还有很多外延意义，如“green belt”“环境绿化带”。又如“black”，除本身意义“黑色”外，“black eye”“（被打得）眼圈发青”，“black sheep”“害群之马”；“short”除基本意义“短的，低的，矮的”外，还有很多外延意义，如“short list”“决选名单”，“short order”“（点或叫）快餐”，“short temper”“脾气暴躁”。除此之外，还可以利用句子、段落及篇章语境来学习词汇的外延意义。也就是通过上下文的语言联系和内容来学习词义，采用这种教学方法，可以培养学生分析语言现象能力及提高其阅读能力，这是教学中较有效的方法。例如，如文章中出现以下词汇，“but，however，whereas”，学生便可判断出相反的语篇内容。如出现“furthermore，what’s more”等表递进词汇，说明语篇内容有递进关系。

（二）对比英汉文化差异，加深词汇理解与运用

词汇除了有外延意义、内涵意义等还有社会文化意义。在词汇教学中，教师必须适当地导入文化背景知识。尽管在不同文化背景下找到对应词汇，但由于历史文化不同，思维方式不同，该词所表达的情感意义不一致，甚至不被另一种文化所接受。例如，“龙”在中国人心目中具有很高的地位，深受人们喜爱，诸如很多寓意美好的成语被人广泛使用，如“龙凤呈祥”“望子成龙”等；然而在西方文化中“dragon”是罪恶的象征，故而其中所引起的联想与“龙”在中文中所引起的联想完全不同。

（三）教师文化内涵的培养

在英语教学中，教师在实际教学过程中起到主导作用，只有教师具备足够的跨文化交际知识，才能更好地培养跨文化交际人才。然而实际词汇教学中，很多教师没有英语国家的文化知识，很难在教学中对英语词汇学习起到很好的文化指导作用。因此，对教师具备英语国家文化内涵的培养是十分必要的。尤其“一带一路”倡议提出后，高校或政府部门应大力推进外语专业教师对外交流学习项目，

提供教师们出国进修和学习的机会，到“一带一路”国家进行目的语国家文化学习，建立友好合作交流关系。这样才能更好地了解其深层文化内涵，对词汇教学很有益处。

除将我国英语教师输送到其他国家外，基于外语教学特点，各高校应更多引进外籍教师。来自“一带一路”国家的外籍教师对其本国文化有深入全面的了解，也会更真实阐述传播异文化，在与学生互动中能很好开展跨文化教学，对英语词汇文化内涵阐述更清晰。因此，相应教育政府部门应为高校创造条件，引进高水平、具有很高跨文化能力，尤其是跨文化教学能力的外籍教师。

跨文化交际中，如不了解词汇的文化内涵，很有可能因为词汇的不当使用，导致相关交流失败。因此词汇教学中导入文化内涵意义，对于词汇的学习而言十分必要。

第五节 跨文化教学与英语专业学生人文素质的培养

根据教育部对英语专业学生具备人文素养和跨文化交际能力的要求，以文化文学为根本，回归人文精神成为培养外语人才的标准。教师在课内外的教学实践中可以通过中西文化文学对比的方法来激发学生对人文知识的阅读和研究兴趣，使学生在学习掌握西方文学文化的同时也不忽视对本民族文学文化精髓的学习，培养正确的人文精神和社会价值观，从而更有效地提升自身的人文素质。

一、跨文化课程教学及人文精神的输入

英语专业本科教学质量国家标准中指出英语专业学生应具备英语语言知识、英语文学知识、英语国家社会与文化、语言学、英语文学、区域与国别研究的基础理论和基本方法。这些知识无一不体现着浩瀚的人文精神和思想内涵。课堂教育是人文素质教育的基本环节，合理的课程设置是课堂教育的关键。通过生动有趣内涵丰富的文化文学对比课程，不失为传授人文知识输入人文精神的良好手段。通过给学生提供文化指引和文学熏陶的机会，可以让他们感受到语言学习背后博大精深的人文气息，也有助于自己人文素养的形成。作为文化传播载体的语言深深植根于文化之中，所以学习语言就要了解其扎根的文化背景，而英语专业学生学习外语的目的之一就是使用英语传播本民族文化，促进东西方文化交流，

但这并不意味着把英美文化奉为经典，忽视了对自己本族文化的学习。笔者曾经感慨于部分 80 后学生是阅读着《哈利 · 波特》系列丛书长大的一代，他们谈起英美影视文化头头是道，却对自己的传统文化知之甚少，而且也没有太多学习的兴趣，这一现象应引起重视。所以高校英语教师有责任在课堂内外中进行中外文化、文学和艺术的对比教学和辅导，在对比中引导学生不断学习和探索不同文化现象、文学及艺术作品的相关性。对英语专业本科生来说，除了传统的大学语文和古代汉语以外，开设中国传统文化，西方人文经典阅读、西方文明史、西方艺术史、西方音乐史、文化与修养和中西礼仪等课程也是非常必要的。针对英语专业课的课程设置，应该在跨文化交际、英美文学、英语国家社会与文化等课程中有意识地添加中国文化和文学内容，调动学生进行对比学习研究的兴趣。

在讲解到西方社会习俗方面的内容时，要鼓励学生多联想自己国家的文化习俗特点。无论是相近还是相远的习俗，都可以要求学生以个人或者小组的形式通过查找资料或者采访问答的方法列举出差异。每一种社会现象都有历史渊源，即便是问候语的背后也有着不一样的故事。由英语中常用的问候语联想到我们的习俗中最常见的问候语，还可以对不同地方的问候语进行比较，甚至将传统文化中彬彬有礼的礼数与当代留存下来的礼节进行比较，这方面的知识无疑会得到有效扩展，而且会在比较中反思我们缺失的传统礼仪。英语中的习语谚语多来自古希腊罗马神话传说，可以鼓励学生查找阅读相关文献在课堂上分享，涉及古希腊和罗马的众神，可以联想我们的古代神话传说加以对比，包括各神仙司职、性别、能量、性格特点和他们的故事，一方面学习并探讨了中西方的神话渊源，另一方面也看到了人类向往美好的愿望和无穷的想象力。

人类的许多文化性格特点都是通过文学艺术表现出来的。在纷繁复杂的信息时代，能够沉下心来阅读文学经典的读者越来越少，文学教育受到了前所未有的挑战。学生对文学作品是否有阅读热情很大程度上取决于家庭和学校的双重教育。教师的正确引导和恰当的对比教学，不仅可以帮助培养学生良好的阅读习惯，而且更会激发学生的阅读兴趣。在诗歌赏析课上，欣赏了英国著名诗人奥登的关于月亮的诗歌，简单优美的语句和唯美深沉的意境很容易让人联想到我国唐诗宋词中有关月亮的唯美诗句，不仅可以让学生搜集整理这些诗句，而且还可以进行汉英翻译，再与奥登的诗句做对比，比较和欣赏诗歌的意境之美。还可以让学生进行诗歌创作，诗歌创作可以激发学生的创作激情，把对生活的理解和热爱体现在诗句中。另外还要鼓励学生多阅读优秀英文原著作品，这不仅使学生获得必要的文学知识，而且更重要的是培养学生的文学鉴赏力和审美敏感性，以及敏锐感受生活，享受生活的能力，更要鼓励学生阅读那些具有世界各国民族特色的文学作品。例如在学到有关民族性格的内容时，教师可以引导学生从各国文学名篇中寻找各国传统的民族性格特点，从《安娜·卡列尼娜》中寻找俄罗斯贵族和农民的影子，从《霍华德庄园》中寻找英国不同阶层民众的特点，从《中国人的精神》和《菊与刀》中寻找中华民族和日本民族特点的精髓。当接触到美国印第安民族的文学作品，就可以与我国的文学作品《额尔古纳河右岸》相比较，描述的都是弱势民族的生存历史与现状，进而了解学习这些民族的神话传说和社会习俗。要求学生撰写读书报告，对文本进行相关分析与质疑，提取作品的思想精华，同时也锻炼了学生的批判性思维，对自身的人文精神提升无疑具有促进作用。学生通过对优秀文学作品的阅读，不仅能扩充英语词汇量，增强学习英语的语感，还能积累国外的语言知识和文化常识，更能逐步把学生引向人格塑造、精神熔铸和心灵提升的境界。

文学还具有审美教育功能，因为它能再现生活，抒发情感。中西文化中的著名哲人如老子、庄子、尼采、叔本华和海德格尔都把艺术和审美境界视为人生的最高境界。借用英国著名历史学家阿伦·布洛克的一句话："艺术与人文主义有着一种特殊的血缘关系，人文主义不仅适用于文学和戏剧，还适用于音乐、舞蹈以及其他非口头艺术，如绘画、雕塑、陶艺等。"广受大众欢迎的电影就是一门将各种教育、审美、娱乐和认知等功能有机融合在一起的艺术形式，通过电影艺术与文学艺术的良好互动可以激发学生品读中外经典欣赏中外经典的热情。因为电影内容涉及政治、经济、历史、天文、地理、自然、风土人情方面，学生还可以通过电影接触到各个历史时期、不同题材、不同风格和不同形式的电影艺术作品，这些方法无疑可以促进学生掌握多方面的人文知识，领略人文精神，辨别真善美与假恶丑，形成健康良好的价值观。除此以外，还可以专门针对文学作品改编的中外电影进行分析对比，从人物塑造、情节改编、经典台词、背景音乐等环节进行赏析对比，可以作为多个小组项目来分时段完成。通过布置阅读和观赏任务来循环刺激学生阅读的兴趣，使学生的人文思想得到不断提升。除了比较赏析电影和文学版本以外，教师更可以借助音乐、绘画和雕塑的形式激发学生的想象力和鉴赏力，用中外艺术形式展现自己对文学作品或者思想内涵的理解，不仅可以引发学生参与的兴趣，而且可以提高他们的审美能力，以及与他人分享所思所得的交际能力。

二、课外实践与人文素质培养的方法

专业教师在课内教授的知识毕竟有限，还应开拓更多的课外实践来加强跨文化交际的能力同时也潜移默化地提升学生的人文素养。扩展知识面固然重要，但更重要的是跨文化交际能力的培养和人文思想境界的提升，这也是课外实践的重要目的，所以必须在课外延伸这种跨文化的学习实践活动。首先可以鼓励外籍教师发起读书会，老师和学生共同参加。以阅读原版作品为主，规定完成时间和主题，参加者可以用英语畅所欲言，充分表达自己对作品的理解，提取作品的思想精华并与大家一起分享，这种活动可以很好地锻炼跨文化交际技巧，因为在思想碰撞的同时总会涉及不同文化的内容，在口头表达和交际中收获的是思想精华。教师可以鼓励学生从网络上寻找由外国读者发起的读书会活动，也可以实现跨文化交际和提升文学素养的目的。笔者亲自带领学生参加过这样的读书会，收获是多方面的。其次，在学校积极营造人文环境，让学生在情景中感受中西方文化，结合专业特色定期举办外语文化节，开展西方文化风情展，内容涵盖英语国家文学历史、民俗文化等人文内容的专题，引导学生掌握相关人文知识和思想；组织英语辩论比赛和模拟联合国大赛，以人文背景知识为辩论主题、训练辩论思路、逻辑、语言等相关实践技巧，锻炼学生用英语演讲演说的能力；组织文学知识大赛和原创作品大赛，进行散文诗歌等文学作品创作活动，以激发学生的人文情趣，增进他们的人文审美和鉴赏能力。所有这些活动都是在有目的培养学生人文思想意识、逻辑分析判断能力以及综合文化素质。如果学生经常能在人文知识积累和语言逻辑演说的实践活动中得到充分锻炼，就一定会促进自身价值理念和人文素养的提高。还可以组织中外戏剧社，鼓励学生创作、编排、表演英文戏剧，主要是让学生体验和感悟文学和戏剧的艺术魅力，将戏剧所反映出的真善美等积极的人文精神展现出来，让学生领悟作品蕴含着的人生哲理，培养自身的文化敏感性和洞察力。

具有人文精神是人文素质的核心要求，扎实的人文知识基础、灵活的对比教学法和积极的人文意识是提升人文精神的必要条件。人文素质的培养与提高是一项长期持久的任务。在培养和提高英语专业学生的人文素质方面，教师一定发挥关键作用，积极引导和促进课内外的学习和实践活动，为提升学生的人文素养创造相应条件。教师本身不仅要积极改善和创新教学方法，更应树立终身学习的观念，养成多读书、做笔记的好习惯，不断提高自身的人文精神和人文素养，只有这样才能积极影响着学生在提高人文素养的道路上越走越宽。最重要的是在跨文化对比教学中，学生首先应正确理解本民族文化，再积极学习掌握外国文化，在对比研究中树立对本民族文化的热爱的同时，通晓中西方共有的人文价值观，从而具备理想的人文精神和人文素养。

第六节　需求理论视域下大学英语跨文化交际能力培养

跨文化交际能力的培养是英语教学的最终目标。从需求分析的视角剖析、当下我国大学英语教学实践及教学目标与社会和个人对人才跨文化交际能力需求之间的矛盾；并从大学英语课程设置、教学内容、教学模式和考核机制等方面提出构建培养大学生跨文化交际能力的模型。该模型将跨文化交际纳入大学英语课程安排，将跨文化知识、跨文化意识和跨文化交际技能的习得并入大学英语教学与考核。

一、需求分析

需求分析（needs analysis）指通过观察、访谈和问卷等手段研究需求的方法，并整理和分析结果，采取有效措施，平衡课程设置。里克特首先提出了外语教学中的需求分析模式，指出了如何满足学习者在特定语言情境中的语言使用需求等一系列问题。罗宾逊的“目标情景分析模型”和“目前情景分析模型”是国外教育界关于需求分析的两个基本模型，在此基础上形成了两个主要的需求分析内容：目标需求分析（target needs analysis）和学习需求分析（learning needs analysis）。前者是学习者为在目标情境中成功交际所要掌握的知识和技能，后者强调的是学生在学习外语课程前的语言水平、学习态度、学习需求与期望等。需求分析最初应用于专门用途英语，随着研究的深入与扩展，逐渐发展到通用英语教学中。

近年来，研究者越来越关注我国大学英语教学中的需求问题。束定芳从宏观角度提出外语学习需求应包括社会需求和个人需求。王海啸基于学生、学校和社会三者对跨文化能力的需求分析，提出了基于个性化的有关大学英语教学大纲设计的需求分析框架。史兴松对驻外商务人员调查发现，相对于外语能力而言，跨文化交际能力的社会需求更为显性。

二、需求理论视角下当前我国大学英语教学目标与教学实践的矛盾

需求分析理论认为任何课程的开发都要基于社会或学生的需求对课程进行设计和实施。在这一过程中，设计人员和教师要调查分析学生的主客观需求，确定教学目标，进行课程设计、教学内容和教学模式的安排。约翰逊认为需求分析是外语教学过程中首先要考虑的问题，是启动各教学阶段具体教学活动的基础。当前在全球化背景下，社会发展和个人需要要求将培养学生的跨文化交际能力作为外语教学的最终目标。基于这一目标，我国外语教学界先后改革并完成了从英语专业到公共英语，再到基础英语和大学英语教学大纲的制定，把提高学生语言综合应用能力和跨文化交际能力的培养作为各级英语教学的目标。在具体的外语教学课程设置、教学模式和评价机制等方面，各级院校并没有按照大纲规定的人才培养目标进行，还存在以下亟待解决的矛盾。

（一）大学英语课程设置与教学目标相悖

教学指南明确规定大学英语教学目标是提高学生的语言应用能力和自主学习能力，增强跨文化意识，培养跨文化交际能力和综合文化素养。但是，各级院校的课程安排与这一目标相悖。各类高校的大学英语课程设置多为两年制，有的院校甚至只安排了一年大学英语课程，还压缩课时量。在两年制大学英语课程中总学时不超过 300 学时。这样的课程安排无法兼顾应试与英语语言应用能力和跨文化交际能力的培养。此外，各高校对非英语专业大学生没有开设跨文化交际课程。

（二）教学模式与学生对语言应用和跨文化交际能力需求之间的冲突

根据教学要求，大学英语教学是一个集多种教学模式和教学手段为一体的教学体系。在大学英语课程设置时期短、学时少，并以通过英语四、六级考试为基本目标的前提下，教学模式仍以教师、教材为中心的语言输入和练习为主。一线教师往往凭个人理解，在课堂时间允许的情况下向学生简单介绍相关文化知识。大学英语教学改革所倡导的以学生为中心的多模态教学模式在具体的教学活动中没有真正得到实施。

2014 年，我们对来自全国各地参加外研社组织的大学英语教学研修会的 119 位大学英语教师进行了相关调查。87% 的大学英语教师反映所在高校大学英语自主学习实验室的设备绝大多数时间处于闲置状态或者变成机房投入使用，只有 18% 的大学英语教师参加过跨文化交际培训班的学习。绝大部分教师的跨文化交

际能力仅限于不同渠道的自学。有 72% 的教师反映所在院校的教学模式与教改前并无实质性变化。老师们在短学时内无法兼顾语言知识与语言应用能力和跨文化交际能力的培养，普遍感到心有余而力不足。很多学生尤其是重点高校的学生有良好的语言基础，大学第一学年就能通过英语四、六级考试，第二学年的英语课程对他们来说是浪费时间。语言基础较差的学生感觉高考之后又陷入新一轮的考试备战中，重复以前的学习模式和心态，苦不堪言。总体来看，无论是教学模式还是教师本身的文化素养都不足以满足社会和学生对英语学习及跨文化交际能力培养的需要。

（三）考核机制与社会对人才跨文化交际能力需求的矛盾

在全球化背景下，多元文化交际不断渗透到社会生活的各领域，跨文化交际已经成为"地球村"中每一位居民都难以回避的现实。培养大批具有国际化视野、能够参与国际事务和国际竞争的人才，既是保护我国历史文化的需要，也是国家和社会发展的需要。史兴松研究发现 96.8% 的跨国公司认为员工的跨文化培训背景非常重要，跨文化交际能力与外派适应、工作绩效存在高相关性。国际化人才的培养需要大力提升学生的跨文化交际能力。

继全国大学英语教学改革启动以来，全国各高校掀起一场轰轰烈烈的大学英语教改运动。但是，至今尚无研究表明改革后的大学英语教学提高了学生的跨文化交际能力。考核机制上没有涉及跨文化交际的内容是主要原因。大学英语考核仍然以国家四、六级英语考试为向标，没有任何与跨文化交际相关的题型。教学实践中所谓的形成性评估多基于语言知识的考核。总之，目前高校大学英语教学既没有成体系的跨文化教育，也没有考核跨文化交际能力的方式，与社会对国际化人才的需求不相符。

三、需求理论视角下大学英语跨文化交际能力的培养

（一）课程设置上要开设跨文化交际英语课程

尽管有学者认为文化能力的培养应与语言能力的培养同步进行，但是在汉语环境下，受阶段性教学目标和学时的约束，难以同时兼顾外语教学和跨文化交际能力的培养。教学指南提出大学英语课程设置要充分考虑语言学习的渐进性和持续性，注意处理好英语教学与跨文化交际教学的关系，处理好必修课与选修课的关系。应在现有大纲的指导下重新审视和安排大学英语课程，分阶段和梯度对语言教学和文化能力的培养给予各自的权重。

建议在此基础上将培养跨文化交际能力正式纳入大学英语课程设置，大胆进行课程改革，将两年制大学英语课程设置延长至四年，并分为前期课程和后期课程。前期课程为第一学年课程，安排以巩固和强化学生的语言知识为主，毕竟语言是跨文化交际的基础。同时，结合语言教学对学生进行跨文化知识导入和跨文化意识熏陶，教学模式主要以增加与巩固语言知识和应用为主的交互式输入、输出教学模式。从第二学年开始，大学英语进入后期课程学习，可以根据学生的实际需要将大学英语课程变成选择型必修课，开设“专门用途英语”“学术英语”“英美文化概况”“跨文化交际学”“实用英语口语”“跨文化交际实践”“出国英语培训”等课程，供学生根据个人职业规划和学习进行选择。课程重点是跨文化知识、跨文化交际策略的学习和交际技能的培养，教学模式采用以交际实践为主的多模态大学英语教学。

（二）增加语言教学中跨文化意识的培养和跨文化知识的熏陶

由于语言和文化所存在的内容与表征的特殊关系，大学英语教学离不开文化语境的影响，外语教学本身兼具跨文化交流和互动。在具体的英语教学活动中，外语教师应将语言教学和语言能力的培养置于更广泛的文化背景中，形成开放的自我定位和全球心态。跨文化意识、知识和交际技能是跨文化交际能力中最基本的三要素。在实践教学中把这三要素的培养贯穿于英语教学，需要从教师和教学资料两方面入手，双管齐下。

首先，教师要彻底改变以往以语言知识输入和练习为核心的大学英语教学模式，而是要关注英语教学中文化意识的培养和文化知识的熏陶，具备跨文化意识和一定的跨文化知识是跨文化交际活动的前提条件。文化意识的培养不能与语言教学分开。跨文化能力框架下的英语词汇学习不能停留在词汇的拼写和构词法的了解上，应进一步理解词汇本身所承载的文化内涵；语法知识和篇章也不例外，语法规则和篇章结构受特定文化背景下人们思维方式和价值取向的影响。因此，发掘词汇、语法和篇章等语言层面的文化内涵，将文化因素贯穿到语言教学中，也是提高学生跨文化意识、丰富跨文化知识的主要途径。

其次，教师对教学资料和技术手段的利用非常重要。中国文化语境下的大学英语教学应从师资和教学资料两方面提供更真实的文化背景材料，创设间接语境，使学生在模拟的多元文化环境中汲取更多的知识。可以聘请外教或者有较长时间的国外留学或任教经验的教师讲授跨文化交际课程，同时教学资料不应该拘泥于教科书。哈佛、斯坦福等世界一流大学都在网上开出文化、文学等公开课，利用翻转课堂和慕课的形式让学生在生动、真实的语境中自觉地增加跨文化知识，提高跨文化意识。结合其他相关的阅读资料、英语电影、电视和网络媒体等资料为学生创设文化体验空间，让学生了解具体的文化内涵，丰富自身文化知识。培养学生多元文化意识，提高其文化调适能力，培养其为“多元文化人”。同时，在跨文化交流和学习中教师要引导学生用比较的方法去培养文化批判意识，形成自己的“文化”立场，更清楚自己的“文化身份”。毕竟，外语教学的目的不是习得外族文化，而是提高学习者的跨文化交际能力。

（三）探索大学英语后续课程中跨文化交际能力的考核方式

跨文化交际能力的测试在国内尚无可以依据的权威标准。查阅中国知网，发现有关跨文化交际能力测评与考核方式主要是从实证的角度对部分群体的跨文化能力进行测量。屈妮妮、窦琴用陈国仁教授和斯坦普教授开发设计的跨文化交际敏感测试量表，对西北农林科技大学的大学生进行了跨文化交际能力和跨文化敏感度的问卷测试。钟华、白谦慧、樊葳葳从实证的角度初步构建了中国大学生跨文化交际能力自测量表。杨洋通过专家访谈、调查问卷和大规模测试的方式，比较综合地对不同群体进行了跨文化交际能力的测试。以上测试能比较客观地检测少部分群体的跨文化交际能力，但是不适合作为对全国范围的大学英语跨文化交际课程的考核方式。我们认为跨文化交际能力就如同个人的交际能力一样，涉及的因素多而杂，语境依赖性极强，难以操作，而且没有必要对大学英语跨文化交际能力进行如同英语四、六级一样的标准化考核。

“跨文化交际学”等相关课程属于大学英语后续课程，教学内容和方式要以趣味性、实用性为主。其相应的考核方式和要求要有别于大学英语前期课程中严格的语言知识考核形式。教师可以从学生的跨文化知识、跨文化意识和跨文化交际策略的掌握等方面，参照现有的、适用性较强的跨文化能力测试量表，结合具体教学内容，进行自主命题；可以将理论考试与交际实践结合起来，将情景模拟、案例分析与讨论等教学形式应用于课程考核，易于操作，实用性强，能够达到教学目的。

经济、科技全球化和多元文化的融合将使跨文化交际成为一种常态，跨文化交际能力既是国家战略和社会发展的需求，也是国际化人才和个人发展的必备能力。培养大批符合社会发展和个人需求，能够参与到国际事务和国际竞争的国际化人才将是大学外语教学的使命。在汇集千万人才的中国高校，大学英语教学应将外语教学与跨文化教育融为一体，有计划、有梯度地安排。各高校应按照教学要求和教学指南对人才跨文化能力的目标要求，从课程设置、教学方式和考核机制等方面系统地规划大学英语教学安排。前期课程在巩固学生英语语言知识的基础上，丰富其跨文化知识，提高其跨文化意识和跨文化敏感度。后期课程进一步丰富学生跨文化知识，取其精华，弃其糟粕；结合多种教学模态，掌握跨文化交际技能和策略，明确自己的文化立场和文化身份，提高自身文化调适能力；辅以实用性的考核方式，检验和巩固学生的跨文化交际能力。

第七节　高校英语翻译教学中的跨文化意识培养

跨文化交际主要是指学生在运用英语与外国友人进行交流和对话的过程中，可以充分结合对方文化背景、民风民俗、语言习惯的差异性，完成得体而有效的沟通，其是学生英语综合素质的重要体现。在大学英语教学中，翻译教学是其关键组成部分，而翻译能力也是当代大学生必须具备的一项技能，其体现了学生英语素质和应用水平，也是我国素质教育对学生提出的英语学习要求。同时，从当前的大学英语教学现状来分析，翻译教学并没有对跨文化意识过于重视，只简单地重视学生的词汇丰富量以及翻译的准确性，而在新的经济形势下，社会对学生英语翻译能力的要求也在不断提升，如果缺少跨文化意识，就会导致英语翻译出现不准确的情况，对翻译质量和数量都会带来直接影响。在社会人才竞争日趋激烈的背景下，社会需要具有丰富英语知识，掌握英语国家文化特征、价值理念、民族心理以及生活习俗等交际知识的复合型人才。因此，如何通过翻译教学对学生跨文化意识进行培养，是当前大学英语面临的关键问题。

一、文化与语言两者的关系

翻译主要是指利用一种语言准确地表达和阐述另一种语言含义的行为。语言作为民族文化的关键组成部分和呈现载体，其既是文化的一部分，同时也是传播文化、记载文化以及交流文化的重要方式。由于不同民族的风俗习惯、文化背景、审美理念之间存在较大的差异，其文化在发展中的形态也各不相同，进而导致各个国家的语言习惯和形式也千差万别。在世界经济一体化的大背景下，各个国家在诸多领域上的交流也更加频繁，翻译成为了促进国家与国家之间有效沟通的重要方式，只有准确以及真实地将其他国家的语言翻译出来，才能起到文化与经济交流的作用。由此可见，文化是语言的重要形态，而想要做好翻译工作，首先要了解并掌握该国家的文化，这样才能将语言合理、完整以及准确地翻译出来。

二、在英语翻译教学中培养跨文化意识的积极意义

（一）有助于理解原文

通常情况下，英语翻译主要有三个阶段，即校验译文、表达译文以及理解原文，其中理解原文是翻译的前提和基础，翻译者只有准确以及全面地把握原文意思，才能正确地将原文翻译出来，并且传递原文所体现的内涵和意蕴。但是理解原文并不是单纯地停留在字句表面含义上，除了把握原文语言层面外，还要加深对原文深层含义的理解，例如文章宗旨、情感表达以及文化背景等。掌握以及了解原文的深层含义，对翻译质量具有直接影响，如果不能把握原文深层含义，只是停留在文章表面进行直接翻译，很可能会扭曲和改变原文意思，进而导致翻译徒劳无功。因此，在大学阶段开展英语翻译教学，教师要注重对学生跨文化意识进行锻炼和培养，帮助学生了解英语国家的文化背景，在掌握其文化精髓的基础上开展翻译活动，有助于学生掌握和了解原文含义，以西方文化和思想体会原文所包含的深层含义，进而将文章全面、准确、完整地翻译出来。

（二）有助于优化表达

英语翻译具有较强的系统性、整体性和结构性，并不是单纯地将英语材料的语句和词汇直接转化为汉语语句和单词，如果学生没有结合文化差异和材料内涵，对其进行直接翻译，会导致翻译语言过于生硬和形式化，不仅缺乏语言韵律的美感，而且也无法准确表达原文的意义和内容。同时，在当前的英语翻译中，很多学生更加习惯运用汉语思维来衡量英语文章，并没有从英语的思维角度来看待问题，翻译的句子缺乏美感，给人一种机械而生硬的感觉。培养跨文化意识可以加深学生对英语的感性认识和深层体会，在翻译活动中，以英语的审美观和视觉衡量译文，有助于优化表达，带给人们以语言美的感受。

（三）符合国际发展需要

当前，随着我国经济、文化、社会的蓬勃发展，我国与世界其他国家在诸多领域中的交流也更加频繁，全球一体化已经成为国际发展的未来趋势。英语是国际通用语言，在国际交流中起到关键的作用，在经济全球化的大背景下，英语的使用和普及已经成为重要趋势，英语能力已经成为我国对现代人才的一项重要素质要求。在国际交流日益频繁的同时，要求人才具备较强的翻译能力和交流能力，而传统的固化英语学习模式，已经难以满足时代的需求，学生只有具备较强的跨

文化沟通能力，才能提升交流的有效性和准确性。因此，培养跨文化意识是当前我国高等教育英语教学所面临的重要问题，符合国际发展需要，也符合现代人才竞争的需求。

三、通过翻译教学培养学生跨文化意识的相关路径

（一）重视西方文化

在应试教育的影响下，英语教学主要是以灌输式的方式开展，学生学习英语知识的目的更多的是为了应付各种各样的考试，而在这种思维模式下，学生对西方文化缺乏重视，进而导致学生在翻译活动中，不能正确地翻译出英语材料的深层内涵。因此，教师要提升学生对西方文化的重视程度，让学生可以清晰地认识到，翻译并不是单纯的词句转换，而是不同文化的相互渗透和影响。在开展翻译教学的过程中，教师要对学生进行科学的引导，客观而平等地看待中西文化在诸多方面的差异，以一种平和的态度去理解西方文化。同时，在翻译活动中，英语教师在传授给学生相关翻译技巧的同时，还要注重渗透西方文化，让学生对西方文化具有形象而直观的认识，并且在了解他国文化的同时，学会尊重不同民族的文化和风俗，进而在未来的学习和翻译中，可以正确而科学地运用英语阐述自己的观点和看法。

（二）强化教师素质

教师是翻译教学的重要组织者、参与者和知识传授者，作为一名现代的英语教师，需要在掌握汉语文化精髓的前提下，具备较强的英语能力、英语素质以及宽广的英语视野，熟悉西方文化和民族风俗，只有具备较强的文化意识观念，才能更加清晰地洞察中西文化存在的差异，进而完成对学生跨文化意识的有效培养和引导。因此，英语教师需要在平时加强学习，以传播英语文化为己任，在教学中为学生讲述英语国家的语境习惯、价值规范、社会历史以及人情风貌，激发学生对英语文化的探索欲望，了解英语背后的社会属性和文化底蕴，切实提升学生的翻译能力。

（三）创新教学模式

当前，翻译教学更加侧重于对学生翻译技巧和词汇丰富量的锻炼和提升，以单元为主题，强调英语语法、语音以及语调翻译的准确性，注重词汇使用和搭配的训练，只是注重对学生翻译技能和应试能力的锻炼，却忽视了翻译中最关键也

是最基本的文化因素。同时，教师主要是以讲述式的手段开展翻译教学，虽然可以巩固学生的英语基础，但是却难以对学生素质进行综合锻炼，没有认识到中西文化的差异与不同。因此，教师一定要对教学模式进行创新与改革，在教学中渗透相应的英语文化知识，提升学生的英语文化意识。

例如在翻译有关圣诞节英语材料的时候，教师要有意识地向学生讲解有关圣诞节的知识，并且传授给学生相关词汇，例如“火鸡 turkey”、“驯鹿 reindeer”等，通过翻译教学将英文文化有效渗透其中，帮助学生理解西方人的节日传统和文化色彩，进而对学生未来的翻译任务有所帮助。同时，教师还要改变传统的固化教学模式，增加与学生的课堂互动，并且积极探索符合学生个性和时代需要的全新教学手段，在实践中完成教学的创新与改革。

（四）加强文化理解

文化具有顽强的生命力，其是人类社会在逐渐发展与演变中所产生的重要精神意识，其对人们的行为和思想具有直接影响，很多人在接触其他民族和国家文化的过程中，往往受到自己民族文化的潜在影响，经常用本国文化去阐释和解读其他国家的文化。例如“Her beauty is beyond description”，很多学生受到本土文化的影响，直接将其翻译为“美若天仙”。当我们用汉语去解读的时候，也会十分认可这一翻译，但是通过英语的视角去分析，其实翻译与原本意义存在很大的差异，而导致这种情况发生的主要原因在于，西方人和东方人对美的理解和感受存在不同。例如我国诗经中，其经常用峨眉、凝脂描写女子的美，而这种词汇如果直接翻译成英语，西方人很难理解女人为什么会长成这副模样。因此，在不同文化背景下，对美的理解和感受也存在较大的差异。在具体教学中，教师要引导学生加强对西方文化的理解，进而才能准确进行翻译。

（五）强化移情能力

在翻译教学中，教师要注重强化学生的移情能力，文化移情是指交际主体具备一定的跨文化意识，在转换语言的过程中，能够有意识地尊重对方的文化背景，摆脱本土文化的思想制约，置身于对方文化的背景下和模式中，理解、感悟以及感受另一种文化。在培养和锻炼学生跨文化意识的过程中，移情能力与交流对象的情感、文化、语言具有纽带和桥梁作用，也体现了学生的沟通能力、艺术和技巧。

强化学生的移情能力有助于学生形成跨文化意识，因此，在翻译教学中，教师要有意识地引导学生正确认识中西文化的差异，并且在具体翻译中，可以避免由于文化差异所导致的翻译错误问题，进而强化学生的翻译能力。例如在中国，面对他人的表扬和赞美，我们会使用一种较为谦逊而低调的语气和语言，表现自身对他人的尊敬和自身的含蓄，但是西方文化却与我们截然不同，西方人在面对他人赞美的时候，会欣然接受并且感谢，如果在翻译中只是简单地进行字面翻译，难以全面地表达含义，需要学生具备较强的移情能力，才能贴切地表达出原文的含义。

（六）把握词汇内涵

词汇是英语学习的重要基础，也是对话交流和英语翻译中的最基本单元，在以往的大学英语教学中，词汇教学仅仅关注词汇的字面意义、词形变化或者读音，而对词汇所代表的文化内涵、文化背景并没有给予重视，对优化学生的翻译能力十分不利。因此，在翻译教学中，教师要优化词汇教学手段，将其提升到英语文化的层面，促使学生认识到词汇文化的重要性。在不同语境下，相同的词汇可能存在截然相反的理解，例如“Magpie”一词，喜鹊在我国具有吉祥的意义，但是在西方国家，其却是代表了小偷。而由于二者的含义不同，如果学生利用汉语思维去翻译，难免会出现贻笑大方的尴尬局面。因此，教师不仅要教授学生词汇的含义，更是要挖掘词汇所蕴含的文化因素，避免学生在翻译中出现词汇的使用偏差。

（七）加强课外实践

语言学习是一个系统而复杂的过程，如果仅仅单纯地依靠课堂时间，则难以收到良好的效果，因此，在翻译教学中，教师要组织学生开展课外实践，通过各种课外活动，丰富和提高学生的翻译技巧与能力。首先，教师要在校园内创设良好的英语翻译环境，举办英语文化节、演讲比赛等实践活动，鼓励学生在平时多阅读英语书籍和英语报纸，观看英语电影，扩宽学生的英语视野，通过英语读物了解西方国家的风土人情和民族民俗；其次，教师要发挥互联网的作用，将网络打造成为培养学生跨文化意识的第二平台，利用网络收集有关英语国家文化与风俗的资源，并且上传到网络中，学生可以随意进行下载和阅读。同时，高校还要积极寻求与国外学校的合作，共同搭建英语学习平台，借助国外大学的资源优势，不断更新平台信息，进而提升学生的英语综合素质。

第八章 跨文化交际与高校英语教学融合探索

随着社会不断进步与发展，我国的高校英语教学的教学目标也在逐渐改变，从最初的对学生语言能力的培养，转向对学生交际能力的培养，再到今天对学生跨文化交际能力的培养，这就使跨文化交际成为高校英语教学的一个重要内容与方向。但是，由于中西方文化存在明显的差异，这就导致跨文化教学中的教与学有很多困难。因此，本章就将跨文化交际与高校英语教学相融合展开相关探究，以推进高校英语教学的改革与进步。

第一节 影响英语跨文化交际教学的因素

语言与文化密切相关，文化对语言有着重要的影响。文化不同，受其影响下的语言也不尽相同。在高校英语教学中，了解中西方语言与文化差异，有助于了解英汉语言的规律与文化习俗，明确产生差异的原因。本节就对这些因素展开具体分析和探讨。

对于英汉语言来说，词汇是其组成的细胞，且英汉两种语言中的词汇是非常丰富的。但是，这种丰富性也导致了英汉词汇在词义、搭配、构词方式等层面的差异性。

一、词汇意义差异

（1）完全对应。在英汉两种语言中，有些词在词义上是完全对应的，一般这类词包含名词、术语、特定译名等。例如，paper 指代纸，steel 指代钢。

（2）部分对应。在英汉两种语言中，有些词呈部分对应，即有些英语词词义广泛，而汉语词词义狭窄，有些英语词词义狭窄，但汉语词词义广泛。例如，

sister 既代表姐姐，又代表妹妹；red 既指代红色，又可以指代紧急、愤怒、极端危险的意思。

（3）无对应。受英汉文化差异的影响，英汉语中很多专门的词在对方语言中找不到对应词，就是所谓的“无对应”，也可以被称为“词汇空缺”。例如，chocolate 即巧克力，hot dog 即热狗。

（4）貌合神离对应。在英汉两种语言中，有些词表面看起来是对应的，其实不然，这种对应的词语可以称为“假朋友”。例如，grammar school 指为升大学的学生设立的中学，而不是“语法学校”；talk horse 意为吹牛，而不是“谈马”。

二、词汇搭配能力差异

词汇的搭配研究的是词与词之间的横向组合关系，即所谓的“同现关系”。一般来说，搭配是约定俗成的，但是英汉搭配规律里存在着明显的规律，不能混用。

另外，很多词具有很强的搭配能力，如英语中的 to do 可以构成很多词组。to do the bed 意思是铺床，to do the window 意思是擦窗户，to do one’s teeth 意思是刷牙，to do the dishes 意思是洗碗碟。通过上述 to do 组成的这些词语可以看出其搭配能力的广泛，可以用于“床”“窗户”“牙”“碗碟”等，但是汉语中与之搭配的词语不同，用了“铺”“擦”“刷”“洗”等。

再如，汉语中的“看”在用英语表述时则有多种不同搭配。看电影即 see a film，看电视即 watch TV，看地图则为 study a map。

在英语中，句法起着十分重要的作用。了解中西句法的不同特征，有助于更好地进行英汉互译。中西句法的差异有很多，这里主要从语态、句子重心两个层面入手分析。这些差异也反映出使用不同语言的民族思维方式与文化心理结构的不同，因此是值得了解与研究的。

三、语态差异

中西方思维模式的不同也必然会影响着语态的选择。通过分析英语和汉语可知，英语善用被动语态，而汉语善用主动语态。

（1）汉语善用主动语态。在做事层面，中国人侧重动作执行者的作用，即所谓的重人不重事。在语言使用中也是如此，中国人更习惯采用主动语态来表达，以陈述清楚动作的执行者。

但是，汉语中也存在被动语态，主要来表达不希望、不如意的事情，如受祸害、受损害等。受文化差异的影响，汉语中的被动语态往往比较生硬。例如，“饭吃了吗？”这句话虽然使用被动语态表达，但是显得非常别扭，甚至很难读，因此应改为：“你吃饭了吗？”

（2）英语善用被动语态。西方人对于物质世界的自然规律是非常看重的，习惯弄清楚自然现象的原理。在语言表达上，他们习惯采用被动语态来对活动、事物规律或者动作承受者加以强调，对于被做的事情与过程非常看重。

从语法结构上说，英语中存在十多种被动语态，且时态不同，其被动语态结构也存在差异。

四、语篇差异

对于英汉两种语言来说，语篇即语言的运用，是更为广泛的社会实践。在中西语言中，语言是词汇、句子等组合成的语言整体，是实际的语言运用单位。人们在日常交谈中，运用的一系列段落都属于语篇。同时，语篇功能、语篇意义等都是根据一定的组织脉络予以确定的。中西语篇在组织脉络上存在着明显的差异，这些差异影响着人们的谋篇布局。基于此，下面就对中英语篇差异展开分析和探讨。

（一）逻辑连接差异

（1）隐含性与显明性。所谓隐含性，是指汉语语篇的逻辑关系不需要用衔接词来标示，而是通过分析上下文可以推断与理解。相反，所谓显明性，是指英语中的逻辑关系是依靠连接词等衔接手段来衔接的，语篇中往往会出现 but、and 等衔接词，这可以被称为“语篇标记”。汉语属于意合语言，英语属于形合语言，前者注重意念上的衔接，因此具有高度的隐含性；后者注重形式上的接应，逻辑关系具有高度的显明性。

（2）展开性与浓缩性。除了逻辑连接上的显明性，汉语中呈现展开性，即常使用短句，节节论述，这样便于将事情说清楚、说明白。英语在语义上具有浓缩性。显明性是连接词的表露，是一种语言活动形式的明示，但是浓缩性并未如此。英语具有独特的思维方式与语言特点，这也决定了表达方式的高度浓缩性，习惯将众多信息依靠多种手段来思考，如果将其按部就班地转化成中文，那么必然是不合理的。

（3）迂回性表述与直线性表述。英汉逻辑关系的差异还体现在表述的直线性与迂回性上。汉语侧重铺垫，先描述一系列背景与相关信息，最后总结相关陈述要点。英语侧重开门见山，将话语的重点置于开头，然后在逐层介绍。

（二）表达方式差异

（1）主题与主语。汉语属于主题显著语言，其凸显主题，结构上往往包含两个部分，一部分为话题，一部分为对话题的说明，不存在主语与谓语之间的一致性关系。英语属于主语显著的语言，其凸显主语，除了省略句，其他句子都有主语，且主语与谓语呈现一致性关系。对于这种一致关系，英语中往往采用特定的语法手段。

（2）客观性与主观性。中国人更注重主观性思维，因此汉语侧重人称，习惯采用有生命的事物或者人物作为主语，并以主观的口气来呈现。西方人注重客观性思维，因此英语侧重物称，往往采用将没有生命的事物或者不能主动发出动作的事物作为主语，并以客观的口气加以呈现。受这一差异的影响，汉语往往以主体作为根本，不在形式上有所拘泥，句子的语态也是隐含式的，而英语中的主被动呈现明显的界限，且经常使用被动语态。

第二节　跨文化交际在英语教学中的意义

当前，跨文化交际在高校英语教学中有着重要的作用，其不仅符合当代社会发展对教育的要求，也有助于实现高校英语教学的目标，同时与中国的国情相符合，因此下面就重点探讨跨文化交际在高校英语教学中的意义。

一、符合经济发展的需要

改革开放以后，中国发生了翻天覆地的变化，经济实力和国际地位显著提高。即使如此，中国依然有着更高的目标，依然还要不断提高自己在国际上的经济地位和市场竞争力。国际市场竞争力说到底还是人才的竞争力，大学作为为国家培养、输送人才的主要基地，也必须要适应我国经济发展的需要。英语作为高等教育的一门基础学科，影响着学生的职业生涯和可持续发展。英语能力不仅体现在英语知识的掌握程度上，还体现在文化背景知识上。从这一点来讲，高校英语教学中的文化教学也是必不可少的。

二、符合高校英语课程的内在要求

高校英语课程标准对英语交际能力有着明显的要求。英语文化和母语文化是两种文化体系，因此英语交际能力就是跨文化交际能力的一种体现。跨文化交际能力的提高，要求学生不仅要了解本族文化，也要精通他国文化，还要不断接受现实交际的验证。这就使得高校英语教学为了提高学生的跨文化交际能力，必须要进行一定程度的文化教学。

三、培养文化自信的必要手段

课程是学校教育的载体，且通过学科课程，学生才能获取课程内容，从而促进自身的成长与发展。之所以语言课程存在政治性，主要是因为语言的政治性的存在。语言不仅是一种对社会生活的呈现，更是一种文化对某种社会价值的表达与呈现。换句话说，语言在社会生活中充当的不仅是工具，还是目的。

相应地，语言课程也就有了二重性的特征，即“目的—手段”，其不仅是知性的呈现，还是人性的呈现，对于学生的世界观、人生观、价值观均有着独特且直接的影响。因此，在英语文化课程中，应该实现目的语文化与母语文化的并举，实现二者的平等对话，这样使学生一方面可以从不同的视角反思母语文化，另一方面对目的语文化有客观、全面的认识，从而实现二者视阈的融合，发现不同文化的价值，获得文化自信。

第三节 跨文化交际与英语教学融合的现状与任务

从当前社会背景看，我国应该在借鉴外国英语跨文化交际教学的基础上，从自身实际情况出发，对如何开展跨文化交际领域下的英语教学设立合理化的任务。就文化背景而言，世界文化是由不同文化群体构成的，各种文化都有属于自己的发展背景，也会涉及种族、历史等诸多方面的文化问题，所以教师应在跨文化交际视阈下的高校英语教学中帮助学生理解这些文化背景。就中国文化而言，跨文化学习为学生重新看待中国文化提供了视角，所以要求教师在英语跨文化交际教学过程中要引导学生对中国文化进行反思，发展自身的批判性思维，提高学生的文化认知高度。因为中西方文化上的差异，教师在跨文化交际视阈下的高校英语教学中应引导学生要尊重和理解中西方文化的差异，避免产生文化冲突。同时，教师应引导学生容纳不同文化之间的差异，做到不同文化的平等交流，进而实现合作。就文化价值来说，每个国家、民族均有自己的独特性，所以教师在展开跨文化交际领域下的英语教学中要使其了解多种文化，让他们主动发现多种文化中蕴含的共同性，以及多种文化对美好生活的追求，用开放的心态认识世界和自我，进而发现多元文化的价值。

本节就基于跨文化交际视角下高校英语教学来分析和探讨其现状和任务。

一、跨文化交际视域下高校英语教学的现状

语言与文化有着密切的关系，因此在高校英语教学中融入文化有着非常重要的意义。在早期的高校英语教学中，跨文化交际教学的目的就是在于让学生理解目的语文化，因此教师教授的也多为目的语文化知识及其相关背景。随着研究的深入，跨文化交际教学的内容也发生了改变，将文化态度、文化观念等内容也容纳进去。这时跨文化交际教学的目标也相应地发生了改变。

（一）外在表现

1. 频繁的跨文化接触

随着人类社会与思想的进步，人们的生活更加开放，不同国家、民族的人因生存的需要或者文化的需要而开始交往，并日益频繁。于是，跨文化交际就应运而生。

如果说人与人之间、家庭与家庭之间的交往是以民族化为特征的早期交往形式，那么国家与国家之间、民族与民族之间的接触则呈现了地域化或国际化的特征，进而演变成现在的全球化特征。从古至今，尤其是经济与科技发达的今天，不同民族间的交往日益紧密，这也就加速了跨文化接触的频繁。

2. 存在跨文化冲突

经济全球化导致各个国家在各个领域都发生着程度不同的交际，因此商品、技术、信息、人员等生产要素的跨国流动非常频繁。在这个国际化的时代，世界以一个整体的形式出现。不同文化背景的人进行着频度更高、范围更广、层次更高的跨文化交流。人们逐渐意识到，跨文化交际不是简单的英汉互译，而是需要交际者深刻理解彼此的文化背景。在越来越多的、越来越深层的跨文化交往出现的同时，越来越严峻的交往形势随之出现。

（1）跨文化冲突的普遍性

其一，跨文化冲突普遍存在于世界各地。古今中外，跨文化冲突无处不在。

其二，跨文化冲突普遍存在于各种文化层面。跨文化冲突可以发生在文化的各个层面，包括价值观、制度、生活方式等。

价值观是深层文化因素，是导致跨文化冲突的根本原因。因此，制度、生活方式的跨文化冲突就是价值观层面的跨文化冲突在制度、生活方式上的一种体现。所以，我们可以通过价值观层面的跨文化冲突来理解文化各个层面的跨文化冲突。

（2）跨文化冲突的尖锐性

其一，激化程度不断加强。跨文化冲突如果长期存在，没有得到缓解，并且反复进行，就很可能被不断激化，演变为对抗。

其二，爆发性逐渐增强。跨文化冲突的导火索可能是很小的事件，但最后往往酝酿成大的灾难性事件，以对抗收场。当争吵使得矛盾到达爆发的临界点时，大规模的跨文化冲突就会爆发。

（3）跨文化冲突的复杂性

文化本身就是一种复杂的现象，跨文化冲突就更应该是一种复杂的现象。有人认为，文化差异是导致跨文化冲突的根本原因。事实上，文化差异可能导致跨文化摩擦，但不一定会引起跨文化对抗。如果文化差异的双方都尊重对方的存在价值，就不会产生跨文化冲突。可见，文化差异不一定导致跨文化冲突。导致跨文化冲突的根本原因是试图强制性地消除差异。如果文化差异的双方都想将彼此取而代之，跨文化冲突就表现得十分明显。我们要消除的是跨文化冲突，而不是文化差异。因此，我们决不能抱有消除差异、同化对方的观念。

（二）内在表现

1. 教学大纲中缺乏可操作性的具体指导

2007 年 7 月，教育部下发了《高校英语课程教学要求》作为各高等学校组织非英语专业本科生英语教学的主要依据。整个文件较为详细地规定了听力理解能力、口语表达能力、阅读理解能力、书面表达能力、翻译能力、词汇量等，但是关于“跨文化交际”，仅仅在教学性质和目标出现一次，依然缺乏量化指标和可操作性的指导。

2. 文化碰撞实战演练较少

在母语环境中学外语的效果显然没有到目的语的环境中去学外语的效果好。

我国的学生学习外语大多都是在国内完成，十分缺乏外语环境与氛围，与异域文化的接触与碰撞较少。例如，学生在学习西餐中“开胃菜”这一单词时，可能要背诵好多次，对这个词的印象才能逐渐清晰，继而逐渐记住，但是对于开胃菜到底是什么可能还不是非常清楚。而学生若在外语环境中进行学习，整个这一过程参加一次一般都可以解决。外语文化氛围的缺少必然会不利于学生的文化学习。

3. 高校英语教学中侧重语言学立场

所谓高校英语教学的语言学立场，即将外语作为一门语言知识来教授的教育策略。具体来说，高校英语教学的语言学立场主要教授给学生词汇、语法等语言知识与语言规则，忽视语言背后的其他内容的教授，外语教育中这种单一的语言学立场明显是具有局限性的。

（1）割裂了语言与文化的内在关联性

众所周知，语言与文化关系密切，语言是文化的载体，文化是语言的灵魂。语言教育肩负着使不同文化得以传递、保存、发展的重要责任，因此语言教学是一种文化传播的过程与手段。

语言与文化具有同构性。从语言的形式构成来说，任何语言都是由语音、词汇、语法等要素构成的；从原因的形成来说，任何原因都是对特定价值观念、思维方式等的反映，每一种语言都与某一特定的文化相互对应，而修辞的运用、语言结构的选择、语言意义的生成等都会受到文化特性、文化价值观的规范与制约。因此，就本质上而言，语言的发展与传播反映的是文化思维方式、文化价值观念等的变革。就教育层面来说，语言学习的过程就是文化理解、文化传播的过程，也是促进学生思维方式与价值观念建构的过程。如果学生的语言学习离开了文化学习，那么学生学到的仅仅是语言符号，这样就导致语言学习的符号化。

也有人认为，文化学习是源于语言学习的。但是如果把文化的东西简单地视作形式化的语言符号，那么文化学习就走向纯粹的语言符号了。传统的外语教育只注重语言形式的学习与技能培养，人为地将语言教学与文化教学割裂开来。这样很多学生即便学到了语言知识，能够说一口流利的语言，但是也很容易出现语用错误。实际上，任何知识都是由三个部分组成的：符号表征、逻辑形式与意义，而逻辑形式与意义不仅在符号表征中得到呈现，还在语言知识特有的文化元素中呈现。如果将语言的符号知识与其隐含的文化元素割裂展开教学，便是割裂了语言知识与文化内涵之间的关系，这样的外语教育显然也会失去文化立场。

（2）不利于渗透国际理解教育

与母语相比，英语教学为学生打开了另外一扇窗户，其能够引导学生了解另外一个民族的语言文字以及背后的文化与价值观念等，进而提升学生的文化理解力。尤其在当前经济全球化背景下，英语教学需要确立一种开放的思维方式，引导学生逐渐形成国际理解力，但是英语教学这种单一的语言学立场显然并未认识到文化的重要作用，这就很难让学生认识多元的世界，形成一个开放的思维。

（3）不利于提升学生文化选择力、文化判断力、文化理解力

我国社会就文化背景的构成来说，虽然没有那么大的差异，但是内部也会存在一些不同。基于这样的现实，如何开展与文化模式相适应的教学呢？随着国际合作办学不断发展，很多城市开办了国际学校，会招收不同国籍、不同种族、不同文化背景的学生，这必然对多元文化教育提出更高的要求。教师如果对不同的文化模式不了解，就很难驾驭多元文化教育课题要求，也就很难提升学生的文化选择力、文化判断力、文化理解力。

二、跨文化交际视阈下高校英语教学的任务

教学任务即教学目的，在跨文化交际背景下，高校英语教学的目的在于提升学生的跨文化交际能力。具体来说，主要体现在如下几点：

（一）帮助学生树立多元文化意识

对世界文化多样性的了解，有助于人们建立多元文化的意识与观念。不同文化产生的背景不同，是不能相互替代的。基于全球化的视角，各个文化群体之间的交流也日益频繁，因此需要对异质文化予以理解与尊重，努力避免在交际过程中出现冲突。

在高校英语文化教学中，教师应该努力培养学生积极主动理解不同文化的意识，让他们对自身文化有清晰的了解，同时以正确的心态对待他国文化，应对世界的多元化。

（二）发展学生的批判性思维

在高校英语文化教学中，教师应该不断培养学生的批判性思维，让学生对本国文化加以反思，然后采用多元文化的有利条件，对文化背后的现象进行假设，确立自己的个人文化观念。

第四节　跨文化交际与英语教学融合的原则与策略

当前，教育部明确指出高校英语课程不仅属于一门语言基础课程，还是对世界加以了解，拓宽自身知识面的文化课程，不仅具有工具性，还具有人文性。同时，教育部还要求高校英语教学应该注重对学生文化素养的培养。可见，跨文化交际视阈下的高校英语教学意义重大，这就要求高校英语教师必须掌握具体的教学方法以及遵循相应的教学原则。

一、跨文化交际与英语教学融合的原则

有理念，就有方法论。方法形成之后，也不是恒定的，会随着理念的变化而变化。既然高校英语文化教学的理念在广泛传播，那么它的实施方法就需要被探讨。概括而言，高校英语文化教学的实施方法主要有以下几种：

（一）文化引入法

1. 说明法

在中国，学生一直生活在母语环境中，因此学生对很多文化背景知识可能是不太了解的。所以，当学习材料中的文化背景知识影响到学生对学习材料的理解时，教师可以对有影响的文化背景知识做一些说明介绍。教师的说明介绍最好安排在讲解学习材料之前的一段时间进行，以便为学生理解学习材料做铺垫。要将说明介绍的工作做好，教师需要提前在课外时间做好准备工作，搜集一些与教学内容相关的典型文化知识，并通过自己的消化理解将其恰当地应用到课堂之中。通常情况下，教学材料中的作者、内容和事件发生的时代可能都蕴含着一定的文化内涵，故而学生必须广泛学习这些背景知识，否则就难以准确理解所学材料。

2. 比较分析法

有比较，就有结果。只有在比较中，事物的特性才会表现得更加明显。经过了不同阶段的发展，中国和西方国家在长时间的历史积淀中形成了不同的文化。因此，在高校英语文化教学中，教师可以通过母语文化和英语文化的比较，来让学生更加深刻地认识母语文化和英语文化。在跨文化交际中，学生也因此提高了文化敏感性，会更加重视文化对于交际的影响，从而减少甚至避免文化差异引起

的交际冲突。打个简单的比方，问别人的行程和年龄在中国是很正常的，但是在西方人眼里这些是对隐私的侵犯。

3. 文化讨论法

文化讨论是教师进行高校英语文化教学的重要策略，首先这一策略充分尊重了学生的主体地位，其次学生在讨论过程中可以学习关于文化的各种知识，最后讨论策略有助于提高学生对文化学习的积极性和主动性。因此，教师在高校英语文化教学中，可以灵活采用文化讨论法进行教学。具体来说，教师能够以班级为单位，组织学生就某个专题开展面对面的讨论，并在讨论过程中解决实际问题或解答特定课题。教师可以提前布置一定的任务，让学生进行有针对性的讨论。

（二）师生互动法

教师要努力尝试通过和学生的互动来实施高校英语文化教学。教学的本质决定了教学不应该是单向行为，而应是双向行为。因此，高校英语文化教学应该真正回归到教学的本质上来。互动法的完美落实，需要教师做好一些功课。首先，教师要培养学生正确的文化心态，使学生平等看待一切文化。其次，教师要营造平等、自由和开放的互动氛围，鼓励倾听和表达，使得学生尽情发挥，畅所欲言。在互动过程中，教师和学生扮演不同文化中的角色，使学生理解外来文化。

（三）外教辅助法

客观条件优越的学校可以适当地聘请一些外籍教师授课。外教的到来对高校英语文化教学具有以下几个作用：

1. 外教对学生的影响

外教不仅可以提升学生的英语学习兴趣，还能真正促进学生跨文化交际能力的提高。外教作为异域文化中的成员，比较能够引起一批学生的好奇心，这些学生在与外教接触和交流的过程中增强了对英语口语表达的信心，还能收获课堂上学不到的社会文化背景知识，能真正提高英语文化敏感度和英语交际能力。另外，学校可以定期利用外教组织英语角，这样就为学生创造了纯正地道的英语环境和文化环境，有利于英语听力和口语能力的提高，从而使得跨文化交际能力也有一定的进步。

2. 外教对教师的影响

在中国的大环境下，很多中国英语老师虽然出身于英语专业，但是由于口语的练习机会很少，英语口语表达能力依然比较欠缺。而外教来到学校以后，这些中国英语教师因为教学工作的关系，就获得了许多与外教直接交流的机会，外教可以帮助他们纠正语音上的错误，这就使得中国老师锻炼了自身英语口语表达能力。另外，外教是在另外一种不同的文化氛围中成长和学习的，其教学模式可能更加有趣、生动，中国的英语老师可以汲取外教的教学模式中的优势，以利于提高自身的教学水平。

当中国教师的跨文化交际能力和英语教学水平提升以后，直接的受益者就是学生。中国教师的跨文化交际能力提升了，就能在和学生的交际中更有效地提升学生的跨文化交际能力。中国教师的英语教学水平提升了，在实施高校英语文化教学中就能取得更好的效果。

如果外教的学校教学工作让他们获得了良好的感受，外教往往会把国外的教育行业的朋友或者机构等介绍给学校，这样学校就可以通过夏令营、冬令营的形式和国外的教育行业进行互访、学习和交流，从而提高学生自身的跨文化交际能力。

第九章　跨文化视域下高校英语教学的新发展

随着时代的进步，经济与社会的迅猛发展，高校英语教学也在不断与时俱进，因为只有不断更新与发展才能跟上时代发展的步伐。在跨文化视域下，高校英语教学的新发展表现在很多方面，如教学模式的创新、线上线下混合教学模式的实施、学生自主学习能力的培育和养成等。基于此，本章就针对这几个层次展开分析和探讨。

第一节　创新教学模式

一、慕课教学模式

（一）慕课教学模式简述

1. 基本内涵

慕课英文简称为 MOOC，全称是“大规模在线开放课程（Massive Open Online Courses）”。慕课教学源于美国，在短短数十年间，被全世界广泛运用。慕课这一模式是由具有分享与协作精神的个人组织而成，将优异课程予以上传，让世界各地的人们可以进行下载与学习。

从形式上说，慕课教学就是将教学制成数字化的资源，并通过互联网来实现教与学的一种开放环境。本质上看，慕课教学是一种与传统课堂相对的课堂形式，因为其基于互联网环境而发送数字化资源，实施的是线上教学。学生完成了网上课程学习之后，通过在线测试后，可以获得证书或证明。

一般情况下，慕课教学的要素包含如下四点：具有完整的教学视频，并且一般视频时长设置为 8~15 分钟；具有完善的在线考试体系，往往可以实现过程考核与个性考核；具有一定量的开放性话题，可以提高学生的学习兴趣与积极性；具有 PPT、电子参考教材、模拟试题与解析等其他辅助资源。

基于这些要素，慕课教学需要教师与学生之间的互动，如教师对信息的发布、回答学生问题等。慕课教学本身为学生提供了学习的数据，教师和学生都可以通过数据，对学习状态进行分析，从而改善自身的学习情况。

2. 具体分类

根据蔡先金等人所著的《大数据时代的大学：e 课程 e 教学 e 管理》一书，慕课教学模式一般划分为如下两类：

（1）基于内容的慕课教学模式

基于内容的慕课教学模式主要强调学生对内容的掌握，往往会通过总结性评价、形成性评价等形式，对学生的学习结果进行评价。当然，其对于学习社区也非常看重。这一模式构建了很多名校的讲课视频，同时设置了专门的测试平台，学生可以免费学习，并获得证书。

（2）基于任务的慕课教学

基于任务完成为主的慕课教学模式即侧重于研究学生完成任务之后对知识与技能的获取情况。学习按照步骤来开展，学生才能使用符合自己的学习方式，不受其他条件的约束和限制。通过对文本材料或录像材料等的阅读与观看，学生对学习成果予以共享，并通过音频、视频设计等将自己的某一项技能展现出来。这种就是以完成任务为主的慕课教学模式的体现，其对学习社区的研究也非常看重，因为社区是将学生学习案例与设计展现的地方，有助于学习内容的传递，其并不关注学生学习的结果，也不对学生展开评价。

但综合来说，上述两种模式具有如下几点特征：

其一，慕课课程的设计与组织是基于网络建构的。

其二，慕课课程的设计不仅涉及课程资源、视频等，还涉及学习社区等。

其三，慕课视频一般为 8~15 分钟。

其四，学生可以自由选择慕课课程的学习内容。

其五，慕课课程的设计对象是大规模的，面向大多数学生，且设置的学习目标也是多样化的。

其六，慕课课程的设计具有交互性，且是开放的、不断创新的。

（二）实施高校英语慕课教学模式的意义

英语慕课教学在英语教学中的运用必然会导致教学方式与理念的变革。这就是说，慕课教学对当前的英语教学具有重大的作用，具体表现如下：

1. 真正实现了教学针对性

基于传统的英语教学模式，高校英语教学常采用大班授课的方式，由于教师面临的学生众多，就很难详细了解学生的个体情况，更难以开展有针对性的教学，对此教师不得不以单一的标准进行统一授课，从而限制了学生的个体发展。而慕课教学模式有效地解决了这一问题，由于慕课关注学生个人诉求，通过慕课教学，学生可以根据自己的爱好、学习水平等选择适合自己的学习内容，真正实现了教学的针对性。

2. 凸显学生的主体地位

慕课要求学生在上课之前就完成相应的预习，在上课过程中由教师来答疑解惑，课后要求学生完成相应的巩固练习，无论是课前还是课后的作业都进行量化，计入总分。慕课中教学模式改变了传统课堂教学中师生角色，教师不再霸占整个课堂，而是成为学生学习的引导者和帮助者，学生也不再是被动的接受者，而是成为教学的主体。在各种作业的推动下，学生积极进行探索，变为主动的学习者，学习的参与度也显著提高。

3. 扩大学生自身的知识储备

在我国，高校英语教学主要是通过课堂教学的形式展开，面对繁重的课业压力与紧张的教学时间，课堂教学所能带给学生的英语知识实在有限。而慕课教学以网络为平台，向学生提供了更为丰富的知识储备，方便学生及时更新自身知识。同时慕课的在线课程还包含在线论坛与小组讨论，这些都能极大地提高了学生的学习兴趣与效率。

4. 让学生能够充分利用碎片化时间

慕课教学的视频一般时间不会太长，多在 8~15 分钟，短时间的学习能够使学生集中注意力，并且高效率地进行学习。慕课教学模式不存在时空的限制，学生可以对自己的学习进度加以自主安排，充分利用碎片化时间，对于不理解的知识内容可以通过反复观看视频学习，最大限度地利用教学视频。

5. 为学生营造良好的学习环境

良好的英语学习环境能显著提升学生的英语学习效率，但是目前的高校英语教学中仍缺乏利于学生学习的英语环境，这对学生学习效率的提高起到了阻碍作用。而英语慕课教学模式可有效弥补高校英语教学的不足之处。慕课的应用依赖于互联网技术，具有很强的交互性，在慕课学习中，学生和教师能够随时随地沟通，双方的交流均不受时间和空间的限制，而学生与学生之间也可以彼此交流和分享学习经验，进行合作学习。此外，通过慕课学习，学生可以与世界各地的学生聚集在一起学习英语，相互之间开展交流和讨论，这样不仅能营造良好的英语学习氛围，还能接触地道的英语，提高跨文化交际和综合英语素质。

（三）实施高校英语慕课教学模式的方法

一般来说，在高校英语教学中，慕课教学往往会通过如下几个步骤来展开。

1. 重构课程模式

基于慕课的高校英语教学属于在线教学模式，有着传统英语教学所不具备的优势，但本身也存在一些无法避免的缺陷，如师生之间无法面对面交流，这使得教师无法分辨学生能力，也不可能彻底做到因材施教，只能根据大部分学生的学习情况来讲解内容。这就使得慕课教学要与传统教学有机结合，采取优势互补的方式重构英语课程教学模式，实现二者的资源整合，以提高高校英语教学效果。

两种教学模式有效结合的方式是教师以传统的课堂教学为主、慕课英语教学为辅的形式来开展教学，以课本的知识为主要内容，同时辅以慕课教学模式，充分利用慕课所拥有的海量教学资源，进一步丰富教学内容，对课本知识进行延展，使学生根据自身的实际情况进行自主学习，扩展知识面。在教学中，要将学生置于课堂教学的主体位置，进行师生之间的活动，针对学生存在的具体问题进行解答，帮助学生理解和学习。在课下，教师可以通过慕课平台对学生进行知识的拓展和补充，以满足学生不同层次的需求。此外，教师可以通过慕课模式布置课后作业，并通过网络实时监控学生的完成情况。

2. 科学制作教学视频

慕课是通过视频来传达内容的，所以教学视频是慕课教学的基础与核心，教学视频的质量直接关系着慕课教学的最终效果。对此，教师在运用慕课进行高校英语教学时，应针对学科的特点，精心地制作好视频，不仅要控制好视频的时间，同时要科学、精致地安排视频内容。对于视频的长度，通常维持在 8~15 分钟，视频时间太短将无法充分展现教学内容，视频时间过长则会使学生产生倦怠心理。教学视频贯穿于慕课教学的始终，课前通过慕课视频向学生提出疑问，提高课堂教学的针对性；课中可用慕课视频来加强学生的理解和记忆；课后让学生通过慕课视频加以复习和巩固。慕课视频的内容要具有针对性，突出教学的重点和难点，使学生进行有针对性的学习。

3. 完善课程评价体系

课程评价体系是教学的重要环节，是促进学生投入学习的重要手段。学生是否重视一门课程的学习，很大程度上源于这门课程在课程体系中所占的地位和比重。因此，要想促使学生能够积极地投入慕课学习，就要加大慕课在课程中所占的比重，提升其在课程体系中的地位。例如，教师要求学生根据自身的情况进行一个或多个慕课课程学习，同时针对慕课课程安排平时作业，并将平时作业的完成情况纳入平时成绩中，将慕课的期末成绩纳入学生的期末成绩中，以调动学生学习慕课的积极性。

此外，完善课程评价体系，还应建立完整的慕课教学考核制度。首先，根据英语教学标准，对学生的英语综合能力进行考察。其次，对学生的学习态度及能力进行考核，并检查学生的自主学习效果。最后，考核学生的慕课知识学习情况，包括学习时长、任务完成情况、学习效果等，增强学生的英语实践运用能力。

4. 教师积极发挥作用

慕课在高校英语教学中的作用不言而喻，但是慕课教学模式尚有待完善，需要教师参与相关的培训，而且学生水平各有差异，也需要教师实施有针对性的教学。因此，在慕课教学模式中，教师依然扮演着很重要的角色。首先，教师应该积极探索能够激发学生主动性和积极性的慕课课件。其次，教师需要对学生的基本情况有一个清晰的了解，保证慕课课件能够被大多数学生理解和把握。最后，教师还需要了解不同学生的自主学习能力，锻炼学生的心理素质，使他们尽快适应这种新型的教学模式。

二、微课教学模式

（一）微课教学简述

1. 基本内涵

关于“微课”，目前还未形成一个统一的概念，下面将介绍一些有代表性的关于微课的观点。

最早提出“微课”这一概念的是学者胡铁生，他通过借鉴慕课的定义，认为微课即微课程的简称，即以微型视频作为载体，对某一学科的重难点等教学知识点与教学环节来设计一个情境化、且支持多种学习方式的网络课程。

之后，胡铁生对这一观点进行了改进，认为微课是根据新课程标准及课堂教学的实际情况，以教学视频作为载体，对教师在课堂中针对某一知识点或教学环节而展开的精彩教学活动的有机结合体。

郑小军、张霞则认为，微课不等同于课堂上的实录，而是从某个重难点出发创作的视频，即微课聚焦了重难点问题，且将那些有干扰的信息排除掉。

上述众多学者的概念是非常具有针对性的，且一定程度上将微课的特征真实反映了出来。笔者对于胡铁生的定义更为推崇，认为从本质上说，微课是一种支持教与学的微型课程。

2. 具体分类

当前，在微课教学中，有几种模式是非常常见的。但是这几种模式的构成要素有着较大的差异，都有各自的特点与语用范围，下面就对这几种模式展开详细的论述。

（1）非常“4+1”微课资源结构模式

非常“4+1”微课资源结构模式主要由五个要素组成。

“1”代表的是微视频，占据着最核心的地位，是核心的教学资源；其他四项包含微教案、微课件、微练习、微反思，都是围绕微视频这一核心建立起来的，并配合这一核心完成教学过程的构建。因此，“4”是指与微视频关系最为密切、并与之配套的四种资源，即上面提到的微教案、微课件、微练习、微反思。这一模式的结构非常简单，但是适用性非常大，对于那些独立的、内容简单的微课设计具有重要的借鉴意义。

（2）“123”微课程教学运作模式

通过微课、微课程、慕课、翻转课堂等模式的研究，构建了一种微课教学模式。

这里的“1”指代教学活动应该以微课程为中心。一般情况下，一门微课程中包含 20~30 集微课，那么这 20~30 集微课视频就可以称为一组。

这里的“2”指代教师根据两套教案，对微课程进行组织的教学活动。其中，以微课教案来组织微课视频设计，以翻转课堂教案组织具体的学习内容、课程结束之后学生的自主学习等。

这里的“3”指代学生根据三组资料展开自主学习，从而提升学习的效果。其中导学案指导学生课前学习、课中学习与课后学习；助学资料指导学生创新与探索，解决学习中的疑难问题；内化训练包含微课平台中进阶式的训练与检测，还包含一些创新课题研究等，从而便于知识的内化与迁移。

这一教学模式具备如下三个特点：

（1）运行模式分别考虑到教师和学生两大主体的活动内容和关联要求，使微课程教学运行有机统一，不会产生割裂情况。

（2）两个教案均以微课视频为核心且各有侧重点和目的性，构建了一个微课程的系统性、完整性教学方案。

（3）指导学生能够自主、有序和科学地进行学习的三组教学资料密切配合，使不同基础的学生都能得到相应的支持和帮助，减少因学习差距引起的恶性循环，促进全体学生基本上能同步提高学习成绩。

（二）实施高校英语微课教学模式的意义

在高校英语教学中运用微课开展教学，可以为学生创造直观而且优良的教学环境，能让学生将全部精力放在英语学习上，对于英语教学而言意义重大。具体而言，微课在高校英语教学中所发挥的作用体现在以下几个方面：

1. 顺应了时代发展要求

互联网技术的发展，使得人们可以更加方便地接收信息。随着互联网进入微时代，微视频、微信、微博等逐渐普及，并成为人们日常生活中的重要部分。就教学而言，学生对手机的关注多于对课本的关注，教师传统的对段落和知识点的讲解方式只会让学生觉得枯燥乏味，对此有些学生甚至不带课本，而是随身携带手机等工具上课。在信息化时代，学生更能接受数字信息化的学习模式，偏向于既简单通俗又富有趣味性的知识信息，而微课作为信息技术发展和教学改革的产物，便能有效满足学生的这种学习心理，对于激发学生的学习兴趣发挥着重要作用。

2. 满足不同层次的学习需求

教师在使用微课教学时，会将微视频上传到微信或者 QQ 等平台上供学生进行分享，此时那些在课堂上没有记笔记或者存在理解障碍的学生可以根据需要反复观看视频内容，温习所学内容，进而加深和巩固所学内容。

3. 推动了教学模式改革

教育改革的推进深受新型教育模式的影响，高校英语教学改革也在这种模式的推动下不断深化。传统的高校英语教学模式形式陈旧单一，无法满足学生的需求，也无法适应当代社会的需求。通常是一节课中课程讲授量过大，往往会超出学生的接受限度，学生多感觉课堂教学无聊乏味，如果使用微信或者 QQ 发布英语知识点讲解，则会更加受欢迎，因此微课是当代创新性的教学方式，属于知识的传递者，能够满足学生的具体需求。将微课教学运用于高校英语教学，可以加速教学改革，更新教师的教学结构和教学理念，使教师顺应时代的发展和学生的需求，也能让英语教学跟上时代的发展。此外，微课推动着高校英语课程内容和体系的改革，微课通过时代信息技术，整合教学资源，可以扩大教学途径，转换学习视角，丰富教学资源，改革课程体系。

4. 培养学生的自主探究能力

培养学生的自主探究能力是高校英语教学的重要任务之一，因此在高校英语教学中，教师应注重培养学生的这一能力。而有效利用网络和微课教学的优势，可显著提高学生的自主探究意识和能力。具体而言，教师在向学生讲解英语课文时，可结合教学中重点内容和课文中出现的不同角色，先播放相关的视频让学生观看，然后对他们进行分组，让学生以小组为单位讨论课文内容，并进行创意表演。通过这一过程，学生不仅积极性被调动，还能积极自主探究学习内容，加深和巩固对课文的内容理解。

5. 创新型的师生关系

在高校英语课堂教学中，教师普遍使用多媒体进行教学，就是以书本内容为核心，以 PPT 的形式来讲解课文知识。受课堂时间的限制，教师在讲解过程中语速会较快，模式单一，大多数学生未能完全掌握课堂知识，而且对课堂教学缺乏兴趣，因此教学效果往往不佳。而在微课教学中，教师的角色发生了变化，其不仅是传授者，也是解惑者和引导者，教师除了向学生提供学习资源，还会指导学生进行有效学习，满足学生不同层次的个性需求，这也将有利于改善师生的紧张关系，拉近师生之间的距离。

（三）实施高校英语微课教学模式的方法

从当前的文化教学实践分析，微课教学有着广阔的前景。虽然英语文化教学中微课教学的设计是当前关注的重点问题，但是也不能忽视英语文化教学中微课教学的实施。

1. 构建微课学习平台

英语文化教学中微课教学主要是基于视频建构起来的，同时需要设立互动答疑、微练习等辅助的模块。这些模块的构建对于学生文化学习兴趣的提升、教师信息化应用能力的提高等都是十分有帮助的。在这之中，微慕课平台是一个较为创新的平台，即运用微课教学展现慕课教学的专业化与系统性。这一平台结构更为灵活、知识含量更高，是一个较好的平台。

2. 开发与共享微课资源

当前的英语文化教学中教学资源设置不平衡的现象日益凸显出来，而微课教学的出现，使得教学资源可以通过互联网传送到各个地方，便于各个地方及时更新与推进，实现真正的资源共享。

3. 提升微课的录制技术

英语文化教学中微课教学要求录制技术较高，且尽可能保证其简单化，使教师便于执行，同时不断提升自身的录制技术。

另外，微课视频研发人员也应该不断对技术进行提升，追求更加卓越的技术，使英语文化教学中微课教学的实施得到更大范围的推广。

三、翻转课堂教学模式

随着教学过程的翻转，教与学的流程、责任主体、师生角色、课内外任务安排、学习地点和备课方式等方面都发生了明显变化。与传统意义上的课堂教学结构相比，翻转课堂颠覆了人们对课堂模式的思维惯性，改变了学生的学习流程，从新的角度揭示了课堂的新形式、新含义。有人认为，“翻转课堂”打破了以往传统的教学结构，颠覆了人们头脑中对课堂的传统性理解，倡导先学后教、以学定教，赋予了学生学习更多的自主性和选择性，强化了师生之间的沟通与交流，实质上是学生学习力解放的一次有益尝试。这契合了国家教育信息化发展规划指导思想的核心——创新学习方式和教学模式，它也因此被称为是对传统教学模式的“颠覆式创新”，成为信息技术与学习理论深度融合的典范。

通过进行定量分析，学习成效金字塔揭示出从简单的灌输式学习到深入体验式学习对学生的影响的转变，也对提高学习效率的途径进行描述，启示学生应该动用自身的多种感官来展开学习。学生只有对多种知识进行主动掌握，才能真正地在做中学。

（一）实施高校英语翻转课堂教学模式的意义

翻转课堂教学为高校英语教学提供了新的平台与良好的契机，从本质上体现了英语教学改革的深化，帮助英语教学突破困境，为学生的英语学习提供了便利。下面将具体分析高校英语翻转课堂教学的意义。

1. 使得教学更加直观和简单

在传统的高校英语教学中，教师的教学内容主要是以课本为主，呈现方式也是以板书为主，这种教学方式对于学生来说不仅不够直观，还不利于其理解相关知识。如果仅限于传统的课堂教学模式，根本无法有效培养学生的英语运用能力。翻转课堂通过借助多媒体技术，将相关的图片、音乐、视频等融入教学视频，使得原本晦涩难懂的英语知识变得直观和简单，也使得原本沉闷的课堂教学变得生动活泼。

2. 使教学更具多样性和趣味性

用于翻转课堂的教学视频的制作对教师的专业能力有着很高的要求，要求教师所制作的视频内容简洁、形式多样、幽默丰富等。基于这些要求和特点，翻转课堂有效增添了高校英语教学的趣味性，不仅能创造良好的学习环境，还能有效激发学生的学习兴趣。此外，很多的翻转课堂教学视频涉及的内容十分广泛，包括英语音乐、英文电影、英语小说等，这些内容与课程教学息息相关，使得教学形式生动形象，且更加多样化。

3. 能够提升学生的主动意识

在翻转课堂教学中，师生之间互动频繁，学生的主观能动性被充分调动，学生掌握着学习的主动权。基于翻转课堂教学模式，学生可以根据教师提供的资源先进行自主学习，也可以在课堂上与教师展开学习方面的探讨，进一步深化与掌握知识内容。这有效体现了学生的主体地位，而且淡化了学生对教师的依赖性。

4. 加深了学生之间的互动

翻转课堂改变了传统教学模式中师生之间的相处方式，翻转课堂中，教师与学生之间形成了一对一的交流。如果学生对某一知识点存在质疑，那么教师可以将这些学生集中起来，对他们进行特别指导。另外，在翻转课堂中，教师不再是学生知识的唯一来源，学生与学生之间还可以进行互动学习。

5. 能够使学生反复学习

在传统的高校英语教学中，教师不可能兼顾所有学生的需求和感受，只能按照教学大纲要求和按步骤统一进行授课，这就会使部分学生跟不上教师的节奏，无法有效掌握课堂教学内容。而翻转课堂教学可以有效解决这一问题，在翻转课堂中，学生可以随时暂停、重放视频，直到自己看懂、理解为止。

（三）实施高校英语翻转课堂教学模式的方法

翻转课堂作为一种颠覆传统课堂的教学模式，其教学设计过程当然不同于传统教学设计过程。虽然国内外出现了各种各样的翻转课堂教学，但它们都建立在课程资源、教学活动、教学评价和支撑环境这些要素的基础之上，所以翻转课堂教学的设计也是以此为依据的。

1. 教学过程的确定与设计

美国创新学习研究所（Innovative Learning Institute，简称 ILI）提出了翻转课堂设计流程。ILI 认为，翻转课堂的设计过程主要包括确定学生课外学习目标、选择翻转内容、选择内容传递方式、准备教学资源、确定学生课内学习目标、选择评价方式、设计教学活动、辅导学生八个主要环节。

（1）确定学生课外学习目标

英语文化教学中翻转课堂教学过程的设计首先要确定学生的学习目标。翻转课堂使得课内教学和课外教学进行了颠倒，学生总共需要完成两次知识内化过程，第一次知识内化是在课外自主学习新知识，第二次知识内化是在课内完成的。显然，课内和课外对学生的要求是不同的，学生需要在课内外实现不同的学习目标。

（2）选择翻转内容

当确定了翻转课堂的课外学习目标后，就要结合学生本身的认知规律和特点去选择课外自主学习的合适内容。课外学习目标主要是低阶思维的目标。

（3）选择内容传递方式

选择内容传递方式是指确定学生的自主学习内容通过什么媒体工具表现出来。教师要结合持有的接收设备情况、学习者的地理位置、学习内容的形式和资源大小等因素，选择与学生开展个性化学习、传递内容形式丰富、传递速度快、获取方便的内容传递方式。

（4）准备教学资源

在确定了学习内容及其传递方式后，就可以搜集相关的网络学习资源供学生学习，或者开始制作、开发新的相应的学习资源。在该环节中需注意，无论是利用已有的学习资源还是自己开发新的学习资源，均需与先前确定的学习内容保持一致，并且资源的形式、大小等要求也需和传递工具相匹配。

（5）确定学生课内学习目标

第一环节确定的是课外学习目标，是针对低阶思维技能的学习目标；本环节确定的是课内学习目标，是针对分析、评估和创造等高阶思维技能的目标。因为在课外，学生能参与的更多的是培养其识记、理解和应用等的学习内容，而在课内，学生是通过与同伴和教师面对面地交流、讨论和开展协作探究等活动。所以，这一环节的学习目标与第一环节的学习目标有所不同。

（6）选择评价方式

在教学正式进行前，教学中的主体者和主导者，即学生和教师都要对课堂教学活动提前做好充分的准备。对于教师而言，选择一种合适的评价方式非常重要。低风险的评价方式应该是教师的理想选择，它是指不对学生的评价结果进行分数、等级的评比，而仅作为发现学生学习问题的一种教学评测方式。通过低风险的评价方式，教师可以发现学生学习真正的难点，以便教师和学生调整教学计划和学习计划。低风险的评价方式有很多，其中一种就是常用的课前小测验，这些小测验的题目量并不多，一般只有 3~4 个问题，针对的是学生在课外自主学习的内容，其不仅仅是检测学生在课前学习的事实性知识，更重要的是为学生提供一个综合应用所学知识的机会。通过课前小测验，教师能及时地把测验中出现的问题反馈给学生，学生也可以向教师提出自身遇到的问题，并通过与教师交流促进问题的解决。

（7）设计教学活动

如前所述，课外的学习内容和活动主要帮助学生解决识记、理解类的知识，在课内则是帮助学生解决学习难点，并充分应用所学知识，学习更深层次的内容。当通过课前评价了解到学生真正的学习难点后，教师需针对性地设计具有导向性的课堂教学活动，以便更好地培养其分析、评估和创造等高阶能力，可采用如基于项目的学习、基于问题的学习、协作探究学习等形式。

（8）辅导学生

教师作为教学的主导者，在各种形式的教学活动中都要充分发挥自身的主导作用，只有这样才能取得良好的教学效果。具体而言，在学生进行学习活动时，教师需提供相应的配套支持，为学生更好地开展活动提供必要的辅助。另外，教师还应该对某些理解学习内容和活动有困难的学生提供个性化的辅导。在整个学习活动中，教师需对提出疑问的学生给予及时地反馈，在学生汇报学习成果或学习结束后，教师要进行统一的总结反馈，以促进学生进行知识的内化和升华。

2. 教学资源的选择与开发

（1）支持信息化教学资源

广义的教学资源是指用于教与学过程的设备和材料，以及人员、预算和设施，包括能帮助个人有效学习和操作的任何东西。而随着信息技术的发展，信息化教学资源的概念就出现了，它是指在以网络和计算机为主要特征的信息技术环境下，为教学目标而专门设计的或者能为教育目标服务的各种资源，包括教育环境资源、教育人力资源和教育信息资源。

随着信息化资源的发展与教育应用，翻转课堂教学理念才得以提出。从上述翻转课堂的完整过程可知，支持翻转课堂需要用到的信息化教学资源主要包括教学视频、进阶练习、学习任务单、知识地图和学习管理系统五大类。

翻转课堂教学的实施，不仅需要上述教学资源作为主要资源，还需要借助一定的教学辅助工具软件。该类教学资源几乎贯穿于翻转课堂的全过程，其作用主要是帮助教师进行教学视频的制作、师生间开展交流协作、学生学习成果的展示等。按照作用于翻转课堂教学开展过程中的不同方面，可以将教学辅助工具分为视频制作工具、交流讨论工具、成果展示工具和协作探究工具四类。

（2）遵循资源选择的基本原则

翻转课堂的资源包括教学视频、进阶练习、学习任务单、知识地图、学习管理系统和各类教学辅助工具等。每一类资源都不是完美的，不存在放之四海而皆准的资源。每类资源都各具特点，并且每类资源可供选择的具体资源种类、载体类型众多，因此教师应根据教学实际需要选择合适的翻转课堂的教学资源。一般而言，翻转课堂教学资源的选择需遵循最优选择原则，具有较强兼容性，多种媒体组合。

最优选择原则是指教师根据教学内容和教学目标的要求，选择存储和传递相应教学信息并能直接介入教学活动过程中的载体，也就是选择教学资源。

具有较强兼容性是指当众多便携式的移动智能终端在高校英语教学中广泛应用以后，高校英语教学不仅变得更加高效，还发生了一场变革，在这种情形下，翻转课堂理念变得普及起来，翻转课堂的应用也得以在大范围内开展。翻转课堂实施的普遍现象是，学生利用各类移动设备，如平板电脑、智能手机等进行课外自主学习，课内教师利用移动终端设备进行授课。因此，资源载体的改变，迫使资源的形式也做出相应地改变，要求其必须兼容各类学习终端设备，在各类终端设备中都能流畅运行。

多种媒体组合是指翻转课堂教学真正做到了以学习者为中心，这对后期的教学资源的选择也有着一定的指导作用。在选择教学资源时，教师应该考虑学生的兴趣、生活现实，尽可能地选择丰富的教学资源形式，即有机结合文字、图片、声音、视频、动画等多种媒体形式。

3. 设计英语教学活动

根据前面所述的翻转课堂的完整过程，翻转课堂教学活动设计包括课外活动设计和课内活动设计两个部分。

（1）设计课外学习活动

翻转课堂的课外学习活动一般属于线上活动，主要包括以下几类：

一是在线学习。在课外，学生通过阅读相关的电子书籍、资料或观看教师提前准备好的讲授视频，掌握并理解课程中重要的信息。在线学习主要有阅读电子教材和观看教学视频两种形式。有时为了加深学生对信息的理解，在线学习的材料还附加一些引导性问题、反思性问题、注释、小测验等，用于辅助学生进行自主学习。

二是交流讨论。通过在学习管理系统中开辟一个专门的讨论区，或借助专门的在线交流工具，教师和学生以课外学习内容为主题展开交流和讨论。讨论主题既可以是教师预设的，也可以由学生创设。这样一来，一种师生在线辅导和生生自组织学习的学习模式就形成了。借助这种学习模式，学生掌握学习内容的速度较快，并且掌握的层次较深，从而为课内的学习活动做好准备。

三是在线测评。在学生完成了新知学习的任务后，可以进行在线测评。在线测评一般采用低风险、形成性的评价方式，不仅检验了学生的学习成果，还提供一个学生反馈问题的机会。通过在线测评，教师和学生能够在课内教学活动开展前针对问题提前做好准备。

（2）设计课内学习活动

根据翻转课堂的特点，影响翻转课堂教学效果的最大因素是如何通过课堂活动设计完成知识内化的过程。在设计课堂活动时，关键要看情境、协作、会话等要素是否有利于学生主体性的发挥，从而促进学生达到高阶思维能力的目标。课内学习活动一般可以分为个体学习活动和小组学习活动。

四、多模态交互教学模式

（一）多模态交互教学模式简述

1. 基本内涵

从语言学习的特点出发，20 世纪 90 年代，西方学者提出了多模态话语理论。这一理论指出，语言属于一种社会符号，音乐、绘画等非语言符号对语言意义的生成起着重要的影响作用。各种语言符号与非语言符号模态之间是既相互独立又相互影响的关系，它们共同生成语言意义。根据多模态语言理论，语言的输入、输出会受到多种符号模态的影响，因此在英语教学中，可以将多种符号模态融合起来，结合音乐、图像、网络等形式，对英语课堂进行丰富，调动学生学习的积极性与主动性，从而交互式地学习英语语言，达到对英语语言的充分记忆以及恰当应用的目的。

在大数据驱动下，教师采用多模态交互教学，可以充分运用网络多媒体等手段，创设各种语言学习情境，让学生真正体会到语言学习的乐趣，多渠道地激发学生的听觉、视觉等感官，为学生提供全方位沉浸式的环境，促使学生不断提升自身的语言技能。

多模态交互教学强调采用多种手段，具体来说是运用网络多媒体技术，开展角色扮演、图片展示等多种互动方式，调动学生学习的积极性，将听、说、读、写、译各项技能结合起来，激发他们学习的兴趣，对旧知识进行巩固，对新知识进行拓展。

2. 基本原则

（1）客体适配原则

在高校英语教学中，师生分别处于教授与学习的主体地位，对应的客体则是教授与学习中使用到的工具，如多媒体、教材等。所谓的客体适配，即根据多模态交互教学的需要，提前选择能够对教学工作加以支持的材料。例如，在听力课堂上，教师需要提前下载一些听力材料，然后运用多媒体进行播放；在阅读课堂上，教师可以为学生推荐一些阅读性强的著作。

当然，日常的教材讲解，需要教师在备课时制作多模态 PPT。从教材内容出发，将其中涉及的重难点知识，在 PPT 上配合动画、图片等加以展示，这能够将教材这一客体的适配性发挥出来，并能够激发学生的学习积极性，提高教师教学的质量和效率。

（2）主体适配原则

如前所述，教师与学生处于教授与学习的主体地位。

就教学层面而言，教师在对多模态符号进行收集与整理的过程中，应该转换自己的身份与角度，尽量从学生的视角出发对多模态符号内容进行选择。例如，所选择的动画、图片等要与当代大学生的认知规律、兴趣爱好等相符合。这样才能使课堂更具有吸引力，进而便于教师展开教学工作。

就学习层面而言，学生需要在接收到 PPT 的模态符号之后，将自己的感官调动出来。例如，当教师在 PPT 上播放听力材料时，学生需要将自己的听觉感官调动起来；当教师在 PPT 上展示图片等内容时，学生需要将自己的视觉感官调动起来。

一般情况下，坚持主体适配原则，对于构建多模态的交互教学模式、提升师生之间的默契度非常有益。

（3）阶段适配原则

英语学习本身是一个循序渐进的过程，阶段不同，学生的水平与理解能力也必然不同。为了更好地将多模态交互教学的优势体现出来，教师在运用这一策略时，需要坚持阶段适配原则。

也就是说，教师要从实际出发，对模态组合的形式与教学模式进行不断地调整。例如，听力部分是高校英语四六级的重要测试内容，也是学生英语核心素养培养的一项重要内容。运用多模态互动教学模式展开听力教学时，第一阶段需要根据班级学生自身的水平，选择恰当的听力材料，不宜过难，也不宜过于简单。同时，教师需要提前检查一遍，尤其检查里面的信息是否全面，语速快慢是否适中，问题的设置是否合理等。第二阶段是在听力时，教师要时刻观察学生的注意力情况，是否出现眉头紧锁等情况，这样有助于教师对难度加以判断。第三阶段是从听力材料出发来讲解。阶段不同，教师的教学模式也要有所调整，这一教学模式实现了音频模态、口语模态、文字模态的多方组合。

二、实施高校英语多模态交互教学模式的意义

在高校英语教学中，网络技术与大数据技术的作用日益凸显，可以说这些技术改变了教育的理念与方式。在大数据背景下，高校英语教学应该充分利用网络与多媒体技术，将多种符号模式如图像、语言、网络等融入教学之中，利用多种模态将学生的各种感官激发出来，以调动学生的学习积极性。

高校英语是高校多种学科中的一项重要的公共基础课，但是对于大部分学生来说，原有的英语课堂是非常枯燥的，导致他们的学习效果也不理想。当前，随着网络与大数据的出现，在一定程度上突破了教学的界限，采用音频、视频、微信等资源开展高校英语教学，这为高校英语教学注入了新的活力，也为学生增添了学习的自信心与动力。

在高校英语教学中，对网络资源的合理运用可以刺激各种感官，让学生参与到学习之中，更深层次地理解英语词汇、语法、语言学等知识。学生只有成为高校英语课堂的主人，主动积极地探索知识，才能学会知识。

另外，在传统的高校英语教学中，教师提供的信息是非常有限的，很难与学生的个性需要相符合，多模态化网络的融入，可以解决教师的这些问题，教师可以利用大数据资源，为学生创设真实的平台，让学生调动多方感官，自主、轻松地提升个人的语言能力。

互联网已成为教师教学的重要工具，充分利用互联网及多模态教学模式势必对高校英语教学产生巨大的影响和推动作用。

三、实施高校英语多模态交互教学模式的方法

大数据时代的到来为多模态教学引入高校英语教学提供了基本的条件。无论人们身处何方，都可以摆脱时间与空间的限制，对网络资源进行合理的利用，还可以从自身的兴趣与爱好出发，如浏览网页、观看视频等，也可以参与在线讨论，这与高校英语多模态交互教学是相辅相成的关系。

高校英语多模态交互教学作为一种新型模式，充满着活力，在大数据背景下必将日趋完善。那么下面就来具体分析高校英语多模态交互教学的构建策略。

（一）充分利用多媒体资源

多媒体技术被引入高校英语教学中，是高校英语教学的一项重要变革。多模态教学强调将学生的各种感官调动起来，实现英语学习的目标。多媒体课件正是

能够将文本、图片、音频、视频等相结合的资源。教师如果制作一个多媒体课件，需要精心的准备，需要从不同的教学内容与任务出发，搜集各种资料，进而进行整理与设计，制作出符合学生的真实的多媒体课件。

学生的阅读对象不仅包含文字与图片，还包含大量的音频、视频、动画等资料。多媒体课件以鲜明的特点、丰富的资源、生动的情境等，将学生的主动性调动起来，让学生在学习中真正成为信息加工的主体。教师在设计教学内容时，可以将电脑、音响等设备利用起来，将学生的多种感官进行刺激，加深他们对知识的理解。

对多媒体课件进行合理地利用，有助于调动学生的多种感官，促进高校英语多模态交互教学，激发学生的学习兴趣与积极性，为他们营造良好的学习氛围。

（二）建设多模态化英语网络空间

随着网络技术与大数据技术的不断发展，当前我们的“信息高速公路”“论坛”“校园网”等日益丰富，也被人们熟知，显然，网络时代与大数据时代已经到来。当前，各高校开始对自己的网络空间进行构建。网络空间教学指的是师生运用网络平台，展开师生交互活动。他们可以在网络平台上创设实名认证的空间页面，师生在空间平台上进行学习和互动交流。

实施英语网络空间教学之后，师生之间可以摆脱时空的限制与障碍，在即时问答、论坛等多个项目下展开有效的互动，这样不仅加深了教师对学生的了解，还能够使彼此的关系更为融洽。通过网络空间，教师可以批改学生的作业，学生也能够在规定时间内随时将自己的作业提交上去，实现作业的先交先改、及时反馈。这不仅节省了纸张，还为师生提供一个互动的平台。

当然，网络空间平台发挥作用的关键在于学生能够积极参与，学生需要登录到网络空间中完成作业、书写心得，也可以为其他伙伴分享自己的学习音频、视频等资料，这就让学生真正成为学习的主体。在网络空间平台上，学生将自己的感官调动起来，激发自己学习英语的兴趣，提升自己的学习效果，实现自己的有效学习目的，这也是多模态交互教学有效实施的体现。

此外，网络空间还可以实现资源的共享，最大限度地将英语教育资源呈现出来，实现在线网络授课，所有的教学过程也可以在网络空间得以公开。这能够激发教师的创新意识，真正地实现高校英语教学的全方位改革，促进每一位教师努力建设好自己的教学空间，加强教师与教师之间的竞争，实现师生之间、教师与教师之间的互动。在高校英语教学中，应该营造多模态网络空间，将多模态网络空间教学的效果发挥出来，对多模态网络空间教学活动进行优化，遵循其自身的教学特点，顺利实现大数据驱动下的高校英语多模态交互教学。

第二节　实施线上线下混合式教学

一、线上线下混合式教学模式简述

1. 基本内涵

大数据技术在教育领域广泛应用的大环境下，“教师主导＋学生主体”的教学模式在许多院校盛行。在如今智能手机、平板电脑等移动设备已经广泛普及，教学模式不仅要求灵活运用以教为主的教学策略和以学为主的学习方式，同时还需要整合各种教学资源，要求教师进行相应的角色转变。

依据建构主义、情感过滤假设理论为基础，结合教学实际，从语言知识、语言技能、情感态度、文化意识、学习策略五个维度综合考虑构建了适用于高校的移动平台翻转课堂授课、线上交互式数字课程学习、线下模拟场景实践、过程性与终结性评价结合的四位一体混合式教学模式，并制订了基于网络交互式教学平台的混合式高校英语教学模式图。

我们可以看到，在这个教学的过程中，教师在教学环节中不再是过去的讲授者或灌输者，而是转变为一个帮助者和支持者。教师在课前和课后的准备工作及评价工作中的功能远大于过去，而学生在课前、课中、课后均为学习的主体，这与过去的“老师讲、学生听”教学模式有了很大的不同。

2. 具体要素

（1）教学环境要素

第一，创建媒体化课程教学环境。将媒体化教学环境应用于课程教学中具有重要意义，在课程教学中，以传统教室为基础，有机组合诸多类型的教学媒体，通过屏幕投影将生动形象的多媒体教学信息如图片、视频、音频等直观地呈现给学生，以优化教学过程，提高教学效果。多媒体教室（多功能教室、多媒体综合教室、多媒体演示教室）是课程教学中运用最多的一类媒体化教学环境，也是比较新型的课堂教学系统之一，它集中了很多现代化的教学设备，教师在课堂上运用这些教学设备资源将丰富的教学内容直观呈现出来，使学生更加直观地掌握教学内容，并加深对教学内容的记忆。

第二，创建网络化课程教学环境。信息化教学的开展也离不开网络化教学环境的支持。教师将网络通信技术、计算机技术充分利用起来，通过文本、信息交互技术、影像等丰富的信息媒体资源而向学生传递重要的教学信息与资源，以促进学生更好地进行自主学习与合作学习，提高课堂双向互动交流的效率和学生的学习效率。常见的网络化教学环境主要有多媒体网络教室、校园网、网络教学平台、远程教育网等。

就目前来看，多媒体网络教室（多媒体网络机房、计算机网络教室）作为一种新兴网络教学系统，在我国各类学校的应用非常广泛，大中小学普遍都会用到多媒体网络教室。多媒体网络教室属于小型教学网络，由若干台多媒体计算机及相关网络设备互联而成，可以将其作为计算机机房使用，也可以作为多媒体演示室、视听室、语音室使用，这是多媒体网络教室的功能及应用形态的主要表现。要使用多媒体网络教室，必然离不开现代网络技术和多媒体技术的支持。多媒体网络教室在课程教学中可以优化教学结构，使学生有更多的实践机会。多媒体网络教室的软件可作为辅助教学手段，如教师口头讲解时，可用语音对话，示范动作时，可播放图片或视频，使学生看得更清楚一些。多媒体网络教室的设备还有监控功能，当学生自主学习时，教师可以检查学生的学习情况，发现其中的问题，从而对教学过程进行更合理的调控。学生如果在听讲或自主学习中有疑问，可利用电子举手功能向教师提问。教师可以利用辅导答疑功能来对学生进行个别指导，有针对性地解决学生在学习中的个别问题。另外，教师还可以组织学生交流经验、讨论问题，对于普遍存在的共性问题，集体处理。这样可以在一个整体的系统中将诸多环节联系起来，使课堂教学结构更加优化，而且学生在交互式的环境下有更多的机会去实践，学习效果会有所提高。

（2）教学内容

第一，创设情境，使学生在真实情景中掌握和运用知识。在传统英语教学中，往往从具体情境中将英语知识抽离出来，抽离出来的知识是抽象性、概括性的，虽然这样可以将具体情境中的“本质”内容（概念、规则、原理等）体现出来，但知识运用的具体性与情境性却被忽视了，这样学生虽然掌握了知识，却在具体的任务情境中或遇到现实问题时无法运用所学知识，学习结果无法顺利迁移到现实中。要使学习者在建构层面掌握所学知识，也就是说，不仅要掌握知识的表面，也要深刻理解知识表面所隐含的性质、规律及相关关系，最好为学习者创造真实或接近真实的情境，使学习者在亲身参与中去感受、体会，获取直接经验，而不是从教师的口头讲解中去获取。

对此，在信息化英语教学设计中，英语教师要注重对真实问题情境的创设或对真实任务的设计，使学习者尽可能在真实的情境中完成所有学习活动。这里要注意一点，真实情境与现实情境不同，不一定要真实客观存在，情境有很多种类型，如基于学校的情境、基于自然或社会生活的情境、想象虚拟的情境、真实现实的情境等。在英语课堂教学中不管是创设哪种类型的情境，都只有一个原则，就是使学习者能够经历类似于真实世界的认知挑战。

第二，利用学习资源为学生的自主学习和协作学习提供支持。在信息化英语课程教学设计中，要将丰富多彩的信息化学习资源提供给学生，并在学生获取学习资源、分析处理学习资源、编辑加工学习资源的过程中提供引导与帮助，从而为学生的探索学习、分析解决学习中的问题提供支持。有些学生对信息化学习资源不熟悉，也不习惯运用，对此，教师要加强对信息化资源的普及，不断鼓励学生使用信息化资源，使学生充分认识到这些学习资源给其自主学习带来的便捷与好处，然后借助现代信息化学习资源来更好地进行自主学习、合作学习。

第三，为学生提供有效引导、支持。信息化英语课程教学设计强调学习者充分发挥自身的主体作用，主动学习、主动探索，但因为学习者的知识结构还比较单一，认识水平还比较低，也缺乏实践经验，所以在学生自主学习的过程中，教师要适当地进行指导，在关键时刻给予帮助，如为学生提供丰富的学习资源、反复示范正确的技术动作、为学生提供咨询服务、创设问题情境启发学生思考与探索等。对于那些自我调控能力差的学生，尤其要给予引导和帮助，以免学生因不熟悉新的内容或在学习中受挫而消极被动地学习，影响学习效果。

第四，强调协作学习。信息化英语课程教学设计强调英语教师要重视设计协作学习方式，具体包括学生之间的协作、师生之间的协作、学生与他人之间的协作、各主体之间面对面的协作以及在计算机信息技术支持下的信息化协作等。协作学习不仅是学习者发展的需要，也是社会发展的需要，因此信息化教学设计特别强调协作学习。现在，社会分工的细化趋势越来越明显，知识增长也极为迅速，需要协作配合才能完成的工作越来越多，所以在现代人才的评价中，将协作意识与合作能力作为一个重要判断标准。

从学习者方面来看，不同的学习者有着不同的成长经历和知识经验，面对同一知识或问题，不同学习者的理解可能不同，学习者个人的理解可能是存在局限性的，或者说比较片面、肤浅、不充分、不完善，也有可能就是错误的，而通过协作学习，学习者之间相互沟通交流，每个学习者充分表达自己的看法与见解，同时听取他人的不同看法，在这个过程中学会聆听、接纳、互助、共享，在不同观点的碰撞中更好地理解知识与问题，这时的理解比之前个人的理解更充分、全面、完善、深刻。

第五，在学习和研究活动中将“解决问题”和“任务驱动”作为主线。信息化英语课程教学设计强调不要将学习孤立看待，而要将其与更多的问题、任务联系起来，以“解决问题”和“任务驱动”为主线进行学习，学习者主动投入真实的问题情境或人物情境中，以完成学习任务，解决学习问题。英语教师在信息化教学设计中要多鼓励学生结合现实生活探究学习相关问题，将学习者的创造性思维激发出来，培养学生的深层思考能力。很多学习任务与学习问题背后都隐含着丰富的知识与技能，学生在自主学习或合作学习中探索这些知识与技能，在探索中逐渐掌握并学会运用，这有助于提高学生的探索能力。

第六，强调面向学习过程的质性评价。传统英语教学设计习惯上将简单的知识与技能作为评价学生学习成果的唯一标准，这在信息化英语教学设计中是不允许的。信息化英语教学设计强调在英语教学评价中应将师生在课程教学中的所有情况都考虑在内，强调在真实的评价情境下进行评价，主张凡是具有教育意义的过程与结果，都应该对其进行恰当的评价，不论其是否符合预定目标。此外，信息化英语教学评价还强调对学生学习能力的评价，但不是通过学习结果来评价其学习能力，而是通过其在整个学习过程中的学习行为来评价其学习能力的变化发展，最后做一个评估报告，以此作为改进教学与进一步培育学生学习能力的依据。

二、实施高校英语线上线下混合式教学模式的意义

（一）方便灵活

信息科技与互联网的发展及其所带来的便利，使得英语教学视频可以在网上广泛传播。多样化的视频教学形式，如专题讲解、碎片化学习、视听说一体的视频教学等教学形式开始出现，使得英语教学的灵活性大大提高。首先，学生可以通过网络方便快捷地获取多元化的教学资源，不受时间和空间的限制而进行碎片化的学习。其次，教师可以通过网络资源提升自身的专业素质和水平，从而开展形式灵活、多样化的优质教学，提高英语课堂教学效果。

（二）贴合需要

在高校英语教学中运用线上线下混合式教学模式，能有效加强学生的学习体验，提升学生的学习效率，而且切合学生的实际需求。首先，网上含有大量的英语教学视频，学生可以根据自身的水平和学习需求，自主选择优质课程，有针对性地利用教学资源。其次，通过线上线下混合式教学模式，学生可以获得丰富的学习体验，会形成自主探究的学习习惯，满足个性化发展需求。

（三）切入精准

相较于传统的教学模式，线上线下混合式教学模式切入点精准，在整体上能够拓展学习空间。该教学模式引发了教师主导的课堂格局的改变：通过丰富的线上资源来充实课堂内容，通过线下形式多样的个性化实践措施丰富学生的学习体验，进而精准地切入学生的爱好点，拓展学生的学习空间。将线上线下两种模式混合应用，能够有效地改变教学的思路，切实优化教学质量。

三、实施高校英语线上线下混合式教学模式的方法

（一）带疑探究—讲授示范—动手操作型

（1）教师要根据课程教学的目标来找到一个或几个富有探索性的问题，然后将问题以适当的时机和方式向学生提出，并引导他们利用已有的信息技术找寻解决问题的方法。

（2）教师利用分解法，将问题由一分多，细致讲解每一个小问题，并进行必要的问题解决示范。

（3）学生通过教师的讲解与示范开始尝试解决问题，在这一过程中如果遇到新的问题便开始思考及向教师提出问题，得到解答后再行操作，直到问题得到解决，最终掌握了知识和技能。

（4）教师评价学生的学习表现，学生之间也要进行互评。

（二）任务驱动—协作学习型

（1）教师以教学内容中的重点和难点为依据，灵活设计信息技术的教学任务和目标。对于任务的设计要遵循由易到难、由简到繁、由外到内的原则。

（2）教师给学生布置教学任务，然后让学生自由选择自己的合作伙伴来共同协作开展研究。学生在研究学习的过程中对所获得的一切信息和资料都要注重和同伴分享，一起讨论、一起研究。

（3）教师对学生的学习活动进行总结性评价。考察的重点在于学生对信息技术的应用能力。

（三）自主—监控型

自主—监控型教学模式的教学地点是在建立了网络的教室里。具体学习模式为，学生将教师提供的教学资源利用起来进行学习，教师则观察学生的学习过程。为了给学生创造良好的自由氛围，教师可在教室外通过监控观察。当教师发现学

生在某环节中遇到问题时，则应适当提供相应的帮助。在自主—监控型模式中，学生可根据需要使用网络资源。自主—监控型模式的实施程序如下：

（1）教师根据教学目标对教材予以分析，然后以教师认为的最理想的方式向学生呈现教学内容。

（2）学生在接受了学习任务后，需利用相关资料或信息进行独立学习或协作学习。在此过程中，教师的任务是观察、监督，并在必要的时候提供适当的指导。

（3）教师对学生的学习活动进行总结性评价，总结评价具体到个人。

（四）群体—讲授型

群体—讲授型模式是面向多数人（通常为一个班）进行教学的模式。在这种模式下应用的信息技术只是作为一种教学手段出现。该模式的特点主要如下：

（1）集文字、图片、声音、图像等多媒体展现教学内容于一身，让学生对课堂教学活动有更为直观的认识和理解，而不再是过往的那种过于抽象的感觉。

（2）使用便捷、简单、易操作，如此得以将教学内容快速、及时地呈现出来，这无疑可以大大提高教学的效率。

（3）过往教学中那种宏观、微观以及时空间等因素都不再成为限制，如此更加方便教师对教学重难点的把控与教学。

群体—讲授型模式的实施步骤如下：

（1）教师在备课阶段就要全面掌握教学内容，并对教学中需要的图片、视频等资料进行细致选择，对需要演示的课件要设计得当。

（2）教师努力创设教学情境，将教学信息展示给学生，引导学生思考。

（3）教师对教学活动做总结性评价。

（五）讨论型

讨论型模式是教师与学生通过网络进行的实时或非实时交流的一种教学模式。对于这种模式的应用，通常是由教师提出某一问题，然后由学生主要讨论问题。对于学生的讨论，教师要一一听取，这是了解学生学习思维和发现其中可能的问题的好机会。如果发现问题，教师要及时指导。这是一种对学生非常友好的教学模式，不过需要耗费一些时间，教学效率相对较低。该模式的基本步骤如下：

（1）教师根据教学目标对教材予以分析，然后以教师认为的最理想的方式向学生呈现课件或网页类的教学内容。

（2）学生接受任务后，由教师指导其查阅资料或信息进行独立学习或合作学习。要确保在完成学习任务的过程中使用信息技术。

（3）教师要对学生的讨论予以总结，学生间也可以互评，当然也可以评价教师的一些观点。

在讨论型模式中，教师要始终尊重学生的主体作用，要允许学生发散思维，对学生的一些奇异思维不要打断，而要做到先倾听，这是鼓励他们尝试创新的良好开端。

（六）研究型

研究型模式与当下常见的科学研究的方法已经非常接近了。学生在这种模式的课程中利用信息技术作为工具来分析、归纳、整理各种资料，找寻对解决问题有帮助的信息。

研究型课程中的整合任务是课后的延伸，超越了传统的单一学科学习的框架，它会根据学生个体的认知水平以主题活动的形式呈现生活中的一些问题，以此来激发学生的研究兴趣，并完成相应的学习任务。

学生在研究型课程模式中的学习，在设计研究方案、实施方案以及完成任务等环节中都享有相当高的自由度，教师更多只是在选题和资料收集环节中提供些许帮助，如此更能突出学生的主体性和参与性。不过，教师提供的帮助仍旧是不可或缺的，甚至这可能决定学生研究型学习最终的成败。

第三节　鼓励学生自主学习

一、自主学习简述

（一）基本内涵

对于自主学习，国内外很多学者进行过研究和探讨，并发表了自身关于自主学习的一些文献与书籍。下面就重点来介绍几位有代表性的学者。

国外有两位权威的学者对自主学习进行过论述。一位是亨利·霍里克，一位是齐莫曼。

亨利·霍里克在他的《自主性与外语学习》一书中指出，自主学习能力应该包含对学习目标与内容的确立、对学习技巧与方法的选择、对学习过程的监控与评估这几大层面，并且指出学生只有做到了这几点，他们才能真正地对自己的学习负责。亨利·霍里克认为，学生的自主学习能力并不是与生俱来的，而是后天形成的，甚至需要专门的训练而成。显然，从亨利·霍里克的论述中可以看出，他的自主学习观实际上挑战了传统的学习模式，因此受到了很多学者的认可与支持。

齐莫曼是一位著名的心理学家，因此他对自主学习的论述主要是从心理层面考虑的。齐莫曼基于前人的研究，指出学生只要在动机、元认知、行为三个层面做到积极参与，那么就可以认为他们的学习是自主学习。换句话说，齐莫曼指出了自主学习的三个影响因素，即动机、元认知与行为，其中动机指学生从被动学习转向主动求知；元认知指学生能够对不同阶段的学习进行反思；行为指学生能够从自己的意愿出发选择与创设学习环境。

除了国外学者对自主学习进行研究外，我国学者也对自主学习进行了激烈地探讨，他们基于国外的研究成果，并且考虑我国的实际情况，对自主学习进行初步研究。我国学者主要围绕自主学习中师生的角色、自主学习的原因与意义、自主学习的实施等层面展开研究。

我国学者庞维国在他的《自主学习——学与教的原理和策略》一书中，对自主学习的概念进行了明确的界定，这标志着我国关于自主学习的研究取得了突破性进展。在庞维国看来，自主学习是基于能学、想学、会学、坚持学这四个层面基础上的一种学习方式。庞维国还从横向与纵向两个视角来阐释自主学习的概念。就横向角度而言，如果学生能够对自己学习的各个层面进行自觉选择与控制，那么就可以说他们的学习是自主学习；就纵向角度而言，如果学生能够在整个学习过程中挖掘与把握自主学习的实质，那么也可以说他们的学习是自主学习。

虽然国内外学者对于自主学习的界定存在差异，但是大多数学者已经基本达成共识，即自主学习是将学生作为中心，根据学生自身需求进行自主学习规划、自主学习管理、自主学习监控、自主学习评价等。具体而言，自主学习可以划分为如下五个步骤：

（1）学生基于不同需求，分清学习主次，对自己的学习目标进行规划。

（2）学生基于需求选择学习材料，并制定与自己学习风格相符的学习策略。

（3）学生对自己的学习进度、学习时间要合理把控。

（4）学生在学习中要不断反思与调整。

（5）学生要对评价标准有明确的把握，从而对自己的学习效果进行衡量。

（二）基本特征

（1）创造性

学生在进行自主学习时，都包含独特的自我，具有鲜明的个性特征。基于这样的学习方式，教师应该传授给学生具体的学习方式，提纲挈领地向学生介绍相关的学习内容，进而发挥学生的创造性思维，引导他们主动求索。

学生学习的目的在于对已有的知识体系进行激活，并与新的知识体系连接起来，实现知识的再创造，而不是对学习内容的简单复制。当然，学生也不是对学习过程进行简单的复制，而是对自己的学习过程加以合理地管理，对其进行反思与改进，从而对学习中遇到的问题进行解决，不断地掌握技能。

（2）开放性

从自主学习的定义中我们可以了解到自主学习具有开放性，即学习内容、学习时间、学习手段、学习组织等都需要具备开放性。换句话说，学生只有基于开放的环境，辅以教师的指导，他们才能更顺利地控制自己的学习，选择适合自己的学习方式。

（3）独立性

说到独立性，那不得不提及依赖性。所谓依赖性的学习，即学习活动建立于依赖性的基础上。而自主学习则相反，自主学习是建立在独立性的基础上。

在我国传统的教学中，学生过分依赖教师，这对于学生的学习是十分不利的。自主学习要求学生基于教师的指导，独立自主地展开学习，控制自己的学习进度，做出自己的学习选择与学习决定。

显然，独立性是自主学习的显著特征，是学生自主获取知识与技能的一个重要环节。

（4）民主性

在自主学习中，师生之间是民主、和谐的关系。在教学中，教师扮演着学生学习的鼓励者、组织者、指导者的角色，学生能够随时发表自己的意见和见解。教师与学生之间、学生与其他学生之间可以提出问题，共享结果，彼此相互探讨，从而不断将学生自身的个性张扬出来。

（5）相对性

在现实的学习中，绝对的自主与不自主并不常见。很多学生表现的都是相对性的自主，也就是仅在一些层面表现出自主，其他一些层面则表现出不自主。另外，由于学生的学习大多是在学校进行的，必然会受到学校的安排，不可能完全脱离对学校和教师的依赖。

了解了自主学习的这一特点，就要求教师根据学生的实际情况，对学生的自主与不自主加以区分，展开针对性的教学。当然，自主学习并不是指学生的学习是随心所欲的。权利与义务是相互统一的关系，自主学习中的自主与责任也是辩证统一的关系，也是相互制约的。

在自主学习中，教师与学生之间应该相互协作，彼此相互尊重，教师应该逐步培养学生的自主学习能力，学生也要明白，他们自身的权利的建立是以责任作为前提的。

（6）差异性

每个人都具有独立自主性，因此必然会存在先天素质的差异与自身成长环境的差异。在进行学习的时候，基于同样的内容，不同的学生其情感准备、知识储备、学习起点等也都必然存在着差异，因此对教学内容的消化与吸收也是存在差异的。自主学习对学生的差异性予以尊重与认可，对他们的学习方法的差异也是接受的，同时鼓励学生应该有对学习内容与资源的选择权。

二、鼓励学生自主学习的意义

（一）满足信息化社会发展的需要

当今社会是一个科技迅猛发展的社会，信息化时代使人们越来越认识到，学校教育已经远远不能满足学生的知识储备需求，因此学生需要适应不断变化的环境，满足自身不断变化的职业要求，这仅仅依靠学校获得的知识是远远不够的。也就是说，学生要想适应信息化社会发展的需要，除了要接受学校教师传授的知识外，还需要通过各种途径、各种渠道挖掘知识，以便充实自己，这就是自主学习的力量。

（二）体现终身教育体系的需要

随着科技、社会的发展，人们认识到需要建立终身教育体系，这一教育体系打破了传统教育体系的封闭性与终极性，使教育成为一个伴随终身、持续不断的过程。未来的社会是一个持续学习的社会，为了与社会的发展相适应，人们就必须要不断学习、不断发展。因此，这也是对学生的要求，通过自主学习，学生能够适应不断变化的社会、不断变化的职业要求，从而不断提升自我质量与自我价值。

三、鼓励学生自主学习的具体方法

（一）贯彻以学生为中心的理念

1. 什么是以学生为中心

以学生为中心是一项崭新的理念，其注重学生在学习中发挥自己的主体地位，对学生的学习需求非常关注，并理解与尊重不同学生个体存在的差异。这一教学理念认为，教学应该对学生的天性予以关注，将学生的潜能发挥出来，激发学生学习的积极性，从而促进学生的全面发展。

所谓以学生为中心的教学，即在教学中将以学生为中心作为价值追求，彰显学生的个性特征，把握不同学生自身的学习规律，同时了解学生的学习需求，开展适合学生学习需求的教学。

以学生为中心的教学强调发挥学生的主体地位，但是当前很多学校的教学工作都是按照一定的计划来展开的，因此在物力、资金等教学成本等层面存在限制，为了更好地推进以学生为中心的教学实践，就需要在成本、规模等层面寻找到一个平衡点。可见，判断某一个教学实践是否遵循了以学生为中心的教学理念，不能仅仅依靠外在的标准，还应该分析其是否以学生为中心作为价值取向，教师是否做到了让更多的学生参与到教学活动中来，学生是否真正地完成了学习任务等。

虽然以学生为中心的教学对学生的主体性予以尊重，对学生的学习需求也非常关注，倡导学生应该积极开展自主学习，但是并不意味着所有的教学因素都是由学生自主来决定的，也并不意味着学生的所有需求都需要满足。这是以学生为中心需要注意的一个层面。另外，以学生为中心还需要认识到，高校英语教学的重要目标在于为社会培养出需要的人才，因此以学生为中心的教学不仅要考虑学生的需求，也需要与学生的身心发展规律相适应，同时还需要分析社会对人才的需求，制订科学、合理的计划。

显然，以学生为中心的教学给予了学生充分的尊重，但是这并不意味着教师在教学中是不重要的，甚至很多人认为可以弱化教师的作用。事实上，在以学生为中心的教学中，教师的作用更加凸显，学生学习的主动性、学习效率等都需要教师的指导与激励。教师在以学生为中心的教学中的重要性也决定了教师应该履行自己的责任，即要不断地对自己的教学加以反思，进而从学生的需求出发来设置学习目标，鼓励学生积极参与到学习活动中来，帮助学生实现自身的目标。

2. 如何做到以学生为中心

教育的最高境界在于以人为本，要想真正地实现以人为本，最为重要的一点就是教师需要尊重学生，从尊重出发，通过教育来促进学生的全面发展。

（1）尊重学生的个性发展

我国现在的教学对于学生的素质教育非常注重，而个性是素质教育的出发点，只有以学生的个性作为出发点，展开个性化教学，才能使培养出的人才更加学有所长。因此，教师要对学生的个性特征予以尊重，从而不断开发学生的个性，促进学生的全面进步与发展。

（2）尊重学生的主体地位

在教学中，学生为学习的主体，教师的所有活动都是围绕学生的需求来展开的。在教学中，教师应该尊重学生的主体地位，将学生的学习兴趣和积极性激发出来，提升他们学习的自主性。

具体而言，无论是在制订教学计划，还是设计教学环节，教师都需要从学生的需求与兴趣出发。同时，教师要对学生的自我管理能力加以培养，引导他们进行创造性思维，养成自主学习的习惯。

（3）尊重学生的自尊心

在人类行为中，自尊心是最具渗透性的一个层面，其对于人类行为有着重要的影响。一个人如果没有一定程度的自尊心，对自己没有充分的了解，是很难进行认知活动与情感活动的。因此，教师要对学生的自尊心予以尊重，多发现学生身上的闪光点，帮助学生更好地成长与进步。

（二）激发学生的学习动机

1. 什么是学习动机

动机（motivation）研究最初始于教育心理学，是指学习者为了满足某学习愿望所做出的努力。二语习得和外语教学界从 20 世纪 70 年代开始逐步深入研究动机对于外语学习的影响，我国外语学界则是从 20 世纪 80 年代才开始引入“动机”这一概念，但真正的实证研究则是从 20 世纪 90 年代才开始逐步展开的。

通常认为，学习者的动机程度和其学业水平是高度相关的。后来，甚至有研究在这两者之间建立了因果关系模型。动机可以有不同的分类方法。一般认为，动机可以分为两类，即工具型动机和融入型动机。前者指学习者的功能性目标，如通过某项考试或找工作；后者指学习者有与目的语文化群体结合的愿望。除了以上两类外，还有结果型动机（即源于成功学习的动机）、任务型动机（即学习者执行不同任务时体会到的兴趣）、控制型动机（即学习语言的愿望源自对付和控制目的语）。

学习者的学习动机是可塑的，激发学习者内在动机是搞好外语教学的重要环节，个人学习动机是社会文化因素的结果。这个发现对于中国各个层次的语言学习者都是如此，也可以用来解释国内近些年来的语言“考证热”。值得一提的是，无论是工具型动机，还是融入型动机，都会对外语学习产生重要的影响，所以动机类型并不那么重要，重要的是学习者动机的水平。

2. 如何激发学生的学习动机

当人们认识到学习动机对于外语学习的重要性后，如何激发学生外语学习的动机逐渐引起了人们的关注和重视。J. 布罗菲提出了对教师和学生具有重要指导意义的激励学习动机的方法，具体如下：

（1）树立学习信心

自信心表现为个体对自身的评价、态度和认识，对于外语学习有巨大的激励作用，是进步的基础和成功的动力。具体而言，教师可以从以下几个方面树立学生的信心：制订确实可行的、能够促进学生学业进步的教学计划；对水平较低的学生给予额外的辅导和帮助；重视对学习过程的评价；帮助学生正确对待失败。

（2）激发内在动机

内在动机对学习者的学习有着持久而强有力的促进作用，能够使学习者始终保持着较高的学习兴趣，所以教师应注重对学生内在动机的激发。具体教师可采用以下几种方式：关注学生的能力需求，在设计教学活动时，提供训练多种技能的有特色的、有意义的任务；在教学活动中培养学生的动手、动脑能力；以符合学生的兴趣为教学活动设计的前提；关注学生的归属感需求，多设计一些合作型任务。

（3）激发外部动机

外部动机虽然没有内在动机的作用大，但对学生的学习也有一定的促进作用，教师可以从以下几个方面来激发学生的外部动机：重视对学生的学习过程给予评价；表扬和鼓励学生学业上的进步；提倡适当的、合理的竞争，并给每位学生提供平等的竞争机会；引起学生对外语学习工具型价值的重视。

（4）遵守教学原则

教师在开展教学、激发学生学习动机的过程中，应遵循一定的教学原则，具体包含以下几项：重视学习动机中的期望和价值因素；教学的目的是使学生理解、欣赏和应用所学知识；将课堂打造成为学生共同参与合作性学习活动的社区；使用权威管理和社交策略；尽可能地增加自身和课堂对学生的吸引力；首先注重培养学生的学习动机。

（三）培养学生应用学习策略的能力

1. 如何培养学生应用学习策略的能力

（1）元认知策略

第一，培养学习者的元认知意识。在元认知策略的内容之中，主要是为了培养学习者的元认知意识。所谓元认知意识，即学习者从自身的学习规律与条件出发，对自己的学习活动进行自觉组织的能力。培养学习者的元认知策略有助于学习者对自己的学习进行更好的管理与支配，使学习者成为学习的主导者。在教学中，教师不应该仅仅教会学习者获得知识与体验，还应该鼓励他们进行突破，从而获取新的学习手段与方法。

第二，训练学习者的元认知监控调节策略。教师要想建立的课堂以学习者为中心，就需要将学习者的能动性发挥出来，让学习者运用规划、调控等策略，管理与监督自己的学习行为与过程。同时，教师需要发挥好示范与促进的作用，为学习者安排学习任务的同时，与学习者一起完成任务，这样可以使学习者也主动参与其中，明确自己的目标与内容，对每一次的学习机会都能把握牢固，对自己的学习过程加以管理与监控。

（2）认知策略

语言教学除了要对学习者的语言能力进行培养，还要积极发展学习者的认知能力，以帮助学习者有效解决自己在学习和生活中遇到的各种新问题。也就是说，在学习者的语言学习中，要积极促进其认知的发展。具体来说，可以从以下几个方面着手：

第一，积极引导学习者养成良好的观察习惯。心理学的相关研究表明，一种行为要想被牢固、稳定地保持下来，必须要成为习惯或者说成为动力定型。因此，要想学习者不断提高自己的观察力，必须使其养成自觉观察、勤于观察的好习惯。

第二，积极激发学习者的观察兴趣。在对学习者的观察力进行培养时，一个重要的前提就是激发学习者的观察兴趣。在这一过程中，既可以通过讲述名人善于观察的故事来诱发学习者的观察兴趣，也可以结合语言学习行为来激发学习者的观察兴趣。比如，在讲解英语课文时可以通过观察直观教具的方式，帮助学习者在理解课文的同时，提高自己的观察力。

（3）社会策略

根据社会策略的内涵，对学习者社会策略的培养应该从以下三个方面着手：

第一，提高文化意识。在语言学习过程中，学习者常常会因为东西方文化的巨大差异而遇到语言障碍。不同民族有其自身独特的语言，这些语言都是民族文化特色的重要组成内容。在英语学习过程中，教师要引导学生正确认识语言与文化之间的关系，并正视不同文化之间存在的客观差异，从观念上进行思维转换，帮助学生形成更加完善的认知。只有这样，学生才能消除语言学习中因文化差异而引起的不必要的误读，加深对英语学习的理解与掌握。在具体的教学过程中，教师要从不同层面出发，如词汇、句法、语用、思维等，对中西方文化进行科学对比，提高学生的跨文化交际意识和能力。

第二，创造使用社会策略的良好氛围。为了提高学习者运用社会策略的效率，教师要注意激发学习者的交际动机。教师应该鼓励学生参与一些跨文化交际活动，让他们对不同文化的差异性有切身的体会，通过与不同文化背景下的人们进行交流，习得应变能力，并运用所学的知识对跨文化交际中遇到的交际行为问题进行有效解决。在不具备目的语的环境下，学生能够运用到的最有力资源就是外籍教师，现在很多高校都有外籍教师，他们就是活教材。学生多和他们进行交流，观察他们在说话时所运用的交际手段与行为，这样能够不断提升自身的跨文化非语言交际能力。

第三，组织语言交际活动。课堂时间毕竟有限，学生难以得到充分的交际训练，因此不能仅仅依靠课堂教学培养学生的跨文化交际意识与能力。对教师来说，应有效利用课外时间，努力创设第二课堂，组织各种课外活动，营造一个自然的英语学习环境。教师可以结合具体教学情况，组织与跨文化交际主题相关的言语交际活动，如学习沙龙、英语角、英语辩论赛、英语演讲比赛、英语话剧表演等活动。这样一方面可以激发学生对英语学习的兴趣，另一方面可以使学生通过参与这些活动，得到训练，提高跨文化交际能力。此外，教师还可以鼓励学生阅读优秀的英语国家文学作品，或欣赏反映中西方文化的优秀影视作品，在阅读和欣赏中学习文化知识，提升文化素养。

第四节　采用网络多媒体教学

一、网络多媒体教学的优势

（一）课时分配合理，教学节奏控制有效

大学英语教学与中学英语教学有着显著的差异，大学生获得了比中学时期更加丰富的英语知识，这就要求英语教师不能再沿用过去使用的教学方法开展大学英语教学活动，而是应该从大学生的实际情况出发，探索出一些新的教学方法。在传统英语教学中，教师扮演着多重角色，他们既要制定教学计划，又要对课程走向进行准确把握；既要科学设置课程内容，又要合理安排课时量。总之，在传统英语课堂上，教师任务繁重，必须要通过技术手段解放教师，多媒体教学就实现了这一目标。

将多媒体引入大学英语课堂，教师不仅可以将大量的知识呈现给学生，而且还能进一步提升学生的学习积极性，这是因为多媒体能给予学生丰富的感官刺激，能让学生认识到英语学习的乐趣。此外，教师进行多媒体教学，还能帮助其把握教学的节奏，调节课堂气氛，从而使英语教学始终在一种愉悦、和谐的氛围中进行。

（二）教学资源丰富，学习共享度高

中国高等英语教学内容一直有限，教师一般都将英语教材上的内容作为课上讲解的重点，但是我们需要清楚的是，英语是一种语言，它需要学生在实际中应用才能提高学生的应用水平，理论知识的学习只是基础，因此，教师不能过度进行理论教学。

中国学生学习英语受环境所限，他们无法让自己直接身处于纯正的英语口语环境中，以至于很多学生无法提高自己的英语应用水平。在多媒体英语课堂上，教师利用多媒体能将丰富的学习资源呈现给学生，根据不同的内容，教师可以搜集不同的信息，最重要的是要让知识更加与学生的生活相贴近。

二、利用网络多媒体辅助跨文化学习的策略

（一）观看网络视频，增强互动交流

每一位学习英语的学生都不应该只是关注自己英语理论知识的学习情况，而且还要重视自己的跨文化交际能力的培养与提高问题。这里需要明确的是，跨文化能力的提高并不是一件易事，靠学生死记硬背相关知识，是无法实现的。而网络恰恰给教师解决这一问题提供了一个新的方向。

教师可以从网络上获取一些与教学内容相关的跨文化知识，然后将这些知识分门别类，在课堂上将知识传授给学生，同时，还需要让学生学会自我总结。因此，在学生学习完跨文化知识之后，教师可以让学生共同分析、讨论其所提供的跨文化资料中的文化知识点。同时，还要将这些文化知识与中国文化知识相比较，使学生可以进一步了解中西文化的差异。这样，在对比分析中学生的跨文化交际能力就不知不觉提高了。此外，教师还应该积极鼓励学生进行多方位思考，根据思考的内容去网络上搜寻答案，当学生无法获得答案时，教师就需要给予其恰当的指导，久而久之，学生的跨文化交际能力必然会有所提高。

（二）分析网络文化，寻找跨文化差异

这是一个网络时代，网络技术的快速发展让网络文化逐渐在青年群体中普及。这里需要指出的是，一些网络文化确实开阔了大学生的视野，丰富了大学生的知识体系，但是，大学生的心智发展并没有非常成熟，他们还无法清楚辨别网络文化的正确与否，因此，非常容易受到一些消极网络文化的影响。当学生无法正确识别网络文化时，教师就应该主动站出来，帮助学生分析文化中的精华与糟粕，从而筛选出那些能够提高学生跨文化交际能力的文化。

首先，网络文化中的一些新兴词汇或俚语能将中西文化的差异体现出来。这些词汇与俚语通常以西方文化中的各种宗教典故为基础，因此，分析它们的过程就是逐渐理解与掌握西方文化的过程。俚语一般反映了时代特征，网络时代，俚语有了新的变化，教师对学生进行英语俚语教学，可以让学生了解中西方网络文化差异。

其次，学生学习英语知识时需要掌握其他不同的知识，例如文化、历史等，这些知识往往能将西方人的价值观、风俗习惯等文化展现出来。因此，教师可以鼓励学生从网上获取这方面的知识，以使其可以掌握较为全面的西方文化知识，从而促进跨文化交际的有效实现。

（三）开展网络多媒体教学，培养学生的学习兴趣

兴趣是学生学习英语的主要动力之一，而合理的、科学的教学手段恰恰能激发学生的学习兴趣。因此，教师可以引入多媒体教学这一新颖的教学手段，进一步丰富英语课堂，让英语课堂变得更加生动、活泼。多媒体教学手段的使用，一方面能激发学生的学习积极性，另一方面则能有效拓展学生的知识面。

在英语跨文化教学中引入多媒体教学，是对传统英语教学的突破与革新。在笔者看来，能有效促进英语跨文化教学的多媒体课程，一般都具有以下几个条件：完备的学习激励机制，可以对学生的学习活动进行科学评价；师生间合理的教学互动，能帮助教师掌握学生的学习动态，了解学生的学习习惯，进而对学生学习进行有效评价；与时俱进的网络技术，能够激发学生的学习能动性与积极性。

因此，各高校的英语教师应该意识到多媒体教学的重要性，积极搜集各种资源，并在英语课堂上广泛使用，从而不断培养学生的英语学习兴趣。

三、跨文化交际视域下网络多媒体教学的途径

（一）教学目标的合理化

首先，教师应该主动形成自己的跨文化交际意识，这样其才能在教学中自觉地将跨文化知识传授给学生。同时，英语毕竟是一门语言，语言环境对于语言学习至关重要，因此，教师还必须为学生营造一个利于语言学习与文化学习的环境。比如，在进行词汇教学时，可以先分析词汇背后的文化内涵，然后再根据这一文化内涵从网上寻找与之匹配的图片、语音或者视频资料，这样，学生就能从更加多样的环境中认识西方文化，同时也能有利于其跨文化交际活动的顺利开展。这种教学方式要比传统的教学方式有着更为明显的优势：一方面，它让学生摆脱了死记硬背的学习困境，另一方面，也让学生可以在学习词汇的同时学习文化知识，这在一定程度上丰富了学生的知识体系。

其次，网络多媒体具有信息承载量大、生动形象等优势，借助网络多媒体，教师可以为学生提供更多的知识，同时还能以不同的形式给学生介绍西方文化，学生学习完毕之后，不仅能获得西方文化知识，而且还能学会尊重西方文化。教师要让学生清楚地知道，文化并无优劣之分，任何一个民族的文化都应该被给予尊重，因此，学生既要学习与尊重西方文化，也要学习与尊重中国文化。了解两国文化优势与差异，能帮助其提高自己的文化素养，进而帮助其进行跨文化交际活动。

（二）教学内容的生动化

在选择教学内容时，教师必须要将教学贴近学生生活的实际，例如，有些学生喜欢看电影，教师就可以通过英文电影进行教学，目的是让学生能更接近英语国家的文化。电影往往是民族文化与价值观的体现，在英语课堂上为学生播放英文电影，学生不仅能学到各种地道的英语用法，而且还能近距离地了解西方文化。

文学描述了不同时期民族文化发展的情况，通过阅读经典的文学作品，学生可以了解到西方文化。在英语教学中，教师可以鼓励学生在课下多阅读英美经典文学作品，让学生将自己的感悟用英语表达出来，同时，到了课上，教师还可以让学生根据文学作品的内容进行改编，并根据改编的作品进行角色扮演活动。在学生角色扮演的过程中，教师可以通过手机将这一过程记录下来，之后再让学生通过观看视频找到自己英语口语中的不足，认识到自己在交际过程中所犯的文化错误。这样学生既能练习口语，也能掌握西方文化。

（三）教学手段的多样化

首先，有些教学内容无法直观体现，有些教学任务也无法有效完成，教师可以引用多媒体打造一个模拟的英语教学环境。在这样一种环境中，学生可以根据所学的知识进行模拟仿真训练。比如，在视听媒体的帮助下，教师可以为学生打造多样的模拟英语节目，可以为学生设置英语记者招待会，也可以为学生模拟商务谈判活动等，这种模拟仿真训练能让学生更直观地接触地道的英语。更重要的是，这是一种符合学生学习需求的教学方法，能极大地调动学生的学习积极性，这样学生就能在生动的语境中扎实掌握各种西方文化知识。

其次，模仿是人们学习语言的有效途径，因此，教师还可以为学生提供一些音视频，让学生跟着学习语言的读音与表达。一般来说，这种学习通常都是需要学生自己在课下完成的，这其实就是一种自主学习。在网络的帮助下，学生可以随时随地学习英语，这给英语教学带来了诸多便利，过去英语教学是一种单向的语言输入，而在网络环境背景下，英语教学已经变成了一种语言与文化双向输入的模式。利用网络，学生可以学习英语与西方文化知识，同时，还能将自己从网上学到的知识反馈给教师，以补充教师的教学内容体系。

利用多媒体这一教学手段开展英语跨文化教学活动，教师可选择的教学方法是多种多样的，不仅可以使用文学作品、电影电视鉴赏法，而且还可以使用文化片段比较法、角色扮演法等。无论教师使用哪一种教学方法，其都必须要与多媒体教学手段相结合，这样才能最大限度上提高英语跨文化教学的有效性，也才能不断提高学生的跨文化交际能力。

第五节 注重跨文化传播

一、跨文化传播中的文化障碍

（一）表层文化障碍

1. 对具有文化内涵词语的不同理解

词汇具有丰富的文化内涵，它在特定时期有其特定的文化内涵，并且随着人们认知的加深以及时代的发展，词汇的意义会出现两种情况，一种是词义扩大，另一种是词义缩小，词汇的变化过程其实也就是文化发展变迁的过程。不同的语言中虽然都会有词汇，但是每种语言中的词汇的文化内涵往往是不同的。英汉两种语言中就出现了这种情况，同一词汇，在英语中的文化内涵与汉语中的文化内涵是不一样的。当然，有些词汇也会在意义上有着些许共性。

2. 对习语的理解

习语是一个民族语言特色的体现，语言反映文化的形式有很多，习语就是其中比较重要的形式之一。习语就像是一面镜子，它可以将民族文化中最显著的部分折射出来。英汉两种语言扎根于不同的文化，因此形成了不同的习语体系，这里需要指出的是，即使有些习语是不一样的，但是从文化的内涵出发，我们依然可以从不同文化中找到具有相似文化内涵的习语。

3. 社会规约

对于英语学习者来说，他们普遍存在一个这样错误的认知——扎实掌握英语语音、词汇、语法等知识就能顺利地进行跨文化交际。每个民族的文化都有着自己不同的风格，同一族群内部的人们能够了解自己的文化，因而用自己的语言可以顺利地实现交际，但是对于其他人来说，他们是无法了解特定族群的文化的，这是因为他们生长的环境不同，接受的教育不同等等。当处于不同文化背景的人进行交际时，他们都会受各自族群内部的各种社会规约的制约，这种规约其实就是文化规约，它不仅包括风俗习惯、社会规范、而且还包括法律等。

因为人们总是了解自己母语文化的社会规约，对其他语言文化的社会规约并不了解，所以，当不同语言文化背景下的人进行交际时，他们有可能听不懂对方在讲什么，这就是我们所说的交际障碍。不同文化间的社会规约的差异性体现在日常交际的方方面面，既可以通过言语交际体现出来，也可以通过非言语交际体现出来。

跨文化传播障碍主要是由文化干扰导致的。在学习其他民族的语言的过程中，人们会习惯性地将自己母语的表达方式与文化习惯套用到所学语言文化之中，这就容易产生认知上的偏差，并最终可能导致交际失败，这就是我们所说的文化干扰。文化干扰是无法实现不同民族的人之间的有效信息传播的。而在笔者看来，有效的信息传播应该包括以下三个要素：传播主体、接收者和经过编码的信息。任何一种交际都包括这三个要素，其中，在传播主体与接受者之间存在一个信息编码过程，这一过程对于双方了解对方的意思至关重要，同时，在这一过程中也最容易出现意义的曲解，甚至信息丢失问题。之所以会出现这一情况，主要有两方面的原因：第一，信息编码并不是固定不变的，它会随着时代的发展而不断变化；第二，传播主体与接收者总是习惯于使用自己民族的语言表达方式与文化符号，这导致传输的信息无法准确地被另一方接收到，这也是为什么在跨文化交际中总是会有一些不得体的动作或不礼貌的行为出现的原因。

跨文化传播的障碍有多种表现，其中一个比较明显的表现是文化休克。文化休克是人们对新环境产生的一种自然反应，或者是一种不适应新环境的反应。一个人从一个地方迁到另一个地方，自己原本已经习惯的文化程式已经无法与现在的环境相匹配，因此在与当前文化背景中的人交际时，他们往往会在心理上产生一种焦虑感，甚至严重的人还会诱发心理疾病。不过，这里笔者需要说明的是，文化休克是一种正常的现象，是在跨文化交际过程中无法避免的。

（二）深层文化障碍

1. 不同的思维模式

处于不同文化背景下的人们，其在观察客观世界时形成了不同的认知方式，这也使其在思维模式上产生了显著的差异。对于中西方文化来说，这种思维模式差异是存在的：东方文化强调整体性，而西方文化则比较重视单一的逻辑；东方文化重视感性，而西方文化则重视理性；东方文化重视领悟，而西方文化则重视分析。

思维模式可以影响语言的发展，一方面会对词汇结构的形成产生影响，另一方面则会影响句法形式的产生与发展。从英汉两种语言来说，汉语是一种意合语言，强调语言表达的意义，词汇之间、句子之间依靠语法粘连的程度不大；而英语则是一种形义结合的语言，它非常重视形式，因为其形式是对意义的一种表达，在词汇、句子之间是需要靠语法手段进行粘连，以此表达一定的语义和逻辑关系。因此，从这个层面上来说，英语学习者在学习英语的过程中一定要注意比较东西方不同的思维模式，在比较思维模式的过程中提高学生的英语学习水平，进而提高学生的跨文化交际水平。

2. 不同的价值观念

中国目前已经形成了以儒家文化为主导的价值体系，儒家文化强调人们在交往中要谦虚，不能过于凸显自己。而与中国文化形成鲜明对比的是西方文化，西方文化强调个人主义，人们通过自己的努力可以获得自己想要的利益。中西方在这一价值观念上的不同可以从日常交际中体现出来，在交际过程中，中国人在观点表达时总是非常谦虚，即使是给别人提意见，也会非常委婉，但是西方人却并不了解中国人的这种做法，在他们看来，这是一种交际浪费，直截了当地表达自己的想法才是比较好的。

3. 定势与偏见

定势是一种一个群体对另一个群体长期以来所形成的态度或信念。定势在真正形成之前只是对某一种文化的描述，但随着类似描述的不断增加、被复制，久而久之，定势便形成了。在大众传媒的影响下，人们对没有接触过的文化总是会产生一种先入为主的印象，这其实就是我们所说的定势。定势一旦形成就很难消除，这让人们在看待问题时总是掺杂了过多的个人色彩，当然，有些定势是正确的，但大多定势是错误的，而这些错误的定势就会影响跨文化交际的顺利进行，甚至还会造成跨文化交际障碍。

二、英语跨文化传播教学的原则

（一）平等原则

在英语跨文化传播教学中，教师需要给学生明确中西方文化的关系，二者是相互依存、相互影响的，没有谁优谁劣之分，也就是说，两种文化是平等的，一种文化不能强行凌驾于另一种文化之上。学习英语的过程中，学习者肯定还要学习西方文化，这并不意味着西方文化要优于中国文化，而是为了更好地与其他民族的人进行交流，因此学习西方文化是必要的。

文化平等就是要求英语学习者不能对自己的文化产生盲目的优越感，也不能无端对其他文化产生偏见，不能将自己的价值观当成衡量一切文化的标准。总之，跨文化交际的基础是文化间的平等，只有交际双方在平等的基础上进行交际，交际才能最终取得成功，只要有一方产生了文化优越感或者文化偏见，成功的文化交际就很难实现。这就要求英语教师在跨文化传播教学中，要将文化平等的思想注入每个学生的头脑中，并且让其在跨文化交际实践中去践行。

这里还需要明确的一点是，跨文化交际不仅涉及西方文化，也会涉及中国文化，在教学过程中，教师还要注意强调中国文化在跨文化交际中的重要性，鼓励学生在交际过程中传播中国文化。

（二）文化本位原则

英语跨文化传播教学强调文化本位。提高外语能力的前提就是母语知识与文化学习，这两部分内容的学习既可以帮助学生扎实掌握各种英语基础理论知识，而且还能帮助学生提高其跨文化交际能力。学习英语，了解西方文化是基本，而清楚认识本民族的文化，才能形成正确的文化观，才不会盲目模仿、崇拜别国文化，以致东施效颦。每一种文化都有自己的优势，学生通过学习西方文化与本民族的文化，可以认识到两种文化的差异，进而在学习英语时会自觉考虑文化因素。不得不承认，有些人总是认为外国的月亮比较圆，认为西方文化要优于中国文化，很明显，这是一种错误的认识，如果在跨文化交际过程中，一味地推崇西方文化，而不考虑中国文化，那么，交际者也不会得到西方人的尊重。因此，英语跨文化传播教学要遵循文化本位原则，教师要在教学过程中，强调本民族文化在跨文化交际中的重要性。

教师对文化内容的讲授应该遵循一定规定原则，这一原则通常为“实用为主，够用为辅”，对于具体的内容，应该详细讲解，让学生学习完毕之后也要反复巩固所学。此外，文化内容体系本就非常复杂，教师在课堂教学中只能向学生传递一部分知识，因此，教师可鼓励学生在课下完成文化知识的补充，可以通过看英文原版电影实现，也可以通过阅读英文版西方经典著作实现。跨文化交际的过程是文化平等交流的过程，它既不是要盲目照搬西方国家的文化，也不是要彻底忽略本民族的文化。因此，英语跨文化传播教学的重点就是立足于本民族文化。

三、跨文化传播下英语教学的策略

（一）丰富教学方法

为保障跨文化传播下的大学英语教学质量不断提高，教师需要做出一定的改变。在选择教学方法时要考虑学生学习的需求以及教学发展的实际要求，这样教学方法才具有科学性，同时也与时俱进。比如，这是一个信息时代，信息技术给社会各领域带来了巨大的变革，教育领域也不例外，基于此，教师可以在跨文化英语教学中引入信息技术，创新英语教学方法——微课教学法、慕课教学法等，还要从网络上搜集大量的与国外文化相关的小故事、社会现象等素材，使学生能通过在线浏览、下载存储的方式利用手机、平板电脑等移动终端学习英语知识，为学生自觉体悟英语文化提供便利条件。与传统大学英语教学方法相比，微课具有内容丰富、重点突出、时间较短、浏览便捷等特点，同时能摆脱固有授课模式束缚，有利于学生经由移动平台运用自己的琐碎时间进行学习，可见，借助微课，学生的学习效率明显提高了，同时，微课也为学生不断了解、学习、体悟多元文化给予支持。教师还可运用小组合作英语教学方法，根据学情划分学习小组，各组内部可自行阅读文章，然后对学生在阅读过程中出现的问题进行讨论，然后对各组经过讨论后依然不能解决的问题进行汇总，之后教师根据总结的问题引导学生的学习思维，从而最终为学生的文化学习奠定基础。英语学习小组除了可以在课堂上加强互动之外，还可以在课下借助网络移动平台加强交流，交流可以通过微信群、QQ 群等实现，这样合作学习就彻底打破了时空限制，学生英语学习的效率也能进一步提高。良好的学习小组就是一个跨文化传播生态圈，在这个生态圈中，学生们彼此相互帮助，共同进步。在合作学习过程中，学生虽然是学习的主体，但是，教师在这一过程中依然发挥重要作用，当学生遇到无法解决的问题时，教师就可以适当地引导学生，这样也能进一步确保教学的有效性。

（二）创设对话的语言环境

在日常对话中，学生是最容易出现语用错误的。这是因为在具体的对话中，交际会涉及使用语言与文化的规范性问题，它不仅受到对话时间、地点等客观因素的影响，而且也会受到交际者个性、情感等主观因素的影响。要想打造成功的对话教学，教师不仅要为学生创设与教学内容有关的实际语境，而且还要根据内容合理选择教学方法，同时还要多组织一些文化实践活动，让学生可以在心情愉悦的同时学习到各种文化知识。

教师可以在西方圣诞节当天组织学生举办英语晚会，鼓励学生准备英语节目，可以是英语演讲、英语小品，也可以是英语朗诵，而且为了进一步鼓励学生的参与，教师还可以在晚会结束后让学生投票选出英语表达清楚、内容好看的节目，并给予其一定的奖励。还可以创办以文化为主题的英语角等，同时可以邀请外国人参加，让学生近距离地接触外国人，了解西方文化。

教师还可以鼓励学生多参与校外实践活动，鼓励学生到外商独资企业中去考察或者实习，因为这类企业本身就是一个有着来自世界各地不同民族的人、充满多元文化的地方，学生在这种文化氛围中，可以体验到与中国文化不一样的西方文化，也能形成正确对待文化差异的意识。

在课堂上，教师可以在组织教学时进行角色扮演活动，这是一种重视学习体验的学习方法。教师根据教学内容给学生设计合适的情景对话，然后根据学生的学习水平以及性格特点分派角色，当角色分配完之后，学生就可以表演了。同时，教师要时刻关注学生的表演，对于学生在表演过程中出现的表达错误，教师要记录下来，待表演结束之后，可以给学生交代清楚，让学生可以了解自己在英语表达上存在哪些不足。

（三）改进教学体系

首先，拓展教学范围，创建“校、政、企”合作教学机制。教师要自觉肩负起培养学生跨文化交际能力的责任，在传授学生西方文化知识的同时，还要强调中国文化在跨文化交际中的重要性。现在企业对学生的要求越来越高，不仅要求学生有扎实的理论知识，而且还要拥有较高的英语技能，这要求教师在教学过程中不能只考虑大纲要求与学生需求，还要以市场需求为依托选择教学内容、方法等。大多数学生毕业之后必然面临着就业的问题，提前与企业人士交流，有利于让他们更好地投入到工作中去。因此，教师可以定期从外企中邀请一些企业管理者来给学生授课，讲解在企业管理过程中所使用的英语知识点，以及自己与外国同事因文化差异而产生的小误会等，这样就有效地将英语教学与企业文化、西方文化等连接在了一起。

第二，打造并践行“教、学、研”体系。在跨文化交际背景下开展英语教学活动，教师必须要对相关知识有一定的学习与研究，学习西方与中国文化知识，研究大学英语教学的薄弱环节，这样英语跨文化交际教学才能实现良好的发展。

第三，推行“教、学、做”合一体系。这一体系中的重点内容是“做”，这也要求教师在开展教学活动时必须要围绕学生的“做”来进行，也就是说，教师必须要加强英语实践教学。例如，教师可以在课堂上使用“电影教学法”，电影是不少学生的最爱，从兴趣出发选择教学方法，是非常有必要的。教师可以根据教学内容为学生选择一部电影，先让学生观看电影，保证其清楚地掌握了电影的情节、基本表达方式，然后可以让学生对这一部电影进行趣味配音，当配音结束之后，教师要对学生的配音成果进行评价。既要评价学生的情感、断句以及语气等方面的内容，还要评价学生的发音，从而在语言层面对学生的配音成果进行有效把握。电影是一种文化，是一种为大多数人所喜爱的文化，教师在对学生的配音作品评价完毕后，还可以延展这部分的内容，让学生用英语描述一下自己配音时的感受以及对西方文化的理解。

四、高校英语教学跨文化传播的注意事项

（一）正确处理教与学的关系

英语是一门非常注重实践性的课程，教师不仅要教授学生英语基础知识，提高学生的英语综合运用能力，而且最重要的是，教师还要培养学生的自主学习能力，倘若学生只是被动接受，没有时间练习和思考，就失去了学习的积极性。英语学习的中心是“学”而不是“教”，教师与学生都应该清楚的是，学生才是学习的主体，只有学生主动地开展学习活动，其学习质量与效率才能有所提高。也就是说，教师不能把自己当作英语课堂上的绝对权威，要给学生发言的机会，要让学生自己告诉教师自己的学习问题以及学习成果。

虽然我们强调学生在英语课堂上的积极性，但是这并不意味着我们要忽视教师在英语教学中的作用，与此相反，在学生自主学习的过程中，教师依然扮演重要角色，对学生的学习行为进行指导。此时，学生就成了英语课堂的设计者与管理者，而学生的角色也发生了变化，他们已经成为英语课堂上的分析者与解答者。此外，每个学生都具有明显的差异，因此，教师应该摒弃过去统一的教学方法，根据学生的具体个性特点进行教学方法的调整，以找到合乎学生需求的方法。

（二）正确理解教材与教学的关系

英语教材的编写除了要考虑知识体系的系统性之外，还要考虑学生的发展问题。教材是教师进行英语教学的主要凭据，学生学习的知识首先也是源自教材，因此，教材的内容应该是关键。内容除了要呈现英语知识与技能之外，还要尽可能地贴近学生的生活，此外，还要保证内容的全面性，要涉及多学科知识，不仅要涉及自然科学方面的知识，而且还要涉及社会科学方面的知识。同时，为了让学生可以将课堂上的所学应用起来，教师可以为学生多设计、组织一些新颖、有趣的活动，让学生可以在活动中学习新的知识，践行旧知识。最重要的是，不能为了符合语法教学的要求而编写出一些在英语国家根本就不会出现的对话。如果真的必须要出现这一情况时，就需要在旁边注明这一对话在何种语境下使用。总之，英语教材编写者不能随心所欲，其编写的教材要符合素质教育的要求，同时还需要遵循英语教学的规律。

教材是死的，但是教师是活的，教师在使用教材时最好不要盲目信教材，而是要有自己的想法。教师在开展教学活动时，以教材为基础，但不能将教材作为教学的全部，要围绕学生的学习需求进行，只有这样，教学才能焕发出较强的生命力。教师还可以根据教材开展实践教学活动，通过教材内容为学生设置相关情境，使其能够从情境中完成知识的学习。在使用一些特定教材时，教师需要根据学生的情况为其提供一些自学材料，这样还能提高学生的自主学习能力。

总之，教材并不是英语教学的全部，教师还需要从网络上为学生多搜寻一些资料，以充实教学内容，扩展学生的视野。

（三）正确处理语言知识和语言技能的关系

语言知识的内容非常丰富，包括常见的语音、词汇以及语法等知识，语言技能也非常丰富，包括听说读写译等。语言知识与语言技能之间是相互影响的关系，一方面，语言知识能够促进学生掌握一定的语言技能；另一方面，语言技能又能进一步深化学生对语言知识的认识与理解。不过，这里笔者需要指出的是，学生在进行听、说、读、写、译技能训练时，可能会在语言知识的准确性与语言技能的流利性方面产生一些矛盾，但是这些矛盾并不是不能消除的，只要学生处理得当，矛盾就会很容易被消除。

准确性与流利性并不是天然的矛盾的存在，它们其实关系非常密切，总是受到另一方的影响。准确是流利得以实现的前提，如果没有准确，流利是绝对不可能存在的；而流利对准确来说也同样至关重要，如果没有了流利，人们就无法在跨文化交际中实现准确、恰当的交流。

（四）培养学生主动学习、自我完善的意识

教师不仅要将自己所了解的知识传授给学生，同时也需要不断提高学生分析、总结、归纳知识的能力。比如，在学生学习英语词汇遇到困难时，教师要对学生进行积极的引导，引导学生自己去分析、解决问题，从而保证学生在下一次学习时可以自行探索、解决问题。

从现阶段的教学实际来看，教材依然是教师开展英语教学活动的主要凭据，利用教材，教师可以引导学生进行英汉语言、中西方文化的比较，在对比分析中了解英汉语言、中西方文化的异同，从而不断强化自己的知识学习，同时更能培养自己的跨文化交际意识。

此外，任何学习活动都应该是以学生为主体的活动，在英语学习过程中，学生应该是学习的主体，这就要求教师在教学过程中要自觉地放手，让学生自己去

主动探究学习活动，也就是要进行自主学习活动。学生自主学习的过程就是其不断自我完善、自我发展的过程。

参考文献

[1] 刘丹 . 跨文化交际语境下英语翻译教学策略探究 [M]. 北京：北京工业大学出版社 , 2023.

[2] 齐真珍 . 当代商务英语语言与翻译多维视角新探 [M]. 长春：吉林大学出版社 , 2023.

[3] 黄文静 . 教海探航　多元文化视域下的高校英语教学研究 [M]. 北京：中国商业出版社 , 2022.

[4] 宁博 . 互联网 + 背景下的商务英语教学 [M]. 北京：中国金融出版社 , 2022.

[5] 孙海珊 . 大学英语教学改革的多元视角探索 [M]. 长春：吉林出版集团股份有限公司 , 2022.

[6] 任红艳 . 文化认知与大学英语混合式教学实践研究 [M]. 北京：中国纺织出版社 , 2022.

[7] 刘沫潇，饶巧颖 . 跨文化国际传播英语教程 [M]. 北京：外语教学与研究出版社 , 2022.

[8] 洪颖 . 大学英语教学创新研究 [M]. 北京：化学工业出版社 , 2022.

[9] 邵春燕，闫秋燕，王俊菊，胡志军，卢敏等 . 新大学英语文化对比阅读 [M]. 北京：高等教育出版社 , 2022.

[10] 潘丽 . 大学英语教育教学理论与实践研究 [M]. 北京：北京工业大学出版社 , 2022.

[11] 余玲 . 文学翻译对英语翻译教学的影响研究 [M]. 北京：经济科学出版社 , 2022.

[12] 陈宗利，王晓农，王晓东 . 外国语言文学与文化交流研究专辑 [M]. 北京：中华工商联合出版社 , 2022.

[13] 丹金 . 英语专业教学的文化理论研究 [M]. 长春：吉林出版集团股份有限公司 , 2022.

[14] 张鹏，杨璐 . 多元背景下英语教学与跨文化交际研究 [M]. 长春：吉林大

学出版社 , 2022.

[15] 侯莹莹 . 跨文化视域下英语翻译与教学研究 [M]. 北京：中国纺织出版社 , 2022.

[16] 薛岩，李鸥 . 英美影视文学和文化研究 [M]. 长春：吉林出版集团股份有限公司 , 2022.

[17] 吴晓曦 . 现代英语文学的多元视域研究 [M]. 长春：吉林出版集团股份有限公司 , 2022.

[18] 张丽华 . 大学英语教学中的文化导入策略——评《文化差异与英语教学》[J]. 中国教育学刊 , 2023(1):1.

[19] 徐锦芬 , 张志武 . 社会文化视角下英语媒介教学学科教师语言意识发展研究 [J]. 外语教学 , 2021(6):67-72.

[20] 董梅 , 袁小陆 . 论英语专业教育中的文化传承与创新 [J]. 上海交通大学学报 : 哲学社会科学版 , 2021, 29(5):128-138.

[21] 郭津铭 . 医学生跨文化交际能力培养与大学英语教学 [J]. 教育研究 , 2020, 3(6).DOI:10.32629/er.v3i6.2789.

[22] 俞希 . 英语通用语背景下中国英语教学现状分析 [J]. 外语教学理论与实践 , 2016, 000(003):37-42,63.

[23] 陈洪特 , 吕凯 . 论文化革新与英语教学 [J]. 华中师范大学学报 (人文社会科学版), 2014(S3):157-161.DOI:CNKI:SUN:HZSD.0.2014-S3-035.

[24] 姜秋霞 , 俞婷 . 教学改革背景下的大学英语教学研究 : 描述分析与反思 [J]. 中国外语 , 2011(04):11-20.DOI:CNKI:SUN:ZGWE.0.2011-04-005.

[25] 黄婷 .EIL 背景下中国高等英语教学模式的变革 [J]. 西南民族大学学报 (人文社科版), 2009.DOI:CNKI:SUN:XNZS.0.2009-S2-063.

[26] 伊琳娜 · 伊力汗 . 中华优秀传统文化融入大学英语教学策略探究 [J]. 新疆师范大学学报 : 哲学社会科学版 , 2022, 43(4):6.

[27] 刘亚娜 . 以英语思维提升跨文化交际教学的创新与实践 [J]. 中国电化教育 , 2022(2):2.

[28] 章木林 , 邓鹂鸣 . “生成式翻转学习”教学模式构建与实践 : 以中国文化融入大学英语教学为例 [J]. 外语教学理论与实践 , 2021(1):10.

[29] 王远 . 论文化差异性对大学英语教学的影响——评《跨文化大学英语教学 : 理论与实践》[J]. 教育发展研究 , 2019, 39(6):1.

[30] 景艳娥 . 英语翻译教学中跨文化意识的培养——评《翻译与跨文化交际》

[J]. 中国教育学刊 , 2019(6):1.

[31] 张翠玲 , 王强 . 大学英语教学与跨文化能力融合研究——评《跨文化交际与英语思维教学研究》[J]. 教育发展研究 , 2019(9):1.

[32] 刘颖 . 跨文化大学英语教学模式与方法研究——评《大学英语教学的跨文化教育及教学模式研究》[J]. 外语电化教学 , 2019(6):1.

[33] 姜培培 . 论英语教学中跨文化交际意识及能力的培养 [J]. 中国教育学刊 , 2019(A01):3.

[34] 刘婷婷 . 多元文化视角下学校英语教学初探 [J]. 中国教育学刊 , 2019(A01):2.

[35] 齐冬冬 . 跨文化交际能力在英语教学中如何定位 [J]. 中国教育学刊 , 2019(A01):2.

[36] 王娟 . 英语语言教学中的文化渗透方式研究 [J]. 中国教育学刊 , 2019(A01):3.

[37] 张敏 , 孙静芳 . 高职英语教学中学生跨文化交际意识的培养 [J]. 中国教育学刊 , 2019(A01):2.